섬을
탈출하는
방법

일러두기

1. 이 책은 2013년 10월부터 12월까지 방송된 팟캐스트 '김종배의 사사로운 토크(사사톡)'의 '대안 경제학' 코너를 수정, 보완해 책으로 묶은 것이다.

2. 본문에서 김종배의 말은 '김'으로 줄여 색으로 표시했고, 조형근의 말은 '조'로 줄여 검은색으로 표시했다.

3. 각 장의 맨 앞에 실린 Introduction은 편집부에서 본문을 요약, 정리해 넣은 것이다.

누구든 그 자체로 순전한 섬은 아니다

남태평양 칠레 연안 후안페르난데스 제도에 속한 섬 하나가 있다. 배에서 버려진 스코틀랜드 선원 알렉산더 셀커크가 1704년부터 1709년까지 4년 넘게 이 섬에서 혼자 살았다. 이후로는 잘 알려진 이야기다. 영국의 정치가이자 작가 대니얼 디포가 무대를 태평양에서 대서양으로, 기간은 4년에서 28년으로 늘려서 그 유명한 『로빈슨 크루소』를 창조해냈다. 로빈슨 크루소가 섬에 정착하기로 결심한 뒤 가장 먼저 한 일은 무엇일까? 집을 짓고 울타리를 치는 일이었다. 그는 혼자인 채로도 사적 소유의 관념을 실천하는 인간형이었다. 무인도에서조차 항상 경제적 판단, 즉 자기 이익의 극대화를 추구하는 관점을 견지한 로빈슨 크루소는 근대적 개인이자 제국주의 침략의 원형으로, 무엇보다도 경제인, 호모 에코노미쿠스의 원형으로 간주되어왔다. 여러 경제학자들이 로빈슨 크루소를 모델로 삼아 이론을 정립했다.

우리는 지금 모두가 섬이 된 시대에 살고 있다. 타인과 더불어 살고 있지만 늘 외롭다. 이 무한 경쟁의 시장에서는 로빈슨 크루소처럼 어떻게든 혼자서 살아남아야 한다. 승진의 위태로운 사다리와 피 말리는 구조조정에서는 직장 동료도 경쟁 상대가 되고, 청춘의 한때를 나누는 대학 친구조차 취업의 좁은 문에서는 경쟁 상대다. 우리는 '너무나 경제적인 외로움'에 몸서리치며 산다.

외롭다고 징징대거나 세상을 탓해서는 안 된다. "사회 따위란 없다. 오직 남자와 여자인 개인이 있을 뿐이다." 신자유주의 혹은 신보수주의 시대의 기수를 자처한 대처 전 영국 총리의 말이다. 타인을, 세상을 믿지 말고 오직 혼자서 살아남아라. 세상이 원래 그런 것이다. 여기에 "대안 따위는 없다." 역시 그녀의 말이다. 이 시대정신에 감동받은 지구 반대편 한국의 지도자, 김영삼 전 대통령은 1994년 11월, 남반구의 오스트레일리아 시드니에서 세계화를 선언했다. 한국도 이 흐름에 적극 동참하겠다는 의지를 알렸다. 그리고 IMF 경제위기를 자초했다. 김대중 전 대통령은 IMF의 가혹하기 짝이 없는 신자유주의 처방을 대부분 수용했다. 수용할 수밖에 없었다고 주장해도 좋다. 시장의 힘이 커진 김에 그 힘을 빌려 재벌 개혁을 시도한다는 명분을 내놓았다. 그래서 재벌은 개혁되었을까? 2005년 7월 5일, 대중소기업 상생협력회의에 참석한 노무현 전 대통령은 과연 "권력은 이미 시장으로 넘어갔다."고 선언했다. 그 노무현 정권 시절에 삼성은 사실상 '국정 재벌'로서 위상을 드높였다. 그리고 퇴행의 시대가 도래했다. 이명박, 박근혜 정권 아래에서는 최소한의 명분이나 고뇌 따위조차 사라졌다. 수치심을 잃어버린 세습자본주의와 민낯의 폭력이 창궐하는 세상이다.

지구 반대편 지도자와 국민들을 감동시키거나 윽박지르던 신자유주의 종주국들의 처지도 크게 다르지는 않다. 2008년 미국발 금융위기는 대재앙을 초래했다. 1930년대 대공황의 역사에서 뼈아프게 배운 미국과 세계는 역사상 최대의 양적 완화와 협력 체제 가동을 통해 파국만은 막아낸 것 같다. 하지만 경기 회복은 요원하고 위기는 지속되고 있다. 미국에 이어서 유럽이, 브라질이, 러시아가, 마침내 중국까지 위기는 세계 곳곳을 부유하면서 세계화되어간다. 우리 시대의 많은 경제 전문가들이 이 상황을 '뉴 노멀', 즉 '새로운 정상'이라고 부른다. 이 경제 체제 아래에서는 저성장, 심지어 무성장과 고실업, 항상적인 위기가 차라리 정상 상태라는 것이다. 이 체제 아래서는 답이 없다는 뜻이다.

아직도 자유 시장에서의 규제 없는 이기적인 경제 행위가 전체 경제의 발전으로 수렴된다는 말을 천연덕스럽게 내뱉는 사람들이 있다. 그런 말이 여전히 먹힌다. 왜 그럴까? 여러 이유가 있겠지만, 결국 대안이 안 보이기 때문이다. 사회주의의 실패가 남긴 상처는 컸다. 유토피아를 향한 에너지는 이미 소진되었다. 사람들은 거기 가보지 않고도 이미 결과를 다 안다. 아니, 안다고 믿는다. 실패가 뻔한 꿈을 꾸고 싶어 하지는 않는다. 꿈이 사라진 자리에 남은 것은 무한 경쟁의 적나라한 현실, 그 현실에 대한 쓰디쓴 혐오, 그 혐오를 정당화하기 위한 냉소뿐이다.

이 책은 이런 냉소와 혐오의 시대에 다시 한번 꿈을 꾸자고 말하는 책이다. 우리 본성이 그토록 이기적이기만 한 것인지, 타인과 함께 살아갈 대안은 없는지 찾아보자고 제안하기 위해 이 책을 썼다. 책은 크게 네 부분으로 구성된다. 1장은 우리 본성과 경제 체제 사이의 관계를 검토하는 장이다. 형이상학적 본성론에 집착하기보다는 우리의 이기심과 이타심이 구체적 상황, 구체적 제도 속에서 어떻게 다양하게 발현하는지, 협력은 어떻게 하면 가능한지 다룬다. 2~4장에서는 국가 수준에서 시도된 대안 경제의 성공과 실패 경험을 균형 있게 살피고자 한다. 소련과 유고슬라비아 등 현실 사회주의는 왜 실패했는지, 독일과 스웨덴은 어떻게 각자의 방법으로 성공했는지, 그들의 현재는 어떠한지 등을 가감 없이 추적한다. 5~8장은 지역사회, 공동체의 수준에서 시도되고 있는 대안 경제의 여러 사례를 다룬다. 사회적 경제, 공유 경제라는 틀을 통해 협동조합, 사회적 기업, 지역화폐, 마이크로크레디트 등 다양한 움직임을 분석한다. 마음만 먹는다면 지금 당장 우리가 할 수 있는 시도들이다. 마지막으로 9, 10장에서는 아직은 존재하지 않는, 하지만 어쩌면 이미 도래해 있는 미래일 수도 있는 좀 더 급진적인 대안을 검토한다. 사회의 구성원이라면 누구나 조건 없이 소득을 받을 권리를 주장하는 기본소득론과 철저한 직접민주주의에 기반한 아래로부터의 계획경제를 주장하는 참여계획경제론이다. 어이없고 비현실적인 주장처럼 들릴지도 모르겠다. 그러나 한때는 모든 것을 시장에 맡기자는 말도 그렇게 어처구니없게 들렸다. 꿈꾸는 데 미리 한계를 그을 필요는 없다.

　각 장이 다루는 대안들은 제 나름의 장점과 단점, 가능성과 한계들을 가진다. 꼼꼼히 따져보고자 애썼지만, 그 유효성을 상대평가 하는 일은 하지 않았다. 아직은 대안들 간의 경쟁보다는 협력이 더 필요한 시기일 것이다. 서로 다른 대안을 엮어서 하나의 큰 그림을 그리는 시도도 하지 않았다. 아니, 하지 못했다. 그것은 경제 체제의 내적 논리,

정합성의 차원에서 다룰 수 있는 문제가 아니라 정치적 선택과 결합된 문제이기 때문이다. 늘 생각하지만 경제는 경제로 완결되지 않는다. 새로운 대안 경제를 꿈꾸는 일은 새로운 민주주의를 꿈꾸는 실천과 결합되어 있다.

『사회를 구하는 경제학』에 이어서 이 책도 김종배 씨와 함께한 팟캐스트 프로젝트의 결과물로 출판된다. 녹취된 대화를 책으로 고치면서 방송 때보다도 훨씬 더 많은 책과 논문을 읽어야 했다. 당시의 준비 부족 탓도 있겠지만, 김종배 씨의 종횡무진 하는 질문이 항상 더 많은 생각으로 이끈 덕분이다. 늘 "제가 뭘 몰라서 하는 질문인데요."로 시작하는 그의 질문은 언제나 내가 생각하지 못한 뜻밖의 지점을 일깨워준다. 정말 몰라서 묻는 질문인지 궁금하면서도 참 고맙다.

이번에도 반비에서 책을 낸다. 이 책도 팟캐스트 구상 당시부터 함께 구상하고 고민한 협력의 산물이다. 줄곧 그 고민에 동참해준 김희진 편집장께는 다시 감사의 인사를 드린다. 목소리로만 남은 팟캐스트를 글로, 책으로 세상에 태어나게 해준 편집자 최예원 씨께도 감사의 인사를 보낸다. 모두 고맙다.

1623년 11월 말에서 12월 초, 영국의 성공회 사제이자 시인 존 던은 갑작스런 질병으로 사경을 헤매고 있었다. 자기 집 침대에 누워 죽음을 넘나들던 존 던의 귀에 날마다 교회의 종소리가 들려왔다. 종들마다 이름이 있고, 서로 다른 미사전례마다 제각각의 종소리가 울리던 시절이었다. 그의 귀에 들려온 것은 장례미사를 알리는 종소리였다. 이웃 중 누군가의 죽음을 알리는 종소리였던 것이다. 죽음의 문턱에서 그는 자신과 이웃의 죽음을 함께 묵상했다. 이윽고 병마에서 벗어난 후 그는 묵상과 기도의 결과를 산문집으로 옮긴다.

누구든 그 자체로 순전한 섬은 아니다.
모든 인간은 대륙의 한 조각이며 대양의 일부다.
흙덩이가 바닷물에 씻겨 내려가면 유럽은 그만큼 작아지고,
모래톱이 그리 되어도,
그대의 친구들이나 그대 자신의 땅이 잠겨도 마찬가지인 것.
어떤 사람의 죽음이든 나에게 상처를 입히니
그것은 나 또한 인류에 포함되어 있기 때문.
그러니 누구를 위하여 종이 울리는지 알려고 사람을 보내지 말라.
종은 바로 그대를 위하여 울리는 것이니.

미국의 소설가 어니스트 헤밍웨이가 스페인 내전을 다룬 소설에 이 구절을 따서 『누구를 위하여 종은 울리나』라는 제목을 붙였다. 헤밍웨이는 이 내전에서 프란시스코 프랑코의 우익 군사 쿠데타로 위기에 처한 인민전선 정부 편에 서서 싸웠다. 누워서 하는 묵상에서 목숨을 건 전투에 이르기까지, 섬에서 탈출하는 방법은 무수히 많다. 이 책이 그 많은 방법 중 하나가 되기를 바란다.

2015년 12월
조형근

이타심의 연합을 만드는 조건

우리는 신자유주의적인 삶에서 벗어나지 못한다. 끝없는 경쟁을 당연하게 여기고 시장의 만능함을 주문처럼 외운다. 만인의 만인에 대한 경쟁 속에서 살아남는 일인이 되기 위해 이기심을 자발적으로 갈고닦는다.

신자유주의 체제에 대한 문제의식이 없어서는 아니다. 많은 이들이 그 흉포함을 지적하면서도 신자유주의적 삶을 놓지 못한다. 이 세상에서 가장 먼 거리가 가슴과 머리 사이의 거리라고 하던가.

아프게 확인한다. 머리와 가슴의 머나먼 거리를 재는 척도는 '기만'의 눈금이 아니라 '공감'의 눈금임을 확인한다. 신자유주의의 흉포함을 개개인이 견뎌내도록 내모는 세태가 사람들을 자위와 자구에만 민감한 존재로 만들었다는 것을, 이기심은 본성이기 이전에 갑옷이라는 것을 확인한다.

그래서 소망한다. '대안 경제'를 소개한 이 책이 삶을 되돌아보는 작은 실마리라도 되기를 소망한다. '대안 경제'는 체제 또는 모델이기 이전에 삶의 한 양식이라는 점, 인간은 이기적인 동시에 이타적이기도 하므로 이타심이 발현되는 조건을 어떻게 만들어내느냐에 따라 삶의 양식도 달라질 수 있다는 점, 시장에서 거래를 하듯 사회에서 연대를 할수도 있다는 점을 확인하는 작은 계기가 되기를 소망한다.

시장 논리에 눌리고 경쟁 논리에 치이는 사람들은 끝없이 자기를 '계발'하려 들지만 부질없다. 중·고교 참고서처럼 요약된 인문학과 현란한 말장난으로 점철된 자기계발서는 더 큰 열패감과 자괴감을 가져다줄 뿐이다. 그것을 읽는다고 해서 자기가 바뀌는 것이 아니며 세상은 더더욱 바뀌지 않는다.

'대안'은 '조건'의 대안이어야 하고, 그 조건은 이타심의 발현 조건이자 연합의 조건이어야 한다. 이 책에서 몇몇 모델을 제시한 이유는 그것이 정답이어서가 아니라 '대안적 조건'을 찾기 위한 단서 같은 것이라고 봤기 때문이다.

물론 이 모든 작업은 조형근 교수가 주도했다. 팟캐스트를 기반으로 출간된 이전의 다른 책들(『사회를 구하는 경제학』과 『메트로폴리스 서울의 탄생』)과 마찬가지로 이 책에서도 나의 역할은 장단 맞추는 보조였을 뿐이다. 그저 조형근 교수의 오랜 연구와 사유의 결과물이 좀 더 쉽고 친근하게 독(청)자들에게 전달되도록 윤활유를 뿌리는 역할이었다.

이 책의 출간으로 '공부하는 팟캐스트'를 표방하며 방송된 '사사로운 토크'의 버전 변경 작업은 완료된다. 한 번 듣고 잊힌다는 목소리의 한계를 뛰어넘어 영원히 남는 활자로 되새겼으니 스스로 대견하고 조형근 교수에게 감사하다. '사사로운 토크'의 기획 단계부터 책의 출간까지 3년 가까운 기간을 함께해온 '반비'의 김희진 편집장께는 특별히 감사와 존경의 마음을 보낸다. 출판계 사정이 어려운데도 중심을 잃기는커녕 오히려 장인 정신으로 책의 질 향상에만 몰두했기에 이 책이 독자들을 만날 수 있었다.

지식과 교양마저 인스턴트가 되는 현상을 마뜩치 않게 바라보면서도 '가방끈'이 짧아 뾰족한 대처 방법을 찾지 못하다가 소중한 인연을 만나 지식과 교양의 중개상 역할이라도 할 수 있게 되어 다행스럽게 생각한다. '사사로운 토크'를 만들며 스스로 설정한 중개상 역할은 앞으로도 계속할 작정이다. 때로는 짓궂고 때로는 가학적인 면을 동반하는 역할이기에 부담이 있지만, 어쩌겠는가. 내 역할이 꼭 필요한 것이라면 팔자려니 여기고 가방끈 긴 사람들을 들볶을 수밖에. 이 책은 긴긴 문장의 어느 중간에 찍힌 쉼표로 받아들여졌으면 좋겠다. '사사로운 토크'는 '시사통'으로 이어지고 있다.

2015년 11월

김종배

차례

1부

다른 경제를
꿈꾼 나라들

협력하는
경제는
가능할까

경제 성장은 우리 모두에게
풍요와 행복을 가져다줄까?

일에서 성취감과 보람을 찾으려는
욕망은 사치일까?

적자생존 승자독식, 상대를 밟고
올라서는 것만이 경쟁일까?

인간을 이기적이게끔,
또는 이타적이게끔 만드는
제도적 조건은 무엇일까?

적자 나는 공기업의 존재는
세금 낭비에 불과할까?

대안 경제를 모색하는 일은 우리의 꿈에 대한 답을 찾으려는 시도다. 더 많은 부를 생산하되 일한 만큼 정당한 대가를 받고 일에서 보람을 느끼고 싶다는, 지금의 자본주의 경제 체제에서는 불가능해 보이는 꿈은 어떻게 현실이 될 수 있을까?

주류 경제학에서는 인간을 본성적으로 이기적이고 합리적인 경제인(homo economicus)으로 본다. 경제적 교환에서 모든 인간은 자신의 이익, 효용을 극대화하는 방향으로 행동한다고 보는 것이다. 오랫동안 진리로 받아들여져 온 주류 경제학의 인간관은 한국 사회가 무한경쟁과 적자생존의 논리에 익숙해지도록 만들었다. 그렇지만 인간은 정말로 자기 이익만을 추구하는 존재일까? 경쟁은 그저 상대를 밟고 올라서는 일에 불과할까?

자기에게 이득이 되지 않는데도 관습을 따르는 서양의 팁 문화처럼 우리는 이미 현실 속에서 이익과 합리에 따르지 않는 경제 활동을 하고 있다. 인간은 경제적 존재일 뿐 아니라 사회적 존재이기도 하기 때문이다. 모든 경쟁이 적대적이라는 관념 역시 현실과 다르다. 프로야구에서는 경쟁에서 패배한 하위 팀을 추방하는 대신 상위 팀과의 격차를 좁히도록 지원하는 여러 제도적 장치를 마련해둔다. 이처럼 타자가 있어야 경쟁 자체가 가능하다는 점을 인식하고 협력을 동반하는 경쟁 역시 현실에 무수히 존재한다.

이기적 추구가 인간의 본성이 아니고, 적대적 경쟁이 시장의 본질이 아니라면 우리는 어떻게 호혜와 협력의 경제를 되찾을 수 있을까? 이타심과 협력과 연대를 증진하는 제도적, 사회적 조건이 무엇인지, 자본주의의 폐해를 극복하기 위한 다양한 모델을 검토하고 그 성공과 실패의 원인, 약점과 강점을 검토해야 한다. 대안 경제를 모색하는 첫 걸음은 여기서 시작한다.

성장, 분배, 일의 보람이라는 꿈

김 앞으로 10회에 걸쳐서 '대안 경제'의 이론과 실제를 살펴보기로 했는데, 단도직입적으로 여쭤보겠습니다. 대안 경제가 뭡니까?

조 어렵게 생각하면 끝도 없이 어려운 질문이지만, 우선 쉽게 가보죠. '대안'이라고 하지 말고 '우리가 바라는 꿈'이라고 말해봅시다. 세 가지로 나눠보겠습니다. 첫째, 더 많은 부를 생산하고 싶다는 꿈, 둘째, 일한 만큼 대가를 받고 싶다는 꿈, 셋째, 일에서 성취감이나 보람을 찾고 싶다는 꿈. 대안 경제는 이런 세 가지 꿈에 대한 대답을 찾아나가는 시도라고 말할 수 있을 겁니다.

김 경제 성장, 분배, 삶의 의미라는 세 가지 틀에서 대안을 찾아가는 시도로 이해하면 되겠군요. 경제 성장의 꿈을 위한 대안 경제 모델에 관해 좀 더 짚어주십시오.

조 경제 성장의 환상을 벗어던지는 데에서 출발하자고 말씀드리고 싶습니다. 흔히 성장을 해야 일자리도 생기고 분배도 할 수 있다고 생각합니다. 하지만 국내총생산(GDP)과 1인당 GDP로 정의되는 경제 성장은 실제 우리 삶의 개선과는 상당히 거리가 멉니다. 오히려 삶의 풍요로움에는 해로워도 GDP는 증가하는 경우도 매우 많습니다.

김 하기는 GDP가 증가해도 내 일자리가 없다면 아무 의미도 없겠죠. 분배 상황도 전혀 보여주지 못하고요. 1인당 GDP라는 평균의 맹점입니다. 그렇다고 해도 GDP 총량이 증가한다면 일자리가 늘어나거나 분배가 개선될 가능성은 커지는 것 아닙니까?

조 그렇지 않다고 보는 겁니다. GDP는 환경 파괴도, 분배 불평등도, 근로 시간이나 삶의 질도 고려하지 않습니다. 예를 들어 직장과 집이 멀어지고 교통 관리 시스템이 부실해져서 교통사고가 증가하는 경우를 생각해보죠. 자동차 수리비와 교체 비용이 증가할 것이고, 의료 비용도 증가할 겁니다. GDP는 증가합니다. 반대의 경우에는 GDP가 오히려 감소하게 됩니다. 그래서 리처드 하인버그(Richard Heinberg)라는 학자는 "GDP라는 잣대로 국가의 전반적 건강을 측정하려는 것은 음표 개수로 음악의 가치를 평가하려는 것과 같다."라고까지 비판했습니다. 무엇보다 GDP 개념과 측정 방식을 고안한 미국의 경제학자 사이먼 쿠즈네츠(Simon Kuznets)는 처음부터 GDP를 통해 경제 발전의 수준이나 성장을 측정할 수 있다는 사고방식을 경계해야 한다고 했습니다. GDP는 경제 현실의 극히 일부만 보여주는 제한된 수단에 불과하다는 것이죠. 여기서 GDP 중심의 성장주의에 대한 통렬한 비판 하나를 소개하고 싶습니다. 케네디 대통령의 동생 로버트 케네디의 1968년 연설입니다.

> 미국의 국민총생산(GNP)은 연간 8000억 달러를 넘지만 여기에는 여러 가지가 포함됩니다. 대기 오염, 담배 광고, 고속도로에서 시신을 수습하는 구급차, 현관문에 다는 특수 자물쇠, 이 자물쇠를 부수는 사람을 가두는 감옥, 삼나무 벌목, 도시의 문어발 확장으로 인한 경이로운 자연의 유실, 네이팜탄, 핵탄두, 도시의 폭동을 진압하기 위한 경찰 장갑차, 텍사스 저격수 휘트먼의 소총, 연쇄 살인마 스펙의 나이프, 아이들에게 장난감을 팔려고 폭력을 조장하는 텔레비전 프로그램, 이것

들은 모두 GNP에 합산됩니다. 하지만 다음과 같은 것들은 포함되지 않습니다. 아이들의 건강, 교육의 질, 놀이의 즐거움, 시의 아름다움, 결혼의 힘, 대중 토론이 빚어내는 집단 지성, 공직자의 청렴, 재치와 용기, 지혜와 배움, 공감과 애국심. 이것들은 하나도 GNP에 합산되지 않습니다. 한마디로 GNP에는 삶을 살아갈 만하게 만드는 것들을 제외한 모든 것이 포함됩니다.

김 정치가의 연설로는 매우 감동적인데요. 문제의식에는 깊이 공감합니다만, 경제 성장은 경제 성장대로 GDP로 측정하고 그에 따른 부작용은 부작용대로 고려하면 되는 것 아닌가요? 경제 성장을 GDP 말고 무엇으로 측정할 수 있습니까?

조 GDP를 대신하는 새로운 지표를 세우려는 다양한 시도가 있습니다. 조지프 스티글리츠(Joseph Stiglitz)와 아마티아 센(Amartya Sen), 장폴 피투시(Jean-Paul Fitoussi)가 함께 지은 『GDP는 틀렸다』라는 책에 그런 다양한 시도와 제안이 소개되어 있습니다. 이 책은 개인 저자들의 작업이 아니라 프랑스 정부가 설치한 위원회에 의한 공동 작업의 결과입니다. 그 요지는 생산보다는 소득과 소비에 주목하고, 가계의 입장과 분배를 부각하고, 시장에서 측정되지 않는 비시장적 행위들로 측정의 범위를 넓히라는 것입니다. 그래야만 경제적 복리가 제대로 측정될 수 있다는 것이죠.

김 경제 성장을 논하다 보니 자연스럽게 분배에 관해서도 이야기하게 되었습니다. 더도 말고 덜도 말고 일한 만큼 받는 게 그렇게 어려운 일일까요? IMF 때도, 2008년 세계 금융위기 때도 사람들이 일을 열심히 안 해서 경제위기가 온 건 아니지 않습니까?

조 일부 이상한 사람들은 노동자들이 일은 안 하고 파업만 해서 경제위기가 왔다는 식으로 말하기도 합니다. 그런 분들에게는 한국의 근로시간 통계만 보여줘도 됩니다. 문제는 사람들이 이렇게 열심히 일해도 그만큼 대가가 돌아오지 않는다는 겁니다. 성취감이나 보람은 꿈도 꾸기 어렵습니다. 분명히 열심히 일했는데 어느 날 갑자기 비정규직이 되고 해고되며, 잠 줄여가면서 열심히 자영업을 하는데 망해갑니다.

김 노동으로 벌어들이는 몫은 갈수록 줄어들고, 자본 가진 사람들이 가져가는 몫은 갈수록 더 커지고. 아무리 사람이 아니라 '자'가 '본'이 되는 자본주의 사회라지만 너무하다는 생각을 하게 됩니다.

조 노동소득 분배율과 자본소득 분배율만 보아도 알 수 있는 사실입니다. 국민소득 전체를 임금소득과 영업잉여로 구분하고 상대적인 비율을 보는 건데요, 한국은 OECD 국가 중에서도 노동소득 분배율이 가장 낮은 편에 속합니다. 그런데 이 통계조차도 왜곡되어 있다, 노동소득 분배율이 실제보다 과대평가되고 있다는 비판이 많습니다.

김 그건 또 왜 그런가요?

조 영업잉여에는 기업의 이윤만이 아니라 농민이나 기타 영세 자영업자의 소득도 포함되거든요. 아시다시피 한국은 자영업자 비율이 매우 높은 편입니다. 서구가 대체로 10퍼센트 정도라면 우리나라는 30퍼센트에 육박합니다. 그런데 망해가는 자영업자의 영업잉여가 자본소득에 포함되니까 소득 분배의 추이에서 자본소득의 비율이 상대적으로 과소평가되고 있는 셈이죠. 자영업자들의 영업잉여를 제외하고 임금소득과 기업소득으로만 비교하면 분배 상황은 더욱 나빠집니다.

김 통계를 제대로 보는 게 쉽지 않은 일이군요. 일한 만큼 대가를 받아야 한다는 데에는 누구나 공감할 텐데, 사람들이 과연 일에서 성취감이나 보람도 추구할까요? "직장이 전쟁터 같아도 밖에 나가면 지옥"이라고, 그저 버티고 또 버티는 게 현실 아닙니까?

조 직장이 전쟁터라는 비유는 경제가 본질적으로 적대적 경쟁의 장이라는 생각을 반영합니다. '목숨 걸고 싸우는 전쟁터에서 웬 성취감이니 보람 따위를 찾느냐, 배부른 소리 한다.'고 생각하는 분들도 있을 겁니다. 하지만 잠자는 시간을 제외하면 일하는 시간이 인생의 절반에 가깝습니다. 우리는 가족이나 친구와의 교유, 취미생활 등 다른 어떤 활동보다도 일하는 데 더 많은 시간을 보냅니다. 그 긴 시간 동안 불행한 사람이 나머지 시간에는 행복해질 수 있을까요? 그 긴 시간 동안 겪는 긴장, 좌절, 모욕감 같은 것이 우리의 삶과 세상에 아무런 영향을 미치지 않을까요? 물론 노동이 전쟁이고 일터가 전쟁터이길 원하고 그렇게 되도록 강요하는 체제의 힘 아래에서 많은 사람들이 그런 바람을 포기하는 것도 사실입니다. 하지만 포기한다는 말 자체가 이미 그런 꿈이 있었다는 걸 의미하죠. 본래 없던 걸 포기할 수는 없는 법이니까요.

김 좋습니다. 그럼 일에서 찾는 성취감, 보람이란 과연 뭘까요?

조 효율성이 엄청나게 높은 로봇을 떠올려보죠. 그 로봇이 생산성 1위를 달성했다고 성취감을 느끼지는 못할 겁니다. 마찬가지로 시키는 대로만 일한 사람이 실적이 높아졌다고 해서 성취감이 들지는 않겠죠. 그래서 성취감은 작업 과정에서의 자율성, 창의성과 관련이 깊습니다. 전문직의 직무 만족도와 성취감이 상대적으로 높은 데는 이런 이유가 있습니다. 그들의 직무는 표준화하기가 매우 어렵기 때문에 조직에 속해 있는 경우에도 직접적 노동 과정은 상당 부분 자율적 결정에 맡겨지기 때문이죠.

김 예를 들어 교사의 수업이 그렇겠군요. 교육 과정이 표준화되어 있다고 해도 교수 방법은 교사마다 다르니까요. 교수의 논문 작성도 마찬가지겠지요?

조 맞습니다. 그럼 전문직만 일의 보람을 느낄 수 있는 것일까요? 사실은 자본주의 체제 아래에서도 노동자들의 창의성과 자율성을 끌어내기 위해서 노력하는 기업들이 꽤 있습니다. 구글 같은 IT 기업은 워낙 유명한 사례이고, 도요타나 볼보 같은 전통적인 제조업 기업도 노동 과정에서 노동자들의 자율성을 높이기 위해 엄청난 노력을 했습니다. 대안 경제 체제에서는 이런 자율성을 더욱 높이는 방향으로 나아갈 수 있을 겁니다.

김 그런 자율성에 기반을 두고 세계적인 기업으로 성장할 수 있었다고 봐도 되겠군요. 그런데 성취감과 보람은 어감이 조금 다릅니다. 성취감까지는 그래도 이해가 되지만, 경제 활동의 보람은 정말 이상적인 개념처럼 들립니다. 교수님이 『사회를 구하는 경제학』에서 알려주신 애덤 스미스(Adam Smith)의 유명한 말이 아마 "빵집 주인이 사람들을 먹여 살리려고 빵을 파는 건 아니다."였죠? 그저 자기 이기심에서, 자기가 먹고살려고 빵을 만들어 파는 것일 뿐이라고요. 열심히 일하다가 보람을 느끼게 되면 좋은 일이지만, 보람을 찾을 수 있는 경제 체제라니 비현실적인 것 같은데요.

조 두 명의 교사가 있습니다. 한 교사는 학생들을 가르치면서 뭔가 보람을 얻으려 애쓰고, 다른 한 교사는 단지 직장인으로서만 충실하려고 합니다. 김종배 선생님은 어느 쪽 교사가 아이들을 가르쳐줬으면 좋겠어요?

김 이 질문 의도가 보이는데요.(웃음) 당연히 보람 찾는 교사가 좋죠. 그럼 그건 교육이라는 영역의 특수성이 있지 않느냐는 반론을 펴게 될 텐데, 다른 직업은 왜 그러면 안 되느냐고 반박하실 거죠?(웃음)

조 그냥 혼자 다 하세요.(웃음) 보람이란 자신의 행동이나 성취가 타인과 공동체의 행복, 복리의 증진에 기여한다고 느낄 때 얻는 감정입니다. 애덤 스미스는 이기심과 연민, 공감을 동시에 말했습니다. 타인의 불행에 함께 아파하는 것이 인간의 본성적 도덕감정이고 그게 없다면 사회는 파멸한다고요. 나는 실적 1위 해서 성취감을 잔뜩 느끼는데 동료들은 감봉되고 해고된다면 과연 행복할까요? 보람이라는 걸 너무 거창하게 생각할 필요는 없다고 봅니다. 나의 성공이 타인의 기쁨이 될 수 있으면 그게 보람이죠. 보수적인 사람도 마찬가지입니다. 보수 우익을 자처하는 김훈 작가가 우익삼락, 즉 '우익의 세 가지 즐거움'을 언급한 적이 있어요. 그중 하나가 보수라면 부자라서 세금 많이 내는 게 즐겁다는 거였죠.

김 그럼 부자인데도 세금 안 내는 사람들은 그 즐거움을 거부하는 바보들이겠군요.(웃음)

조 그렇습니다. 기쁨을 거절하는 금욕주의자들이죠.(웃음)

협력하는 경쟁도 존재한다

김 소박하게 생각하니 현실감이 있네요. 앞으로 두 가지 차원에서 대안 경제 모델에 접근할 거라고 하셨죠. 하나는 국가 단위에서 대안 경제의 모델로 생각해볼 수 있는 사례들, 또 하나는 사회 공동체 운동의 차원에서 모색되고 있는 대안 경제의 흐름들. 오늘은 사례 분석에 들어가기에 앞서서 대안 경제 일반에 관해서 감을 잡아보는 시간이 될 테고요. 그리고 대안 경제 논의의 바탕에 깔려 있는 가장 근본적인 고민은 무엇일까에 관해서도 이야기를 나눴으면 합니다.

질문을 하나 던져보지요. 대안 교육의 경우, 제도 교육이 입시 교육이라고 하면 제도 교육에 맞서는 대안 교육은 인성 교육이라는 식으로 나름대로 상징화하는 부분이 있습니다. 그렇다면 기존의 자본주의 시장경제 체제가 경쟁의 원리에 기초한다면 대안 경제는 협력의 원리에 기초한다, 한마디로 이렇게 정리해도 되는 겁니까?

조 큰 틀에서 보면 그렇게 볼 수 있습니다.

김 그런데 경쟁과 협력이 딱 잘라서 나눌 수 있는 성질의 것일까요? 같이 가는 것 아닐까요?

조 좋은 지적이십니다. 사실 자연계든 인간 사회든 경쟁 없이 협력만 하는 시스템이나 협력 없이 경쟁만 하는 시스템은 없습니다. 우리는 곧잘 경쟁이 곧 적대나 배제와 같다고 오해합니다. 즉 경쟁이 남을 이기고 짓밟는 행위라고 생각하는 것입니다. 하지만 그건 경쟁 중에서도 적대적 경쟁이죠. 적대는 타자의 존재 자체를 부정하는 행동양식입니다. 반대로 비적대적 경쟁에서는 타자가 있어야 경쟁 자체가 가능해지고, 따라서 타자는 소중한 존재가 됩니다.

김 타자를 배제하지 않는 경쟁도 가능할 수 있다는 말씀이군요. 그렇지만 순진한 이상론에 불과하다고 말하는 분들도 있습니다.

조 저를 순진한 사람으로 몰아가신다면, 저 순진한 사람 하겠습니다.(웃음) 예를 하나 들어볼까요? 한국에서 인기 있는 스포츠인 프로야구를 봅시다. 프로야구는 치열한 경쟁 시스템입니다. 우승팀은 1년에 단 한 팀뿐입니다. 꼴찌 팀은 말할 것도 없고, 2등조차 루저가 되지요. 실제로 모 유명 감독이 2등도 꼴찌나 마찬가지라고 말해서 화제가 되기도 했습니다. 성적이 나쁜 팀은 감독이 경질되고 구단의 운영진이 바뀌는 등 난리가 납니다. 만약 경쟁이란 타자를 배제하는 행위라는 관점이 현실적이라면, 2등 이하의 팀들, 적어도 하위권 팀들은 모두 해체하거나 리그에서 추방하는 게 맞겠군요.

김 아, 무슨 말씀인지 알겠어요. 경쟁을 위해서는 꼴찌 팀조차 꼭 필요한 존재라는 말씀이군요.

조 프로야구 시장에서는 곧잘 '경쟁자도 동업자'라는 표현을 씁니다. 그래서 이들 사이에는 협력적 경쟁이 제도화되어 있습니다. 돈 많은 팀이 무조건 좋은 선수를 쓸어가는 것이 구조적으로 불가능해요. 지역 연고에 대한 배려, 하위 팀에 우선권을 주는 신인 드래프트 제도, 자유 계약 선수에 대한 보상 선수나 보상금 지급 규정, 신생 팀에 대한 배려 등이 모두 그런 제도죠. 이 제도들이 전부 합리적인지 여부는 일단 별개로 합시다. 아무튼 이런 제도들은 재정이 약한 팀들도 어떻게든 살아남게 만들려는 프로야구의 시스템이 가진 특징입니다. 왜 이런 시스템을 만들었을까요?

김 자유 경쟁에 맡기면 결국 제일 돈 많은 팀이 승리를 독식하기 때문이겠죠. 승부가 뻔한 경기는 재미가 없죠. 매일 이기는 팀의 팬들만 빼면. 그럼 다른 팀들은 해체해버릴 테고 결국 시장 자체가 붕괴할 거라는 말씀이군요.

조 예, 맞습니다. 이처럼 타자의 존재를 긍정하고 함께하려는 경쟁이 있는가 하면 경쟁자를 시장에서 퇴출시켜서 이윤을 독점하고 싶어 하는 경쟁도 있습니다. 한국 사회는 후자의 경쟁에 너무나 익숙해져 있어서 경쟁이라고 하면 무조건 적대적 경쟁만 떠올리곤 합니다. 하지만 실제 세상에는 협력적 경쟁도 광범위하게 존재합니다. 엄연히 존재하는 비적대적 경쟁, 협력적 경쟁을 부정하는 것이 더 비현실적인 태도가 아닐까요?

앞으로 계속해서 다양한 현실 사례를 직접 검토하게 될 겁니다. 실제로 존재하는 현상을 공상이라고 몰아가지는 못하리라 믿습니다. 물론 다른 나라, 다른 시대에 이뤄진 일들이 지금 한국에서 곧바로 통할 수 있다고는 할 수 없을 겁니다. 실현 가능성은 차분히 따져봐야 합니다. 다만 처음부터 '순진한 공상'으로 치부하는 태도는 바람직하지 못하다고 생각합니다.

인간은 정말 이기적인 존재일까

김 보통 원칙과 원리를 논하면 다 좋은데 현실을 좀 보라고들 합니다. 원칙과 원리는 현실 속에서 관철시켜야 하는데 마치 원리·원칙과 현실이 별개인 것처럼 접근하는 겁니다. 사고의 오류지만 많은 사람들이 이렇게 생각합니다. 우리는 자본주의 체제 속에서 살고 있다, 자본주의 시장의 기본 원리는 자유 경쟁이다, 자유 경쟁은 경쟁자를 배제하는 것이다, 이처럼 고정관념이 서 있는 것이죠.

조 고정관념이지요. 잠깐 딴 길로 새면, 깊이 따지고 들어가면 자본주의가 과연 자유 경쟁에 기반을 두고 있느냐는 질문도 제기할 수 있습니다. 20세기 최대의 역사학자로 꼽히고 경제의 장기 구조사 연구로 유명한 프랑스의 페르낭 브로델(Fernand Braudel)은 시장경제와 자본주의를 구별하면서 시장경제가 경쟁에 기반을 두고 있다면 자본주의는 오히려 독점에 기반을 두고 있다고 보기도 합니다. 아무튼 경쟁 자체만 살펴보더라도 치열한 경쟁 시스템이 작동하기 위해서조차 본질적으로는 협력이 필요합니다.

김 완성차 업체에 부품을 납품하는 중소기업과의 협력 관계 같은 것을 말씀하시는 겁니까?

조 그런 사례도 포함합니다만, 그보다 훨씬 본질적인 이야기를 하는 겁니다. 가장 기본적인 것부터 살펴볼까요? 우리 모두는 매일 거래, 즉 경제적 교환을 하면서 살고 있지 않습니까? 오늘 김종배 선생님이 여기에 오시면서 지하철을 타고 왔다면 그것도 거래를 한 것입니다. 요금을 내고 서비스를 받은 거지요. 지나가다가 목이 말라서 편의점에 들어가서 캔 커피 하나를 사 먹었다면 마찬가지로 경제적 거래, 교환을 한 것입니다. 주류 경제학은 거래는 자기 이익을 위해서 하는 것이라고 가르칩니다. 애덤 스미스 말대로 이기심에서 거래하는 겁니다. 지하철 기관사 월급을 주려고 지하철을 이용하는 게 아니고, 편의점 주인과 아르바이트생을 돕고 싶어서 캔 커피를 사 먹는 게 아닙니다. 자신의 만족과 효용을 실현하려고 하는 경제적 선택이지요. 그래서 이런 거래에서는 누구나 타인의 이익보다는 자기의 이익을 관철하려고 합니다. 즉 사는 사람은 최대한 싼 값에 사려 하고, 파는 사람은 최대한 비싼 값에 팔려는 겁니다. 자신의 이익을 극대화하는 데만 관심이 있다는 겁니다. 주류 경제학에 따르면 인간은 본성상 이런 성향을 갖고 있습니다. 그래서 주류 경제학은 인간을 본성적으로 이기적이고 합리적인 경제인(homo economicus)으로 이해합니다.

김 당연한 이야기처럼 들리는데요.

조 거래 당사자인 우리 각자가 자기 이익을 극대화하려는 사람들이라고 가정합시다. 정의상 이기적인 존재인 거죠. 상대의 이익에는 아무

관심이 없습니다. 정확히 말하자면 내가 이익을 얻는 만큼 상대는 손해를 보는 거니까 결국은 상대가 손해를 보기를 원하는 거죠.

김 그 말도 당연한 것 같습니다만, 인간은 도덕이라는 게 있는 존재니까 상대가 손해 보기를 원한다고만 말하기는 쉽지 않네요.

조 조금 전까지 이야기하던 적대적 경쟁에 대한 인식이 바로 그런 것 아닌가요? 남을 짓밟아서라도 내 이익을 극대화하는 게 경쟁이라는, 한국 사회에 널리 퍼진 인식 말이죠. 만약 그게 인간의 본성이라면 할 수 있는 한 상대방의 이익을 희생시켜서라도 자신의 이익을 극대화하려 들지 않을까요?

김 논리적으로는 그렇겠군요. 예를 들면 어떤 상황일까요?

조 가장 간단하면서도 합리적인 방법은 이런 겁니다. 상인은 손님한테 돈을 받은 다음 물건을 안 주면 됩니다. 고객이 항의하면 이미 줬다고 우기면 됩니다. 어차피 증거는 없으니까요. 고객의 경우라면 반대로 하는 겁니다. 일단 물건을 먼저 받아요. 그리고 돈을 안 주면 돼요. 상인이 화를 내면 돈 벌써 줬는데 왜 그러느냐고 오리발을 내밀면 됩니다. 굳이 자신의 이익을 극대화하겠다며 흥정하며 고생할 필요가 없습니다. 이렇게 하면 상인은 손님한테 받은 돈 전체가 순수익이 되고, 손님은 상인한테 받은 물건 자체가 순수익이 되죠.

김 에이, 그건 말이 안 되는데요. 상인은 돈만 받고 물건을 안 주려고 하고, 손님은 물건만 받고 돈을 안 주려고 한다면 결국 거래가 안 일어나는 거잖아요?

조 핵심 포인트를 짚으셨습니다. 우리가 모두 이기적이고 합리적 인간이면서 거래에서 이익 극대화 전략을 취한다면 실제로는 상거래가 일어날 수 없습니다. 하지만 실제로는 날마다 상거래가 무수히 일어나고 있습니다. 왜 그런 걸까요?

김 처벌이 두려워서가 아닐까요? 그건 사기를 치는 건데 상대가 고소를 하면 자칫 더 큰 손해를 입을 수도 있으니까요. 용케 처벌을 피하더라도 그런 일을 몇 번 겪으면 나쁜 소문이 날 겁니다. 저 가게는 주인이 곧잘 사기를 친다거나, 저 사람하고 거래하면 당한다는 식으로 말입니다. 그렇게 평판이 나빠지면 결국 더 큰 손해를 입는 셈이니까 사람들이 상대를 안 속이는 것 아닐까요?

조 아주 적절한 지적입니다. 권력의 처벌과 사회적 평판의 위력은 사람들이 완전히 이기적으로 행동하지 못하도록 만드는 매우 중요한 요인이 됩니다. 사람들은 이기적인 존재이기도 하지만 동시에 합리적인 존재이기도 하니까요. 자신의 이익을 극대화하고 싶지만, 상대를 속이다가는 평판 악화나 처벌로 오히려 손해를 입을 수 있다는 합리적인 판단을 할 수 있는 겁니다.

김 그렇다면 인간은 여전히 이기적이고 합리적인 존재인 셈이네요. 사기를 안 치는 것도 이타적이거나 협력적이어서가 아니라 처벌이나 평판 악화에 따른 손해를 합리적으로 예측한 결과이자 결국 자기 이익을 위한 거니까요.

조 맞습니다. 실제로 주류 경제학에서는 경제에서 관찰되는 이기적이지 않은 행동들을 이런 식으로 설명합니다. 처벌이나 평판이라는 변수를 고려하지 않고 자기 이익을 극대화하려는 행동은 이기적인 행동일 수는 있어도 합리적인 행동일 수는 없지요. 사실 처벌을 받거나 평판이 나빠지면 더 큰 손해를 입게 된다는 점에서 결국 이기적인 행동조차 못 된다고 볼 수 있습니다. 이기적이면서 합리적인 존재인 경제인은 이런 변수들을 모두 고려해서 합리적으로 자기 이익을 극대화하는 존재라는 겁니다.

관습의 힘과 사회적 존재로서의 인간

김 그럼 뭐가 문제입니까? 주류 경제학의 인간관이 세상을 설명하는 데 아무 문제가 없다는 말로 들리는데요.
조 그러니까 이제부터 반례들을 검토해봐야죠. 처벌이나 평판 같은 요소가 거의 작용하지 않는 상황, 즉 합리적으로 따져보니 상대에게 사기를 쳐도 괜찮은 상황을 생각해보는 겁니다.

김 그런 상황이 뭐가 있을까요?
조 흔하고 쉬운 사례를 생각해보죠. 유명 관광지를 떠올리면 됩니다. 관광지를 찾는 손님들은 절대 다수가 뜨내기입니다. 두 번 볼 확률이 거의 없는 사람들이지요. 평판이 잘 형성되지도 않고, 평판에 영향을 받기도 어려운 환경입니다. 처벌도 마찬가지입니다. 관광객들은 시간이 아까운 사람들입니다. 손해가 크지 않다면 부당한 일을 당했다고 상인을 고발할 가능성은 낮습니다. 관광 와서 잘잘못을 따지고 있을 시간과 비용이 아깝고 마음고생은 더욱 심할 테니까요. 증거도, 증인도 없는 데다가 현지 경찰은 상인 편을 들 가능성도 높으니 고발을 해도 상인이 처벌될 가능성은 낮습니다. 이런 상황이라면 관광지에서 장사하는 사람들은 사기나 속임수를 쓸 유인이 매우 높다고 봐야죠.

김 와, 맞는 것 같아요. 유명한 관광지일수록 바가지 씌우는 걸로 유명하잖아요.

조 바가지도 문제지만 이 경우는 앞서 말한 것 같은 사기를 말하는 겁니다. 예를 들어 성수기의 바가지요금은 수요-공급의 원리를 생각해 보면 무조건 사기라고 보기는 어려운 면이 있습니다. 기분 나쁜 횡포인건 맞지만 속임수는 아니잖아요?

김 아, 그건 또 그렇군요. 그래도 기분은 상당히 나쁩니다.(웃음) 그런데 바가지를 씌우거나 불친절한 건 확실한 것 같은데, 사기를 많이 칠지는 잘 모르겠네요. 그럴 것도 같고, 아닐 것도 같고……

조 아닐 것도 같은 건 왜 그런가요? 이익 극대화의 관점에서 보면 바가지 씌우기를 넘어서 사기를 치는 게 당연하고 합리적인데요.

김 단골을 확보하기 위해서 아닐까요?

조 평판이 중요한 상황이라면 그럴 수 있겠지만, 유명 관광지는 평판이 쌓일 여지가 별로 없는 곳이죠. 일회성 손님들로 가득한 곳입니다.

김 그런 곳에서도 굳이 사기를 치지 않는다면 다른 이유가 있다는 말씀이겠군요. 상인들이 사기를 많이 치면 동네 전체에 대한 평판이 나빠질 테고, 그렇게 되면 관광객들이 적게 올 테니 결국 손해가 될 것 같아 사기를 안 치는 것 아닐까요?

조 상당히 설득력 있습니다만, 인간이 이기적이고 합리적인 개인이라는 주류 경제학의 전제에는 위배되는 설명입니다. 상인은 단지 이기적인 개인일 뿐입니다. 관광지의 평판까지 고민해서 자신의 이기심을 억제한다면 이미 이기적인 개인이 아니겠죠.

김 지역 전체의 발전이라는 대의를 위해서 자신의 사익을 억제하는 이타적인 사람이 되는 셈이군요.

조 맞습니다. 이번에는 손님 측에서도 한번 생각해볼까요? 서양에는 팁 문화가 있습니다. 서비스를 받은 대가로 약간의 돈을 건네는 관습인데요, 이게 왜 생긴 걸까요?

김 글쎄요, 잘 모르겠더군요. 익숙하지 않아서일 수도 있겠지만 그냥 한국처럼 봉사료 10퍼센트를 상품 가격에 포함해버리는 게 낫지 않을까 싶기도 하더군요. 골치만 아프고요.

조 처음부터 가격에 봉사료를 포함하면 편리하긴 하겠지만 받은 서비스에 대해 평가를 내릴 수 있는 손님의 권리는 사라집니다. 팁 액수는 자신이 받은 서비스에 대한 점수라고 볼 수 있으니까요.

김 아, 그런 면도 있네요. 그리고 팁을 얼마나 주느냐에 따라서 다음

번 서비스가 달라질 수도 있을 테고요.

조 물론입니다. 물론 많이 준다고 무조건 서비스가 좋아지는 건 아니 겠지만요. 중요한 건 팁이란 서비스를 둘러싸고 이뤄지는 고객과 서비스 제공자 사이의 소통이라는 것입니다.

다시 유명 관광지로 돌아가볼까요? 아까는 상인 이야기를 했으니까 이번에는 관광객 입장이 되어보죠. 관광지 유명 식당에서 서비스를 받았습니다. 서양이라면 팁을 주는 게 보통입니다만, 이기적이고 합리적인 경제인이라면 팁을 줄 이유가 있을까요?

김 언제 다시 볼지 모르는데 팁을 줄 이유가 없겠군요.

조 그렇죠. 게다가 팁은 가게 주인이 아니라 서비스를 해준 종업원에게 주는 것입니다. 몇 년 뒤에 왔는데 그 종업원이 계속 일하고 있을 확률은 무척 낮겠지요. 설혹 계속 있다고 해도 관광객이었던 손님을 알아볼 확률은 사실상 제로에 가깝습니다.

김 알아보면 천재죠.

조 그러니까 당연히 팁을 줄 필요가 전혀 없습니다. 하지만 실제로는 전혀 그렇지 않습니다. 사람들은 다음번의 좋은 서비스를 전혀 기대할 수 없는 상황인데도 팁을 줍니다. 경제적으로만 따지면 순손실인 행위인 겁니다.

김 관습을 따르는 것이라고 봐야 할 테지만, 문제는 왜 이런 관습이 생겼느냐겠군요.

조 예, 맞습니다. 아무런 이득도 없고 순손실인 게 명백한데도 사람들이 관습적으로 이렇게 행동한다면 이유가 있을 겁니다. 어떤 이유가 떠오르십니까?

김 그냥 기분 좋으려고 주는 거 아닐까요? 이왕이면 마음 씀씀이가 넉넉한 사람으로 보이고 싶은 마음, 그러니까 자기 만족감 때문에?

조 꽤 설득력 있는데요. 사람은 자기가 어떤 사람인지에 대한 자신의 생각이나 타인의 평가에 민감하니까요. 그게 돈도 안 되고, 어떤 실익이 없는 경우라도요. 주류 경제학의 관점에서 보면 여전히 순손실이고 비합리적인 행동입니다만.

김 그런 이야기는 들어본 적이 있는 것 같네요. 동양 사람들이 팁 안 주는 걸 아니까 서양 레스토랑에서 동양 사람들에게 서비스가 좀 불친절한 경우가 있다고 합니다. 그래서 제가 아는 어떤 사람은 일부러 꼬박꼬박 팁을 준대요. 동양인에 대한 인식 개선의 차원에서.(웃음)

조 아시아 노벨상 같은 게 있으면 드려야 할 분이네요.(웃음) 손님에게 충분히 사기를 칠 수 있는 상황에서도 사기를 치지 않는 상인, 팁을 줄 필요가 전혀 없는 상황에서도 팁을 주는 손님, 이런 사례들은 인간이 철저히 이기적이고 합리적인 존재라는 주류 경제학의 인간관으로는 손쉽게 설명할 수 없는 현상들입니다. 인간은 왜 더 큰 이익을 얻을 수 있음에도 불구하고 그 이익을 포기하는 걸까요? 단순하게 생각해보죠. 이 사람들은 이익을 포기한 게 아닙니다. 왜냐하면 애초에 속임수를 쓰거나 팁을 안 줄 생각을 한 적이 없기 때문이죠. 애초에 선택지가 아니었으니까 이익을 포기한 적도 없는 겁니다. 이건 그냥 관습의 힘인 것이죠. 그리고 이것은 인간이 경제생활에서 순수하게 이기적이고 개인적으로 행동한다는 주류 경제학의 주장과 달리 여전히 사회적 존재로서 행동한다는 말이기도 합니다. 관습은 사회적으로 형성되는 것이니까요.

이기심과 이타심

김 인간의 이기심과 이타심에 관한 고민은 정말 해도 해도 끝이 없군요. 예를 들어 지하철에서 몸이 불편한 분들이 파는 물건을 보면 당장 쓸 일이 없지만 사는 경우도 있습니다. 이타심의 발로라고 봐야겠지요. 그러면서도 진짜 필요한 걸 살 때는 한 푼이라도 더 깎으려고 합니다. 그렇다면 이기심과 이타심이 동일한 사람, 동일한 종류의 행위에서 같이 나타나는 거 아닙니까? 같은 사람이 여기서는 이기적이고 저기서는 이타적이라면 이상하지 않습니까? 도대체 인간은 이기적인 존재입니까, 아니면 이타적인 존재입니까?

조 인간 본성이 원래 이기적인지 이타적인지는 따져봐야 별로 유익하지 않을 듯합니다. 성선설과 성악설이 대립했던 고대 중국의 제자백가 시대 이래로 계속 제기되는 질문인데 어떻게 한쪽으로 결론이 나겠습니까? 애당초 이기적 행동, 이타적 행동을 이견의 여지 없이 정의한다는 것 자체부터 거의 불가능에 가깝습니다.

김 그건 또 무슨 이야기인가요?

조 예를 들어볼까요? 보통 자식을 향한 어머니의 사랑과 희생에 대해서는 시대와 문화가 달라도 대부분 공감합니다. 많은 어머니들이 자식을 위해서 기꺼이 자신을 희생하는 이타적 행동을 합니다. 그런데 이런 희생을 조금 다른 각도에서 해석하면 오히려 이기적 행동으로 볼 수 있다는 주장도 있습니다.

김 아니, 그게 무슨 말씀인가요? 도대체 어떤 사람들이 그런 주장을 합니까?

조 진화생물학자들 중 일부나 주류 경제학의 첨단에 서 있는 분들이지요. 보통 어머니가 아버지보다 훨씬 자식에 대해 애착이 크고 희생을 많이 합니다. 양육 노동도 대부분 어머니가 합니다. 왜 그럴까요?

김 당연히 자기 배 아파서 낳은 자식이니까 그런 거지요. 남자보다 애착이 훨씬 클 수밖에 없죠.

조 정답입니다. 그 말씀을 생물학적으로 해석해보면 여성은 자식이 자신의 유전자를 물려받았다는 것을 확신할 수 있으니까 애착이 크다는 겁니다. 친자식인지 의심할 필요가 없어요. 자기 배 아파서 낳았으니까요. 반면 남성은 근본적으로는 이 아이가 자기 자식인지 확신할 수가 없습니다. 그저 여성을 믿을 수밖에 없는 처지입니다. 그 점이 자식에 대한 태도에서 차이를 낳는다는 것입니다.

김 그러니까 어머니가 자식에게 이타적 행동을 하는 이유는 결국 자신의 유전자를 물려받은 존재에 대한 애착이다?

조 빙고! 리처드 도킨스(Richard Dawkins) 같은 진화생물학자들의 주장이 바로 그런 취지죠. 도킨스는 우리의 행동을 결정하는 기본 단위가 종도, 집단도, 개체도 아니고 유전자라고 봅니다. 그렇게 본다면 유전자의 입장에서 유전자가 가장 널리 퍼질 수 있도록 하는 행동이 바로 이기적 행동이라는 것이죠.

김 그럼 주류 경제학에서도 그런 이유로 어머니의 희생이 이기적인 행동이라고 보는 겁니까?

조 경제학은 생물학이 아니니까 유전자를 동원하지는 않겠죠. 취지는 비슷한데 생물학적이라기보다는 심리학적으로 접근합니다. 어머니들은 자식을 위해서 희생합니다. 그러나 남을 위해서 희생하는 경우는 많지 않겠죠. 하지만 어쩔 수 없이 그래야 할 때도 있을 겁니다. 동일한 여성이 자기 자식을 위해 희생할 때와 타인을 위해 희생할 때 느끼는 감정이 같을까요? 자식을 위해 희생할 때 어머니는 보람이나 기쁨을 느낍니다. 다시 말하면 자식을 향한 이타적 행위는 어머니가 좋아서 선택한 행동이라는 면에서 사실 이기적 행위라는 것이지요. 경제학에서 말하는 이기적 선택이란 자신의 효용, 즉 주관적 만족을 높이는 행위니까요. 자식을 위해 희생하는 선택을 함으로써 만족감이 높아졌다면 그게 바로 효용을 높인 선택이고, 정의상 이기적 행동이 됩니다.

김 왠지 말장난 같기도 합니다.

조 예, 거의 말장난 수준입니다. 이런 논리라면 평생 모은 재산을 기부하는 김밥집 할머니도, 순국한 안중근 의사도, 분신한 전태일 열사도 모두 이기적 행동을 한 것일 뿐입니다. 결국 자신들의 보람, 긍지, 사명감, 기쁨 등 주관적 만족감을 얻기 위한 행동이라고 보니까요.

김 말도 안 되는 이야기군요. 그렇다면 이타적 행동이라는 게 아예 없다는 말 아닙니까? 애초에 이타적 행동은 자발적 행위이기 때문에 기쁨이나 보람, 만족을 느끼는 거잖아요. 그런데 주관적 만족을 느낀다고 해서 그 행동을 이기적 행동이라고 본다면, 세상에 이타적 행동이란 없는 거죠.

조 아주 훌륭한 통찰입니다. 저런 시각에서는 강제되지 않은 행동이라면 세상 모든 행동은 모두 이기적인 선택이죠. 안중근 의사의 의거도, 이완용의 매국도 결국 다 이기적인 선택이 됩니다. 우리는 모두 이기적인 인간이라는 겁니다. 분석적으로 무가치한 주장이죠. 백 보 양보해서 안중근 의사와 이완용이 모두 이기적인 선택을 한 거라고 칩시다. 그렇다고 해서 두 선택 사이에 차이가 없습니까? 사회적으로 엄청난 차이가 있잖아요? 이것마저 부정한다면 토론할 가치가 없습니다. 두 선택 사이에 존재하는 엄청난 차이를 인정한다면 그 차이를 구별할 수 있는 개념, 용어가 필요한 겁니다.

김 그 개념이 결국 이기심과 이타심이 되겠군요.

조 그렇겠지요. 하지만 저는 그 용어를 인간 본성론의 차원에서, 예컨대 철학이나 진화생물학의 측면에서 깊이 들어가고 싶지는 않습니다. 그럴 능력도 없지만 대안 경제를 구체적으로 검토하고 성찰하는 데 유익하지도 않기 때문입니다. 인간이 본성적으로 이기적인지, 이타적인

지를 추상적으로 따지기보다는 어떤 상황에서 이기적으로 행동하는지, 또 어떤 상황에서는 이타적으로 행동하는지 구체적으로 탐구하는 편이 훨씬 유익할 겁니다.

영리에도 영혼이 깃드는 시장이 있다

조 경제사회학의 개척자 중 한 명인 막스 베버(Max Weber)가 남긴 『경제와 사회』라는 매우 중요한 저작집이 있습니다. 여기서 베버는 이렇게 말합니다. 시장에서의 교환이야말로 인간의 행위 중에서 가장 도구적이고 계산적이며 "모든 우애적 윤리학 체계에 대한 혐오"를 보여준다고 말입니다. 한마디로 시장 교환은 "비정한 갈등"이고 "인간에 대한 인간의 전투"라는 것입니다. 다만 형식적으로는 평화적으로 이루어지는 갈등이며, 타협으로 이어진다는 점이 실제 전투와 다를 뿐이라는 겁니다. 주류 경제학이 가격을 추상적인 수요와 공급 간의 균형으로 이해한다면, 베버는 가격이 시장 참여자들 간의 권력 투쟁의 결과라고 강조합니다.

김 베버는 매우 현실적인 사람이군요. 결국 베버도 인간은 이기적이라고 본 것이네요.

조 끝까지 들어보셔야 합니다. 베버는 인간관계를 공동체적(communal) 관계와 결사체적(associative) 관계로 구별합니다. 공동체적 관계는 사람들이 함께 소속되어 있다는 감각에 기반하는 관계지만, 결사체적 관계는 공동의 목표에 대한 합리적 동의에 기반하는 관계입니다. 베버는 경제적 행위가 주로 결사체적 관계를 통해 수행된다고 봅니다. 시장 교환 또한 당연히 그렇습니다. 자유 경쟁 시장에서 판매자와 구매자는 단기간만 접촉하며 원리적으로는 다시 만날 일이 거의 없습니다. 여기서 시장 참여자들은 교환을 위한 흥정에 동의한 채로 인간적 유대 없이 가장 유리한 조건을 찾아 떠돌아다니는 원자 같은 존재들이죠. 그런데 베버는 이 결사체적 관계에서조차 어느 정도까지는 공동체적 관계에서처럼 소속감이 수반된다고 통찰합니다. 상인이 고객을 대할 때 아무리 계산적이고 빈틈없다고 하더라도 시장 교환에는 자기 이익만을 추구하는 공리주의적 의미를 초월하는 정서적 가치가 포함될 수 있다는 겁니다.

김 비정한 갈등이고 전투인데도 자기 이익을 넘어서는 무언가가 있다? 무슨 말인지 알 것도 같습니다. 막상 눈앞에 사람이 있으면 너무 모질게는 못 하는 법이거든요.

조 정확히 그렇습니다. 시장에서의 거래는 경제적 교환 관계이기도 하지만 대면적 인간관계이기도 하니까요. 베버는 바로 이 측면을 지적합니다.

김 청부 살인에 관해서도 그런 말들이 있잖아요. "눈을 마주치지 마라 그럼 못 죽인다."고요. 하물며 시장에서 사람 상대로 장사를 하는 건데 완전히 매정해질 수는 없지요. 잠깐 샛길로 빠지자면 에누리라고 하는 게 참 좋은 관습 아닙니까?

조 한국 재래시장의 매력이기도 합니다. 다른 눈으로 보면 매우 비합리적 관행이겠지만. 재래시장에서는 영리에도 영혼이 깃들게 됩니다.

김 그렇죠. 그런데 무조건 깎는 건 아니에요. 저도 재래시장 자주 가는데 거기서 물건 파시는 할머니들, 아저씨들, 아줌마들하고 오고 가는 커뮤니케이션 과정에서 받는 느낌이라는 게 있습니다. 아, 저분이 좀 뻥을 치는 것 같다, 저분은 진짜로 싸게 주는 것 같다. 에이, 내가 조금 더 드리지, 덜 깎지, 이런 게 있단 말이에요.

조 당연합니다. 저도 대학원생 때부터 단골 시장에 한 20년 넘게 다녔습니다. 단골 상인도 많지요. 눈빛만 봐도 견적이 나옵니다.(웃음) 인간 관계가 바로 재래시장의 본질이라는 말을 많이 합니다. 대형 마트 영업 규제 때문에 말들이 많았죠. 정치적으로 진보적이거나 개혁적인 분들 중에도 대형 마트 규제를 반대하는 분들이 꽤 있습니다. 재래시장은 불편하고 바가지 씌우고 위생적이지도 못한 반면, 대형 마트는 주차장도 편리하고 가격도 알기 쉽고 늦은 밤이나 직장인들이 쉬는 일요일에도 하니까 좋은데 왜 규제를 하느냐는 겁니다. "어차피 재래시장은 자본주의가 발전하면 망하게 되어 있다. 그게 대세인데 소위 진보라는 사람들이 허튼 짓을 한다." 이런 이야기를 하는 분들이 있습니다.

김 자칭 진보 개혁 성향이라는 분들이 그런 말을 합니까?
조 좌파까지는 아니어도 진보 개혁 성향을 자처하는 분들이지요. 예를 들면 이명박, 박근혜 정부의 부자 중심 정책을 매우 싫어하고, 노동자들도 정당한 임금을 받아야 한다고 생각하고, 복지를 늘려야 한다고 생각하는 분들이죠.

김 그분들 말대로 자본주의가 발전하면 재래시장은 망하게 되어 있는 건가요?

조 한국보다 유통 현대화가 훨씬 많이 진전된 소위 서구 선진국들 중 재래시장이 망해서 없어진 나라는 없습니다.

김 오히려 관광 코스 아닙니까?

조 워낙 활성화되어 있다 보니 자연스레 관광 코스가 되는 겁니다. 오히려 한국보다도 더 활성화되어 있다고 볼 수 있을 정도입니다. 여전히 사람들이 재래시장을 애용하니까 거기서는 살아가는 모습을 느낄 수 있지요. 저도 외국 갈 기회가 있을 때면 꼭 재래시장을 찾아갑니다.

1960~70년대 소위 근대화 이론이 기승을 부릴 무렵에는 시장 이론 쪽에서도 재래시장, 특히 오일장 등은 결국 다 사라지고 현대적인 백화점이나 대형 마트로 대체되리라는 예측이 나왔습니다. 사실은 그렇지 않았죠. 왜 재래시장이 사라지지 않았을까요? 우선 경제적인 측면에서도 재래시장이 오히려 나은 면이 있습니다. 실제로 직접 장을 보는 분들은 잘 압니다. 농수산물의 경우 재래시장이 확실히 더 싸고 신선합니다.

김 제가 확실하게 말씀드릴 수 있어요. 장을 제가 보거든요. 저는 공산품은 대형 마트에 가서 사요. 애들 운동화나 옷가지를 사야 할 때면 대형 마트에 가는데, 먹거리는 항상 재래시장으로 갑니다. 훨씬 싸요.

조 훨씬 싸고 더 신선하기까지 합니다. 물론 관리가 잘 안 되는 경우도 있습니다만, 그건 재래시장뿐 아니라 대형 마트나 고급 백화점도 크게 다르지 않습니다. 잊을 만하면 유통기한 속여서 팔다가 적발되었다는 뉴스가 나오잖아요. 이처럼 재래시장이 경제적으로 더 우월한 측면이 있습니다. 또 하나는 시장과 지역 공동체 사이의 관계 때문입니다. 한국 정치에서는 소위 민생 대책이라고 하면 제일 먼저 재래시장 활성화 방안부터 나오죠. 정치인들은 선거할 때만 되면 재래시장에 가잖아요? 박근혜 대통령도 재래시장을 여러 번 찾았죠.

김 가서는 부침개도 드시고. 지난 번 각하는 오뎅 많이 드셨죠.(웃음)

조 예, 재래시장이 서민 살림살이의 상징처럼 여겨지고 있습니다. 그래서 이전부터 중앙정부는 물론이고 지자체들도 재래시장을 살리겠다고 여러 가지 프로젝트를 많이 했습니다. 지금도 하고 있고요. 건물과 도로도 정비하고, 지붕도 씌우고, 주차장도 만들고, 공동구매도 하고, 브랜드도 만들고, 상품권도 만들며 소위 유통 합리화를 위해 많은 노력을 했습니다. 그런데 들인 돈에 비해서 성과가 썩 좋지 않습니다.

김 왜 그럴까요? 사람들이 불편해서 시장에 안 가는 거라면, 그런 점이 개선되면 많이들 가야 하는 것 아닌가요?

조 그런 방안들이 아예 틀린 건 아니고 그분들 입장에서는 그 정도가 최선이겠지만, 재래시장의 진짜 경쟁력을 파악하는 차원에서는 헛다리를 짚고 있는 겁니다. 시장에 주차장을 만들어도 백화점이나 대형마트보다 편리하기야 하겠어요? 아무리 시장을 쾌적하게 만들어봐야 백화점, 대형 마트를 이길 수는 없습니다. 그렇다면 과연 무엇이 진짜 문제일까요? 바로 시장과 공동체의 관계가 회복되어야 한다는 것입니다. 앞서 막스 베버가 이야기한 대면적 인간관계에 대해 말씀드렸습니다. 시장이 지역 공동체와 긴밀하게 밀착되어 있으면, 사람들은 단순한 쇼핑을 넘어선 이유에서 시장에 가게 된다는 겁니다.

김 단적인 예가 시골의 장이잖아요. 장터도 제가 시골에서 자라서 잘 알아요.

조 안 해본 게 없어서 다 잘 아시는 건, 꼭 지난 번 각하 같습니다.(웃음)

김 절 그렇게 대단한 분하고 비교하지 마세요.(웃음) 옛날에 오일장 서던 시절에 저도 장에 많이 따라갔는데, 막상 가서 사오는 게 별로 없을 때도 있어요. 오히려 정보를 나누고 옆 마을 아저씨와 막걸리도 한잔하고, 지역 단위에서 교류하는 하나의 매개가 되는 게 장이었습니다.

조 마치 관련 논문이라도 읽은 것처럼 정말 정확하게 말씀하셨는데요, 그게 시장 이론의 핵심입니다. 사람들이 직접 만나는 시장은 단순히 경제적 교환 기구가 아니라 사람과 사람이 만나서 소통하고 정을 나누고 오락이나 여흥을 즐기는 곳이라는 것입니다. 그런데 현대 사회에 얼마나 놀거리가 많아요. 정보도 인터넷에 얼마나 많습니까? 그럼 정보를 위해서 시장에 간다고 할 때 얻을 수 있는 정보는 다른 것이거든요. 인터넷에서 볼 수 있는 뉴스가 아니라 우리 동네에서 지금 무슨 일이 일어나고 있는가에 관한 정보입니다.

김 지금 우리나라 실정에서는 좀 안 맞는 이야기 같기도 합니다. 사람들이 자기 동네에 별로 관심이 없어요, 아파트 값 말고는.

조 날카로운 지적입니다. 그래서 이것이 그저 시장이나 경제의 문제가 아니라 공동체의 문제이자 삶의 방식의 문제라는 것입니다. 공동체의 삶과 우리의 일상생활이 거의 연결이 안 되고 있지요. 대부분 주거지와 직장이 완전히 분리되어 있고, 주거지는 잠만 자는 공간입니다. 옆집 사람이 누군지도 모르는 채 사는 경우가 많잖아요. 자기 지역에 쓰레기 소각장이 들어온다든지, 화상 경마장이 들어온다든지 하는 문제가 아닌 이상은 신경 쓸 일이 없습니다. 이런 상황에서는 시장이 제대로 자리를 잡기 힘들어요. 기초자치단체 선거를 해도 후보가 누군지도 모릅니다.

김 기본적으로 전셋값, 집값, 아이들 교육 등등 때문에 사람들이 이사를 너무 자주 다녀요. 이웃이나 지역에 관심이 생길 틈이 없습니다.

조 한국의 인구 이동률은 다른 나라들하고 비교해도 매우 높은 편입니다. 2014년 기준으로 한 해에 전체 인구의 15퍼센트 정도가 읍면동 경계를 넘어서 이사를 갑니다. 인구 절반은 장기간 이사를 안 한다고 가정하면 이사 다니는 사람은 3년마다 한 번씩 이사한다는 계산이 나옵니다. 통계 방식이 나라마다 좀 다르지만 일본은 시정촌 경계를 넘어서 이사 가는 인구가 4퍼센트, 미국은 모든 이사를 다 합쳐도 11퍼센트 정도거든요. 한국인들의 공동체적 관심이 약한 구조적 이유라고 할 수 있습니다.

김 부동산이나 교육 문제가 얽혀 있는 셈이니 간단하게 해결되는 문제는 아니겠군요.

조 따지고 보면 엄청나게 많은 문제들이 관련되어 있습니다만, 하나만 더 짚고 싶습니다. 기초자치단체의 규모 문제입니다. 한국은 지금 기초자치단체가 너무 큽니다. 수원이나 창원, 고양 같은 곳들은 인구 100만 명을 훌쩍 넘지 않습니까? 서울이나 광역시 자치구들도 50만 명 넘는 곳이 수두룩해요. 일반 시들도 몇십만 명이 기본입니다. 한국의 기초자치단체 인구는 평균 21만 명 이상으로 OECD 국가 중에서 탁월하게 1등입니다. 2등인 영국이 13만 8000명 정도인데 이것도 무척 많은 편입니다. 나머지 국가들은 대개 몇만 명 수준이에요. 프랑스나 스위스는 2000명 내외입니다.

김 한국에서는 오히려 기초자치단체가 너무 많아서 비용 낭비한다고 통합을 장려하고 있는데, 세계적으로는 이미 엄청나게 큰 규모군요.
조 기초자치단체가 너무 크니까 풀뿌리 민주주의가 제대로 될 리가 없습니다. 인구 20만 명이 넘어가는데 이게 무슨 풀뿌리예요. 자기가 사는 시군구의 문제에도 관심이 생길 수가 없어요. 관심 좀 가지라고 당위적으로 아무리 말해봐야 실제로 피부에 와 닿지 않거든요. 만약 기초자치단체가 인구 2~3만 명 내외의 동 수준이라고 생각해보죠. 사람들이 이사도 자주 다니지 않고요. 공동체적 관심과 참여가 지금하고는 비교할 수 없이 높아질 겁니다.

김 우리나라도 원래는 기초자치단체가 읍면동이었죠. 그런데 박정희가 지방자치제도 자체를 없애버렸고, 1990년대 민주화 과정에서 부활하면서 시군구로 커졌습니다.

조 맞습니다. 읍면동이 기초단체가 되는 게 당연한 거였는데, 효율성 논리로 민주주의를 왜곡해버린 겁니다. 지금도 세계 최대 규모의 비정상적 기초단체인데 이것조차 비효율적이라고 통합을 밀어붙인다는 건 풀뿌리 민주주의를 안 하겠다는 뜻이나 마찬가지입니다.

김 다시 본론으로 돌아가죠. 결국 한국에서 진보 개혁적인 대중조차 재래시장보다 대형 마트를 선호하는 건 단지 편의 시설 문제가 아니라 우리 사회의 공동체적 관계가 붕괴한 데 원인이 있다는 말씀이군요. 그렇다면 역시 대안 경제는 단지 경제적 접근만으로는 달성할 수 없다는 말씀으로 정리해도 되겠습니까?

조 수없이 반복하게 될 말이지만 경제는 경제만으로 굴러가는 게 아닙니다. 경제는 정치적 갈등과 투쟁 속에서, 사회와 공동체의 인간관계 속에서, 관습과 이데올로기 같은 문화를 통해서 작동합니다. 거칠게 말하면 이 점을 부정하고 경제는 경제 논리대로 풀자고 주장하는 것이 주류 경제학의 관점이라고 할 수 있겠지요.

김 지금까지 말씀하신 내용을 종합하면 대안 경제의 기본적인 철학적 바탕은 이기심에서 비롯된 경쟁만이 아니라 이타심이 투영돼 있는 협력도 함께해야 한다는 것이라고 보면 되겠고요.

조 당위가 아니라 협력이 동반되는 것이 엄연한 현실입니다. 심지어 경쟁 속에도 이타심이 존재하고 영리 속에도 영혼이 깃든다는 것입니다. 다만 그 현실의 힘은 여전히 미약합니다. 세상에는 그런 현실을 왜곡하고 부정하는 강력한 이데올로기의 힘이 작동하고 있으니까요.

이타심이 발현되는 사회적 조건

조 공공재 공급을 예로 들어보지요. 경제학에서 시장의 실패를 논할 때 꼭 나오는 사례죠. 공공재로는 보통 도로나 상하수도, 전기나 철도 같은 물리적 인프라와 교육이나 국방 같은 공공 서비스를 많이 듭니다. 이런 것들은 사회 유지를 위해서 꼭 필요하지만 시장에 맡기면 공급이 안 되는 재화입니다. 공공재는 향유의 비배제성과 비경합성을 가장 큰 특징으로 합니다. 무슨 말이냐 하면, 돈을 안 냈다고 해서 그 시설이나 서비스를 사용하지 못하게 할 수 없다는 것이죠.

김 넌 다리를 놓는 데 세금 안 냈으니까 이 다리 건너지 마, 이럴 수 없다는 말인가요?

조 그렇죠. 국방 서비스는 굉장히 중요한 공공재입니다. 그런데 너는 군대 안 갔다 왔으니까, 세금 안 냈으니까 전쟁 나도 안 지켜줄 거야, 이렇게 배제할 수 없어요. 불가능한 겁니다. 그러니까 공공재지요. 향유의 비경합성도 마찬가지입니다. 내가 도로를 사용할 때 남이 이 도로를 못 쓰게 할 수가 없어요. 보통의 재화, 예를 들어 사과는 내가 먹는 동시에 남이 먹을 수 없잖아요. 향유의 경합성이 있는 것이지요. 그러나 공공재는 그렇지 않습니다. 따라서 돈을 안 내도 쓸 수 있기 때문에 돈을 낼 이유가 없다는 것이 공공재 공급에서 나타나는 특징입니다. 돈을 낼 동기가 없게 됩니다. 누군가 자기 돈을 엄청나게 들여서 도로를 만들었다, 그럼 그 도로를 공짜로 이용하면 되니까요.

김 요즘은 민자 도로도 많아요. 돈 많이 내야 됩니다.

조 그게 바로 신자유주의죠. 향유의 비배제성과 비경합성을 상실한 이상 그런 도로들은 더 이상 공공재가 아닙니다. 재벌과 외국 자본의 사유재일 뿐입니다. 그래서 공공재는 국가가 공급하지 않으면 공급이 안 되는 상황이 벌어지는 겁니다. 국가가 강제로 세금을 걷어서 공급해야 됩니다. 시장에 맡겨두면 공급이 안 되는 시장 실패의 사례로 주류 경제학에서도 인정하고 있지요.

김 비록 난 세금을 내고 저 사람은 안 냈지만 같이 이용하며 어울려서 살아가겠다, 바로 그 개념인 거죠?

조 그렇습니다. 한 사회의 공공재 공급 수준은 함께 어울려서 협력하며 살아간다는 것에 대한 그 사회의 인식 수준, 합의 수준을 보여준다고 할 수 있습니다. 그런데 이 합의 수준이 나라마다 천차만별이죠. 대표적인 공공재 중 하나인 교육 서비스만 해도 공교육을 어디까지 의무로 하고 무상으로 해줄 것인지가 천지 차이입니다.

김 대학까지 해주면 좋을 텐데요.

조 대학은 물론 박사까지 무료인 나라도 있습니다.

김 박사까지 무료로 해주는 나라가 있어요?

조 영국 같은 나라는 신자유주의로 전향한 이후 바뀌었지만, 서유럽 나라들은 대부분 박사까지 사실상 무료입니다. 심지어 책이나 학용품 사라고 용돈까지 주는 나라도 있죠. 독일의 경우 원래는 무상이었는데, 신자유주의 개혁으로 일곱 개 주가 1년에 약 20만 원에서 70만 원 정도 등록금을 받았어요. 그러다가 다시 무상으로 돌아갔고 마지막 남은 니더작센 주도 2014년 가을부터 무상으로 돌아갔습니다.

김 독일 일부 주에서 등록금 생길 때 국내 보수 언론들이 대서특필했습니다. 독일도 이제 등록금 받는다고요.

조 다시 무상으로 돌아간 건 대서특필 안 하죠.(웃음) 독일 같은 나라가 있는가 하면 중학교 이상은 전액을 내야 하는 나라도 있습니다. 의료도 마찬가지지요. 거의 무상인 복지국가들이 있는가 하면 미국처럼 시장에 맡겨버리니 의료비가 하늘을 찌를 듯 높아진 나라도 있지요. 물론 오바마케어로 조금은 나아지겠지만요. 이기적인 관점에서 보면 왜 내 돈으로 세금도 제대로 안 내는 사람들을 병원 보내주고 대학도 보내주고 심지어 박사까지 시켜주느냐고 생각할 수 있습니다. 반면에 자격 있는 사람이라면 박사까지 공부를 시켜주자, 아픈 사람은 무료로 치료해주자는 합의가 되는 사회라면 이기심으로 쪼개진 사회는 아닌 것이죠.

공공재 공급의 주체는 정부지만 결국 국민들이 합의해야 공급이 가능합니다. 그만큼 세금을 더 내는 데 동의하고, 그런 정부를 지지하는 것이니까요. 흥미로운 연구가 하나 있습니다. 케네스 소콜로프(Kenneth Sokoloff)라는 학자가 미국 북동부 뉴잉글랜드 지방과 남미의 공공 서비스를 비교했습니다. 미국에서도 뉴잉글랜드 지방은 공공 서비스가 꽤 잘돼 있는 지역입니다. 남미는 짐작하실 수 있겠지만 극단적으로 잘 안 돼 있지요. 이런 차이가 나는 이유가 무엇일까 연구한 것입니다.

그 결과 역사적인 배경과 그에 따른 제도의 차이가 원인이라는 결론을 얻었습니다.

김 어떻게 다릅니까?

조 미국은 유럽에서 이민 온 사람들이 광활한 대지에서 자기 땅을 가지고 새출발한, 자영농 중심으로 형성이 된 나라입니다. 반면 남미는 미국처럼 식민지로 출발했지만 자영농 중심 사회가 아니라 대규모 플랜테이션 농업이 중심이 된 사회였습니다. 스페인과 포르투갈에서 온 백인 식민자들이 대지주로서 현지 원주민들을 노예 노동으로 부려서 원료 농작물을 생산하는 체제죠. 비교하자면 이런 겁니다. 자영농 중심 체제에서는 자기 먹을 것을 생산하고 남는 농작물을 팔아서 생계를 꾸려갑니다. 경영 규모가 다들 고만고만해요. 반면 플랜테이션 농업 체제에서는 심각한 양극화가 일어납니다. 한쪽 사회는 빈부격차가 작고 다른 사회는 아주 큽니다. 이런 두 사회 체제에서 공공재 공급에 대한 태도는 극단적으로 달라진다는 겁니다. 남미의 소수 플랜테이션 대농장주 입장에서 보면 다수의 농업 노동자들, 가난한 사람들을 위해서 비싼 세금을 낼 이유가 전혀 없는 거예요.

김 우리끼리만 잘 먹고 잘살면 된다는 거군요. 게다가 남미는 아직까지도 토지 개혁이 제대로 되지 않아 여전히 대지주들이 많은 걸로 알고 있어요.

조 맞습니다. 이 사람들이 원하는 건 소수인 자신들을 위한 고급 사설 서비스입니다. 심지어 치안까지 그렇게 맡깁니다. 병원, 학교도 그러면 되는 겁니다. 왜 가난한 것들을 위해서 내 세금으로 공교육, 공공병원, 의료보험 체계를 만들어야 하는지 이유를 모르겠다는 것이지요. 반면 뉴잉글랜드 지방은 다들 버는 규모가 고만고만한 겁니다. 그렇기 때문에 큰일이 닥쳤을 때나 평상시 치안에 서로 도움이 필요합니다. 나 혼자 비싼 돈 내고 사설 서비스를 이용하기가 부담스럽죠. 가능하다면 서로 조금씩, 잘사는 사람들은 조금 더 내고 형편이 안 되는 사람들은 조금 덜 내서 공동으로 위험에 대처하면 훨씬 좋다고 생각하게 되었다는 것입니다.

김 제가 예전에 따루 씨라는, 「미녀들의 수다」에 출연했던 핀란드 여성과 인터뷰를 한 적이 있는데 그때 핀란드 복지에 관해 이야기했습니다. 따루 씨의 말에 따르면 핀란드는 대다수 국민이 못살 때부터 복지를 시작했고, 그래서 별다른 저항 없이 차곡차곡 진행될 수 있었다고 합니다. 그 이야기가 지금 이야기하고 맥락이 닿아 있어요.

조 정말 그렇습니다. 최근 보수 대표를 자처하는 여당 정치인, 명예훼손이 될까 봐 김모 씨 집안의 모무성 의원이라고만 하겠습니다.(웃음) 이 분은 국민소득이 3만 달러가 될 때까지 우파가 계속 집권해야 된다고 목소리를 높였죠. 보수 측에서 귀에 못이 박히도록 하는 말이 '복지는 잘살아야 할 수 있는 것'이라는 주장입니다. 사실은 복지 수준 혹은 공공재의 공급 수준은 소득의 절대적인 수준보다는 오히려 소득 분배 수준과 관련이 깊습니다. 소득 분배가 비교적 균등할 때 사람들은 오히려 복지에 대해 더 우호적이 됩니다. 반면 소득 분배 격차가 커서 양극화가 심한 사회에서는 한쪽에선 복지에 대한 수요가 상당히 높은데도 부를 독점한 쪽에서 엄청난 저항을 하는 겁니다. 그러니까 소득이 높아질 때까지 복지를 하지 말고 빈부격차를 용인해야 한다는 말은 언어도단인 것이죠.

김 빈부격차가 상대적으로 작으면 십시일반이 잘된다는 말이군요. 뉴잉글랜드와 남미의 차이는 거기서 비롯되는 것이고요. 그렇게 본다면 이타심이란 공생을 뜻하기도 합니다.

조 맞습니다. 어울려 함께 살아가겠다는 마음이지요. 또 하나 말씀드리고 싶은 것은 이기심 또는 이타심을 '인간 본성'이라고 하는 것은 문제가 있습니다. 우리는 이기심도 이타심도 다 갖고 있습니다. 스스로 알잖아요. 저도 이기적인 인간이거든요. 욕심이 많아요.(웃음) 그럼에도 불구하고 우리에게는 양심과 염치란 놈이 있습니다. 남모르게 좋은 일을 하고 싶다는 생각도 합니다. 어떤 쪽이 주되게 발현되는가는 뉴잉글랜드와 남미를 비교한 사례에서 보듯이 본성이 아니라 역사적 상황, 제도적 조건을 따른다는 말씀입니다.

김 누가 그러더군요. "인간의 본성은 관계다. 관계를 규정하는 것은 관계가 성립되는 사회의 구조다."

조 그렇죠. 그런 취지로 말한 사람은 여럿이겠지만 카를 마르크스(Karl Marx) 역시 「포이어바흐에 관한 테제 6번」에서 비슷한 말을 했습니다. "인간의 본성은 개별적으로 분리된 개인의 고유한 어떤 추상물이 아니다. 그것은 현실 속에서 전체 사회적 관계의 총체다."라고요. 반면 신자유주의를 열어젖힌 대처 전 영국 총리는 "사회 따위란 없다. 오직 남자와 여자인 개인이 있을 뿐이다."라고 말했습니다. 이런 것이 철학이고, 철학의 힘이 우리의 실제 삶을 근본적으로 바꿉니다.

공기업 적자는 돈 낭비일까

김 아까 공공재 이야기를 잠깐 했습니다. 공공재를 제공하는 공기업의 재원은 세금이니 결국 십시일반으로 돈을 출연해서 공공 부문의 재화와 서비스를 마련하는 셈입니다. 그러면 공기업을 더 활성화하고 강화하는 것도 대안 경제를 모색하고 실현하는 하나의 경로가 될 수 있는 겁니까?

조 당연히 그렇습니다. 경제적인 효율성의 관점에서 말을 해도 그렇습니다. 소위 공기업 민영화(사실은 사유화라고 부르고 싶습니다만)에 대해서 우리 국민들이 꽤 거부감을 가지고 있습니다. 그렇다고 해서 공기업을 좋게 보느냐, 전혀 아니죠. 다 싫은 겁니다. 세금으로 운영되는데 방만하게 운영하고 자기들끼리 보너스 잔치한다는 불만이 큽니다. 그것 자체는 틀림없이 큰 문제입니다. 이와 관련해서 야노시 코르나이(János Kornai)라는 헝가리 경제학자가 동유럽 사회주의 국가들의 국영기업에 관한 연구에서 밝힌 '연성예산제약'이라는 개념이 있습니다. 국영기업이 경영에 실패해도 정부로부터 적자를 보전받는 상황을 가리키는 용어지요. 초기의 예산 조건에 대한 제약이 엄격하지 않으니 계속 수정되고 방만해진다는 것입니다. 중요한 논제지만 여기서는 일단 제쳐두고 공기업의 필요성에 관해서 먼저 이야기를 해보고 싶습니다. 공기업은 상반된 두 가지 측면에서 꼭 필요하고 중요한 역할을 합니다.

우선 하나. 많은 사람들이 공기업 적자를 비판합니다. 적자가 나면 결국 나라 재정으로 메워야 하니까요. 방만 경영을 제쳐두고 이야기하자면 적자가 나는 공기업은 상당수가 원가 이하로 공급을 하기 때문에 적자가 납니다. 다르게 말하자면 국민들이 싼값에 공공재를 이용하고 있다는 이야기지요. 버스, 지하철, 철도, 공공병원을 이윤 내면서 운영하려고 하면 지금보다 훨씬 요금이 비싸져야 합니다. 실제로 무수한 외국 사례들이 증명하고 있습니다.

김 공기업의 적자에는 불가피한 면이 있다는 말이군요. 그래서 착한 적자라는 말도 있지요.

조 또 하나. 공기업 적자가 꼭 나쁜 게 아니라면 흑자가 나쁜 걸까요? 인천국제공항이 계속 흑자를 내고 있지 않습니까? '이거 나쁜 놈들이네, 적자를 내더라도 국민들이 더 싸게 이용하게 만들어야지.' 생각할 수도 있겠지만, 흑자는 흑자대로 좋은 면이 있습니다.

김 누가 그러던데요. 공기업은 플러스마이너스 제로 수준을 유지하는 게 제일 좋지만 현상 유지는 장기적으로는 결국 퇴보를 의미하니, 시장 변화나 기술 발달에 대응할 수 있을 만큼 적립금을 쌓아놓을 정도로 소규모 흑자를 내는 게 가장 이상적이라고요.

조 교과서적 정답일 텐데, 사업의 성격에 따라서 다를 수 있습니다. 예를 들어 지하철이나 철도 같은 경우 어마어마한 건설비가 투자되어야 하는데 요금으로 이 건설비를 회수한다는 건 사실 불가능해요. 그런 관점에서 보면 이런 사회 기반 시설 투자는 항상 적자죠. 대신 그만큼 국민들이 얻는 편익이 엄청납니다. 반면 공기업이 흑자를 낼 경우, 생각해보면 그 흑자는 결국 국민 전체의 것입니다.

김 다시 공공재로 투입이 되니까요.

조 선순환이 이루어지는 거죠. 공기업은 결국 국가의 통제 아래 있거든요. 우리가 정치를 통해서 그 이익을 우리 자신에게로 되돌릴 수 있는 겁니다. 그러니까 공기업 문제의 핵심은 공기업이 국민의 이익에 봉사할 수 있게 만드는 것, 정권의 전리품이 아니라 국민의 통제 아래 들어오게 만드는 것이라는 말이죠.

김 MB 정부는 왜 그렇게 민영화를 못 해서 난리였을까요? 이번 정부까지 와서 민영화 추세로 가고 있잖아요. 철도, 상수도, 의료 등등…….

조 어떤 분들에게는 듣기 불편한 이야기일 수도 있겠습니다만 이미 노무현 정부 때부터 의료의 산업화 패러다임이 추진됐습니다. 민영화라는 표현은 쓰지 않았습니다만 '의료산업선진화위원회'라는 걸 만들어서 의료를 이익이 되는 산업으로 만든다는 패러다임을 정립한 것이죠. 김대중, 노무현 정부와 이명박, 박근혜 정부는 정도의 차이는 있지만 근본적으로 민영화와 사유화를 대세로 받아들였다는 점에서 비슷하다고 할 수 있습니다. 시작은 세계화 담론을 퍼뜨린 김영삼 정부 때부터였다고 볼 수 있습니다만.

공기업은 적자가 불가피한 분야도 있고, 흑자도 나름대로 좋은 거라고 말씀드렸습니다만 공기업도 우수하게 경영해서 경쟁력도 최고고 서비스도 좋으면서 이익도 많이 내는 사례들이 꽤 많습니다. 잘 알려진 인천국제공항을 비롯해서, 포스코 같은 경우도 원래는 공기업으로서 세계적인 경쟁력을 갖추지 않았습니까? 민영화된 이후 오히려 상황이 안 좋아졌죠.

김 다른 나라에도 그런 우수한 공기업이 많이 있습니까?

조 많습니다. 싱가포르항공은 세계 최고의 서비스를 자랑하는 회사고 순익도 굉장히 높은 국영회사입니다. 프랑스 국영철도도 있습니다. 차량 제작, 선로 건설 및 유지, 운영, 보수 등 철도에 관한 모든 걸 다 하는 회사예요. 서양 국가들이 대개 그렇듯 프랑스 철도도 처음에는 민간 사업으로 출발했습니다. 다수 민간 사업자들의 경쟁 시스템이었습니다. 이 사철 시스템이 1930년대에 거의 파산 지경에 이릅니다. 그래서 1937년에 국영화된 겁니다. 당시 프랑스는 좌파 연합 정부인 인민전선 정부가 집권하고 있었어요. 이 정부가 국영화를 단행했습니다. 오늘날 프랑스 국영철도는 세계 최고의 경쟁력을 자랑합니다. 한국도 수입한 고속철 테제베(TGV)는 중국에 밀리기 전까지 세계에서 제일 많이 수출된 고속철 차량입니다. 특히 신호체계 분야의 경우 세계 최고 수준을 공인받고 있다고 합니다. 사고율은 낮고 정시 도착률은 높습니다. 그런데 문제가 생겼어요. EU 차원에서 신자유주의 바람이 불어 전부 민영화해야 한다는 분위기가 형성된 겁니다. 철도에 관해서도 경쟁 자유화 원칙이 도입됐어요. 그래서 1997년에 프랑스 정부가 철도 부문의 상하 분리를 실행합니다. 상하 분리란 아래에 깔려 있는 철도 노선, 즉 시설과 위에서 하는 운영을 분리한다는 것입니다. 하나였던 국영철도 회사를 철도공사와 시설공단으로 분리합니다. 부분적으로 민영화 원칙을 도입한 뒤 계속 확대해나가겠다고 했는데, 문제는 이후에 연간 1조 5000억 원에서 2조 2000억 원까지 계속해서 추가 비용이 발생한 겁니다. 오히려 비용이 더 들어요. 고장도 증가하고 사고도 증가했습니다. 결국 2012년 12월에 재통합을 결정했습니다. 다시 옛날 체제로 돌아간 겁니다.

김 수서발 KTX 민영화가 똑같은 것 아닙니까? 노선 관리는 코레일이 하고 운영 부문만 민간에 넘긴다. 프랑스에서 이미 실패한 거네요.

조 프랑스도 실패했지만 철도 민영화에 관해서는 영국 사례가 대표적입니다. 영국 철도 민영화에 관한 수많은 연구들이 나왔을 정도로 심각하죠. 영국은 1993년에 민영화를 법으로 결정하고 계속 추진해왔는데요. 철도 노선, 운영, 차량 생산, 유지, 보수 등을 전부 쪼갠 다음 각각에 대해서도 수십 개 회사가 경쟁하는 체제를 확립한 겁니다.

김 영국 철도가 엄청나게 비싸고 서비스도 안 좋다고 하던데요.

조 가장 비싼 철도가 됐는데 서비스마저 나빠졌죠. 더 큰 문제는 안전도까지 떨어졌다는 것입니다. 민영화를 해나가던 몇 년 사이에 사고 사망자가 50명 정도 발생했습니다. 가장 안전한 교통수단이라는 철도에서 사고로 50여 명이 죽는다는 건 재앙 수준이지요. 게다가 민영화이후 정부 보조금은 네 배로 증가했습니다.

김 그게 뭡니까. 요금 올라, 서비스 나빠져, 위험해지기까지 했는데 보조금마저 네 배나 더 든다? 도대체 민영화를 왜 한 겁니까?

조 그러게 말입니다. 결국 이런 문제들 때문에 일부 노선을 재국유화하게 되었습니다. 그러니까 돈이 또 엄청나게 들어갔습니다. 그래서 이제는 일부 민영, 일부 국유 철도가 혼용된 시스템인데 여전히 문제가 많아요. 아무튼 그렇게라도 한 다음에는 지금까지 사망자가 한 명입니다.

김 민영화를 주장하는 사람들이 항상 '경쟁을 통한 효율화'라는 근거를 내세우는데, 교수님이 지금까지 말씀하신 사례들과 배치되는 것 같네요. 경쟁을 통한 효율화는 거짓말입니까?

조 개별 기업 케이스를 하나하나 따지기보다 큰 틀에서 살펴보겠습니다. 공공 부문이 경제 성장을 견인한 나라들이 있습니다. 단적인 사례가 프랑스, 오스트리아, 핀란드, 노르웨이, 대만, 싱가포르 같은 나라들입니다. 싱가포르는 공공 부문의 비중이 엄청납니다. 오스트리아도 지금은 좀 낮아졌지만 2차 세계대전 이후 오랫동안 공공 부문이 전체 GDP의 40퍼센트에 육박해서 거의 사회주의 국가라고까지 불렸죠. 이런 나라들의 공통점이 있습니다. 오스트리아는 2차 세계대전 패전으로 폐허가 되었던 나라고, 싱가포르는 말레이시아에서 독립한 1960년 즈음 굉장히 가난했습니다. 두 나라 모두 이후 공공 부문이 경제를 주도하면서 고도성장을 이루었습니다. 프랑스는 원래 잘살던 나라라고 생각하시겠지만 프랑스 역시 전쟁의 피해가 컸습니다. 특히 근대화, 산업혁명 이후에 영국에 비해 경제적으로 계속 뒤처졌지요. 오늘날 프랑스 경제는 영국과 앞서거니 뒤서거니 경쟁하고 있죠. 이 추격, 혹은 역전이 바로 2차 세계대전 이후의 공공 부문 중심 경제 발전을 통해 일어납니다. 이런 공공 부문 중에는 철도나 통신 같은 자연독점 분야만

이 아닌 르노 같은 자동차 회사도 있습니다.

김 르노가 공기업인가요?

조 원래 사기업이었습니다만 2차 세계대전 이후 국유화되었습니다. 이후에 규모가 훨씬 커집니다. 1980년대 이후 지분을 계속 팔아서 지금은 정부가 15퍼센트 정도의 지분을 갖고 있습니다만 여전히 최대 주주입니다. 르노가 일본의 닛산을 합병해서 르노-닛산 얼라이언스가 되었는데 이때 주식 교환을 했습니다. 그래서 닛산에 대한 지분까지 합치면 프랑스 정부가 실제로 30퍼센트 정도의 지배력을 가지고 있습니다. 이처럼 공공재가 아닌 일반 시장에서 경쟁하는 기업에도 정부가 지분을 가지고 공적 이익의 관점에서 개입하면서도 높은 경쟁력을 가질 수 있습니다. 이런 사례들이 있기 때문에 공기업은 어떤 분야에만 한정해야 한다고 말할 수 없는 것이죠.

김 새로운 관점을 하나 얻었습니다. 대안 경제가 멀리 있는 게 아니라 결국 공기업도 대안 경제의 모델이 될 수 있다는 것. 물론 아까도 잠시 나온 이야기지만 주무 부처 퇴직 공직자들 낙하산으로 보내고, 파벌 만들고, 경영 논리 대신 정치 논리가 스며드는 따위의 행태가 개선되어야 하겠습니다만. 여기에도 역시 민주주의가 중요하다고 말씀하셨습니다.

조 아마 우리가 대안 경제를 고민하는 동안 가장 중요한 화두는 다시 민주주의가 아닐까 싶습니다.

김 알겠습니다. 오늘 대안 경제에 관해 가장 기본적인 이야기를 풀어 봤는데, 한마디로 이렇게 정리할 수 있을까요? 대안 경제는 공존의 모델, 그리고 이타심을 진작하고 공생을 확장하는 모델이다.

조 끝으로 한 말씀만 더 드리겠습니다. 현 시대의 지배적인 사조는 이기적으로, 합리적으로 행동하는 경제적 인간들이 모여 있으면 잘살게 된다는 생각입니다. 그런데 진지하게 현실을 직시해봅시다. 각자가 이기적이면 사회가 정말 잘살게 될까요? 이기적이고 합리적인 인간으로만 이루어진 사회가 있다고 가정합시다. 그런데 외적이 침략해서 전쟁이 났습니다. 이기적이고 합리적인 개인의 관점에서 제일 좋은 상황은, 나는 전쟁에 안 나가고 남들만 나가서 싸워서 이기는 겁니다. 이런 사람들만 있는 사회에서는 아무도 전쟁에 안 나갑니다. 개인의 입장에서 보면 이기적 전략이 가장 합리적인 전략인데, 집단 차원에서 비교하면 최악의 선택이 됩니다. 이기적인 전략을 구사하는 사람들이 많은 집단과 이타적인 전략을 구사하는 사람들이 많은 집단이 서로 경쟁한다고 생각해봅시다. 어느 집단이 이기겠습니까?

김 축구 경기만 봐도 압니다. 혼자만 잘하겠다고 나서면 팀이 망가지죠. 팀보다 위대한 선수는 없다고 합니다.

조 혼자서 골 넣겠다고 난사해봐야 동료들 힘만 빠집니다. 나보다 좋은 자리에 있는 동료에게 어시스트 해주는 팀이 결국 강팀이 됩니다. 이타적인 전략을 많이 구사하는 사회가 되면 서로의 이익이 더 증가합니다. 이기적인 인간들끼리 모여 있으면 잘해봐야 제로섬 게임입니다. 우리는 혼자서는 아무것도 할 수 없습니다. 이타적인 전략을 구사하는 사람들을 서로 찾고 또 많이 만들어야 합니다. 그렇게 되면 점점 더 큰 힘이 생깁니다.

김 그런 이타심의 연합이 하나의 국가를 움직일 수 있을 정도로 강해진다면 국가의 경제 모델까지 바꾸게 되겠군요. 일단 내 주변에서 이런 연합이 생긴다면 자발적인 대안적 사회 공동체 운동이 될 테고요. 여기까지 하겠습니다. 고맙습니다.

조 고맙습니다.

2

실패한 대안,
사회주의

사회주의는 인간의 이기심을
억압했기 때문에 실패한 걸까?

소련 사회주의를 망친
주범은 스탈린이었나?

소련의 문제는
오로지 경제 탓이었을까?

노동자 자주관리 제도는
어떤 목표를 가진 제도일까?

유고슬라비아 노동자들은
어쩌다가 주주처럼 변해갔나?

사회주의는 자본주의의 대안으로 제시된 체제였지만 결국 실패한 대안으로 끝나고 말았다. 자본주의 경제의 병폐를 넘어서고자 했던 시도이자 지금까지도 대안 경제 논의에 사상적으로 상당한 영향을 미치고 있는 사회주의는, 왜 정작 현실에서는 실패할 수밖에 없었을까?

소비에트 연합의 사회주의 경제가 실패한 까닭으로 흔히 계획경제 그 자체를 꼽는다. 경제 활동에서 인간의 이기심은 본질적인 속성인데 그것을 억압한다면 실패할 수밖에 없다는 것이다. 그러나 당시 소련에서는 계획경제를 제대로 실현할 수 있는 조건이 뒷받침되지 않았다. 전체 생산과 수요를 파악할 수 있을 만큼 기술 수준이 발전하지 못했고, 일부 관료에게 생산수단이 장악되지 않게끔 견제하는 민주주의의 역량 또한 충분치 못했기 때문이다.

레닌은 자본주의 시장경제에서 사회주의로 이행하는 긴 과도기를 상정하고 생산수단의 주인으로서 노동자의 역량을 끌어올리고자 했다. 그러나 내전과 2차 세계대전 등 악재가 잇따른 탓에 전시 공산주의, 독재 체제로 접어들며 민주주의의 원칙이 파괴되었다.

유고슬라비아는 소련 식 사회주의 모델을 따르지 않은 나라였다. '인간 소외의 극복'이라는 모토 아래, 인간이 생활하고 생산하는 모든 단위에서 소외되지 않도록 실질적인 권력을 가져야 한다고 보았다. 그런 이념 아래에서 실행된 제도가 노동자 자주관리 제도였다. 고용, 임금 수준, 인센티브, 판매 가격, 공급처 등 기업의 중요한 의사결정이 모두 노동자 평의회의 투표를 통해 결정되었다.

그러나 기업 소유주가 자본가에서 노동자로 바뀌었을 뿐 본질적으로는 시장경제 시스템이었기 때문에 노동자들은 결국 자신의 이익만을 배타적으로 추구하게 되었다. 현실 사회주의 모델의 실패 원인으로부터 어떻게 자발성을 억압하지 않되 이기주의로 빠지지 않고 공생하는 체제를 만들어낼 수 있는가에 대한 시사점을 얻을 수 있을 것이다.

사회주의는 왜 실패했는가

김 이번 시간부터는 구체적인 사례 분석에 들어가 보죠. 첫 번째 사례는 어디입니까?

조 실패한 대안, 사회주의부터 살펴보려고 합니다. 희망찬 대안부터 시작하는 게 더 좋을 수도 있겠지만 비겁해지고 싶지 않군요.

김 그렇죠. 자본주의의 대안 체제로서 사회주의였으니까요. 현존했지만 결국 실패한 대안이죠. 자본주의의 대안을 자처했던 사회주의가 실패했으니, 이제 정반합으로 가야 하는 겁니까?

조 그래야 되겠죠?(웃음) 자본주의를 그대로 쓸 수 없다는 건 분명해 보이고, 그 대안이었던 사회주의 역시 실패했으니까요. 정반합을 이루려면 사회주의가 무엇을 어떻게 잘못했기에 실패했는지 냉정하게 살펴볼 필요가 있습니다.

김 단순 무식하게 여쭤보겠습니다. 일반적으로 사회주의 경제 체제라고 하면 계획경제를 떠올립니다. 결국 사회주의가 망한 이유는 계획경제였다고 많은 사람들이 말합니다. 동의하십니까?

조 절반만 동의합니다. 계획경제를 실행하는 과정에서 상당히 많은 문제가 발생한 것은 사실입니다. 그중 상당 부분은 계획경제 자체의 문제이기도 했습니다. 그럼 왜 나머지 절반은 동의할 수 없는가? 사회주의에서 실행한 계획경제는 진짜 계획경제였다고 보기 어렵기 때문입니다.

김 왜 그렇습니까?

조 두 가지로 나눠서 말씀드리겠습니다. 첫째, 당시 소련은 계획경제를 실시하기에는 기술적 토대가 너무나 부족했습니다. 계획경제를 실행하려면 수많은 재화와 서비스의 수요와 생산 능력에 대한 정확한 파악과 통계적 예측이 가능해야 합니다. 하지만 당시 러시아는 기술적으로 매우 낙후한 농업국이었습니다. 오늘날과 대비해보면 감이 딱 올 겁니다. 편의점이든 마트든 물건을 사면 스캐너로 바코드를 찍잖아요? 실시간으로 상품 판매 정보가 집계됩니다. 판매시점관리(POS, Point of Sales)라고 부르죠. 생산 관리 기법도 놀랍도록 발전했습니다. 자본주의 체제에서는 이런 정보들이 개별 기업 차원에서 집적되고 활용되지만, 기술적으로는 얼마든지 국가 전체의 데이터를 집계할 수 있습니다. 실시간 파악은 물론 장기 데이터, 빅데이터에 기반을 둔 추이의 통계화와 예측도 가능하죠. 이런 것들이 계획경제의 기술적 토대라고 볼 수 있습니다. 당대의 소련에 이런 기술적 조건이 존재했을까요? 사실상 부재했습니다.

김 다른 하나는 뭔가요?

조 생뚱맞게 들릴지도 모르겠지만, 참된 민주주의가 뒷받침되었을 때만 진짜 계획경제가 실현될 수 있습니다. 매우 중요한 주제라서 앞으로도 줄기차게 되풀이할 생각입니다. 경제는 결코 경제 자체로만 구성되거나 작동하지 않습니다. 자본주의에서는 공황이나 실업, 양극화 같은 수많은 폐단이 일어납니다. 그 원인을 미시적으로 따져보면 아주 다양하겠지만, 근본 원인은 바로 절대적인 사유재산권에 기반을 둔 자본가의 경제력 독점입니다. 공황은 통제되지 않는 사적 자본 간의 무정부적 경쟁에서 비롯됩니다. 실업은 노동 비용을 최소화하려는 자본의 이해관계에서 초래되지요. 양극화는 더 말할 나위가 있겠습니까?

이와 같은 자본의 독점적 힘의 창출과 유지는 어떻게 가능할까요? 법률, 정치, 교육과 언론을 포함한 이데올로기, 문화, 나아가 경찰력을 포함한 국가 폭력, 즉 국가적 힘의 뒷받침으로만 가능합니다. 이 온갖 힘들을 등에 업고 자본가들은 국민 대다수의 경제적 행복과는 상관없이, 아니 종종 그 행복을 희생시키면서 자신들의 이익을 추구할 수 있습니다.

따지고 보면 계획경제는 별다른 게 아닙니다. 자본가의 끝없는 이윤 욕구가 아니라 보통 사람들의 생활상의 욕구에 맞춰서 경제를 운영하자는 원리입니다. 많은 사람들이 계획경제 아래에서는 기본적인 생활상의 욕구조차 채워지지 못할까 봐 걱정합니다만, 사실 계획경제의 발상 자체는 바로 여기에 있습니다. 따라서 참된 계획경제는 이 생활상의 욕구의 주인인 대중이 실제로 권력을 가질 수 있을 때만 가능합니다. 사람들이 자신의 실제 욕구나 필요와 생산을 일치시킬 수 있는 권력을 가질 때만 가능하다는 것이죠. 철저히 민주화된 계획 시스템 없이 계획경제는 불가능합니다. 계획경제와 민주주의는 한 몸 같은 존재라고 보아야 합니다.

김 알겠습니다. 그럼 단순 무식한 질문을 하나만 더 드리겠습니다. 사회주의 경제 체제를 망친 주범은 스탈린이라고, 그러니까 지금 비판받는 사회주의는 스탈린 식 사회주의고 마르크스나 레닌의 구상은 달랐다고 주장하는 사람들도 있어요. 동의하십니까?

조 음…… 스탈린이 주범인 건 맞습니다만, 마르크스나 레닌도 책임이 있다고 봅니다. 특히 레닌의 경우는 공이 큰 만큼이나 책임도 분명하다고 생각합니다.

김 오, 마르크스와 레닌은 어떤 잘못을 했나요?

조 사실 마르크스의 책임은 상당히 작습니다. 사회주의를 주장한 것 자체가 책임이라면 19세기 서구 사상가 상당수가 책임이 있겠지요. 사실 마르크스는 사회주의 계획경제의 구체적인 모델을 제시한 적이 없어요. 그럴 수도 없었지요. 자본주의는 중세 봉건제와 근대 초기의 절대주의 체제 아래에서 성장할 수 있었습니다. 그때도 이미 자본주의적 경제활동, 특히 상인 자본과 무역이 무척 발달하고 있었어요. 시스템은 달라도 사유재산 제도에 기반을 둔 체제라는 점에서는 같았습니다. 그 결과 기업이 성장하고, 복식부기 같은 회계 방법, 환어음 같은 금융 기법이 발전하고 중상주의, 중농학파 같은 경제학설도 발전할 수 있었거든요. 쉽게 말해서 자본주의는 준비된 상태로 출발할 수 있었습니다.

하지만 자본주의 아래에서 사회주의 경제 체제는 등장할 수가 없습니다. 사유재산 제도 아래에서 어떻게 계획경제를 실행할 수 있겠어요? 실험을 통한 검증과 수정, 노하우와 지식의 축적이 불가능합니다. 이런 상태에서 사회주의 계획경제는 구체적으로 이러저러하게 운영되어야 한다고 주장한다면 소설밖에 안 됩니다. 그래서 마르크스가 사회주의의 작동 원리를 직접 다룬 글은 「고타 강령 비판」이라는 아주 짧은 글 하나밖에 없습니다. 그야말로 대원칙 정도만 추상적으로 밝힌 글이죠. 그 외에 이런저런 저작에서 몇 구절씩 쓴 대목이 있을 뿐입니다.

반면 레닌은 실제로 혁명을 이끌고 사회주의 건설을 지도했습니다. 그 혁명이 아주 지난하고 복잡다단한 과정을 거쳤기 때문에 많이 좌충우돌했습니다. 레닌은 오류를 적지 않게 저질렀지만, 잘못을 깨달으면 수정하는 데도 거침이 없었죠.

문제는 레닌이 너무 일찍 죽었다는 겁니다. 1917년 혁명에 성공하고 1924년에 죽는데, 그나마도 1922년에 뇌졸중이 온 다음에는 사실상 활동을 못 합니다. 혁명 직후는 아직 1차 세계대전 중이었고, 그 후에는 또 반혁명 세력인 백군 및 연합군과 내전을 치러야 했죠. 제대로 사회주의 건설을 추진할 여력이 없었습니다. 그래서 레닌에게 책임을 묻기도 좀 어렵긴 합니다. 레닌이 제시한 노선도 스탈린과는 달랐고요. 이렇게 보면 스탈린이 현실 사회주의 건설 과정에 가장 큰 책임이 있는 것은 사실입니다.

김 레닌이 일찍 죽지 않고 오래 살았다면 사회주의가 성공했을까요?
조 역사에 가정은 없습니다만, 전 레닌이 오래 살았어도 성공하기는 어려웠을 거라고 봅니다. 역사를 정확하게 평가한다는 것은 매우 어려운 일인 줄 아실 겁니다. 특히 러시아 혁명처럼 인류 역사상 가장 거대하고 복잡한 혁명의 결과를 두고 특정 개인의 잘잘못이나 시대적 한계 중 어느 한쪽으로 원인을 판정하는 것은 부당한 일이겠지요. 제 입장은 이렇습니다. 레닌에게도 근본적인 잘못이 있었다. 하지만 그 잘못에는 시대적 상황 속에서 강요된 불가피한 면이 있었다.

김 나중에 세밀히 다루겠지만 지금 간단히 결론만 짚어주십시오.

조 제가 생각하는 레닌의 중대한 오류는 사회주의 계획경제를 위한 가장 중요한 원칙인 민주주의 원칙을 파괴했다는 것입니다. 사실 레닌은 러시아 혁명가들 중에서도 드물게 대중 자신에 의한 소비에트 민주주의의 가능성을 일찍 확인하고 발전시키려 한 사람입니다. 소비에트는 1905년 1차 러시아 혁명 당시 노동자와 병사 대중이 직접 창설한 자발적 혁명 기관이었죠. 스스로 대표를 뽑는 대의 기구이자 행정을 처리하는 집행 기구라는 이중적 성격을 가진 기관이었습니다. 이 소비에트에 대해 러시아의 혁명가들은 대부분 부정적이었습니다. 당의 지도에 의해 만들어진 기구가 아니었으니까요. 1917년 2월 혁명 당시 다시 소비에트로 대중이 결집하자 레닌은 생각을 바꿉니다. 소비에트야말로 사회주의 혁명과 건설을 위한 핵심 기관이며 모든 권력을 소비에트로 집중해야 한다고요. 반발하는 다른 혁명 지도자들을 끈질기게 설득해서 소비에트 민주주의 체제를 만든 사람이 바로 레닌입니다. 혁명 직후 러시아에서 소비에트는 폭넓은 자치를 누렸습니다. 당은 지시하기보다는 권고했고, 소비에트의 의견은 중앙에 잘 반영되었죠. 그랬던 레닌이 이후 스스로 그 원칙을 허물고 공산당에 의한 독재의 길을 열어젖혔습니다. 두고두고 아쉬운 결정이지요.

김 그런 반민주적 결정이 스스로 원해서가 아니라 상황에 의해 강요당한 것이라는 말이죠?

조 내전이라는 상황이 너무 급박했으니까요. 내전이 미친 영향은 러시아 혁명에 치명적이었습니다. 러시아 혁명을 압살하려는 서구 세력 전체와 맞선 목숨을 건 내전 상황에서 광범위한 민주주의적 자치의 이상은 실현 불가능했습니다. 레닌의 표현처럼 민주주의를 주장하는 게 어린애의 장난감 타령이 되어버린 상황이었죠. 소비에트의 자치는 유보되었습니다. 그뿐만 아니라 내전 와중에 소비에트의 90퍼센트가 사라집니다. 기업, 공장에서의 민주주의도 침식당합니다. 노동조합 또한 자율성을 잃고 당에 복속됩니다. 사회의 모든 부분에 중앙당에 의한 명령과 통제가 자리를 잡게 됩니다. 암약하는 스파이, 반혁명 세력을 축출하기 위해 체카라는 비밀경찰도 창설됩니다.

무엇보다 안타까운 건 내전의 최전선에서 수많은 선진 노동자들, 혁명가들이 죽어갔다는 사실입니다. 혁명 사수의 의지가 처절했기에 이들은 아낌없이 목숨을 내놓았습니다. 그 결과 1920년대 중후반이 되면 1917년 혁명 이전에 입당한 당원들은 1퍼센트밖에 안 됩니다. 이들이 죽음으로 혁명을 지킨 결과, 공산당은 체제의 편에 서서 성공하려는 자들의 당으로 바뀌기 시작한 겁니다. 위로부터의 관료화를 막을 수 있는 아래로부터의 힘이 사라진 것이죠. 레닌이 아무리 현명한 지도자라고 해도 결국 사람이 다 바뀌어버린 상황입니다. 혁명적 민주주의를 신념과 체험으로 다진 사람들은 대부분 죽고, 혁명의 과실만 따 먹고 싶은 사람들로 가득 찬 상황이 된 거죠.

러시아 혁명사를 읽다 보면 사회민주당 시절과 공산당 초기 시절 당 내의 자유롭고 치열한 논쟁 분위기에 놀라게 됩니다. 공공연히 레닌을 비판했고 레닌도 이를 마다하지 않았습니다. 그러나 내전은 모든 것을 바꾸어놓았습니다. 살아남아야 한다는 절체절명의 위기의식 속에서 민주주의는 파괴되었고 명령과 복종, 효율성이 지배하는 분위기가 자리 잡았습니다. 그 상처가 너무나 깊고 넓었기 때문에 설혹 레닌을 포함한 지도부가 노선을 제대로 수정했다고 하더라도 쉽게 극복하기는 어려웠을 겁니다.

김 안타까운 일이군요. 내전만 없었더라도 상황이 많이 달라지지 않았을까요?

조 그랬겠지요. 혼란은 있었겠지만 전쟁만큼 심각하지는 않았을 테니까요. 그러나 분명한 사실은, 프랑스 혁명 때도 그랬듯이 사회질서를 근본적으로 바꾸는 혁명 앞에서 열강들이 주권 존중 같은 신사적인 태도를 지킬 리는 절대 없다는 것입니다. 놔두면 자기 나라도 위험해질 거라고 생각하니까요. 슬픈 사실이지만 반혁명 전쟁 자체는 변수가 아니라 상수나 다름없다고 보아야 합니다. 서구 열강들이야말로 항상 전쟁을 준비하고 있으니까요.

김 하긴 그렇게 민주주의를 부르짖는 서구 열강들이 스페인의 인민전선 정부나 칠레의 아옌데 정권처럼 선거를 통해 합법적으로 집권한 사회주의 정권을 우익 쿠데타와 내전으로 뒤집어 엎었죠. 이율배반적인 행태지만 그게 현실이기도 합니다.

조 쉽지 않은 길이지만 결국 전쟁에도 흔들리지 않을 정도로 튼튼한 아래로부터의 민주주의밖에는 답이 없다고 생각합니다. 혁명 이후에 민주주의를 수립하는 게 아니라, 혁명 이전부터 민주주의로 단련되어야 하겠지요.

공산주의로 가는 긴 이행기

김 진도를 좀 더 나가보지요. 레닌과 스탈린을 비교하면 어떨까요? 레닌은 내전에서 승리한 다음 이른바 신경제정책(NEP, New Economic Policy)이라는 새로운 노선을 제시했습니다. 신경제정책은 스탈린의 사회주의 건설 노선과 상당히 달랐다고 하는데, 좀 더 설명해주십시오.

조 신경제정책은 내전이 거의 끝나가던 1921년 당대회에서 채택됩니다. 이 정책의 목표는 흔히 '최초의 8개월'이라고 불리는 혁명 직후의 사회주의 건설 노선으로 돌아가려는 것이었지요. 레닌과 볼셰비키는 1917년 10월 혁명에 성공한 뒤에 곧바로 급진적인 국유화나 농업집단화 정책을 밀어붙이지 않았습니다. 핵심적인 기간산업 부문은 국유화했지만 광범위한 중소자본 부문은 그대로 인정해주었죠. 국유화된 부문에서도 이전의 기업 소유주와 경영자 들을 공장 책임자, 기업 책임자로 기용하고, 생산성 향상을 위해 당시 미국에서 각광받던 테일러주의적 관리 방법까지 적극적으로 수용했습니다. 농업 부문에서도 폭넓은 사적 소유와 시장 교환을 인정했고요. 한마디로 상당히 점진적인 사회주의 이행 노선을 선택했습니다. 레닌은 단시간에 공산주의를 실현할 수 있다고 믿지 않았습니다.

김 차르 전제정치를 타도했다고 해서 바로 공산주의 경제 체제가 구현되는 게 아니니까 거기까지 가는 이행기를 둔 거군요.

조 예, 긴 과도기를 각오한 것입니다. 레닌은 1917년 2월 혁명과 10월 혁명 사이인 7월, 그 바쁜 와중에 『국가와 혁명』이라는 아주 중요한 저작을 씁니다. 사회주의 혁명이 임박한 상황에서 사회주의 건설이 어떻게 이루어져야 하는지 이론적으로, 구체적으로 치밀하게 고민한 저작입니다.

이 책에서 레닌의 요지는 공산주의로 곧바로 갈 수 없다는 것이었습니다. 여기서 그 유명한 '공산주의의 낮은 단계로서의 사회주의'라는 명제가 등장합니다. 마르크스가 아니라 레닌의 표현입니다. 즉 사회주의는 공산주의 사회이기는 하지만 아직 공산주의적 원리를 제대로 실현할 수 없는 한계가 있다는 것입니다. 그래서 사회주의 시기 전체가 공산주의로 가는 이행기로 설정됩니다. 아직 생산력이 충분히 발전하지 못한 사회이기 때문에 공산주의적 관점에서의 평등은 불가능하고, 단지 부르주아적 척도에서의 평등만이 가능하다고 봅니다. 부르주아적 평등이란 거칠게 말하면 능력에 따라 분배받는다는 원리라고 할 수 있지요. 능력주의적 평등 원리는 공산주의적이지 않고 자본주의적인 평등 원리지만, 사회주의 사회는 상당 기간 이 원리에 기반을 둘 수밖에 없다고 본 것입니다. 또한 그만큼은 시장 원리가 지속될 수밖에 없다는 뜻이기도 하지요.

그리고 실제로 내전이 일어나기 전 혁명 초기 8개월 동안 그렇게 합니다. 옛 부르주아들을 다시 임명해서 높은 봉급을 줍니다. 자본가 시절의 이윤에는 못 미치지만 자본가들의 경영 노동에 대해 부르주아적 평등 원리로 보상을 한 겁니다. 농민들한테도 토지 분배를 한 다음 생산물을 시장에서 자유롭게 판매하도록 합니다. 농업 생산력 향상을 위해서는 불가피하다고 본 겁니다. 문제는 반혁명 세력과의 내전이 일어난 것이죠.

김 잠깐만요, 레닌이 이때 추진한 건 국가자본주의라고 볼 수 있는 거 아닌가요?

조 맞습니다. 실제로 당시 레닌은 "우리는 독일식 국가자본주의를 도입해야 한다."고 분명히 주장했습니다.

김 공공재를 포함한 거대 자본은 국유화하지만 중소 상공업은 다 풀겠다는 거군요.

조 그렇습니다. 물론 통상의 자본주의하고도 분명 다릅니다. 일단 국유화된 핵심 부문들이 있죠. 또 공장에 노동자 통제위원회를 둡니다. 지금 당장은 노동자들이 기업을 통제하기 어렵죠. 기업을 경영하기 위한 지식 수준이 아직 미약하니까요. 차츰차츰 배워가면서 노동자들의 능력이 배양될수록 통제의 힘을 높인다는 구상을 가지고 있었던 것이지요.

레닌이 상징적인 말을 합니다. "사회주의란 소비에트 더하기 전력이다." 여기서 전력은 대규모 공업, 생산력을 상징합니다. 사회주의는 이런 대규모 생산력의 기반 위에서만 가능하다고 본 겁니다. 이 대규모 생산력을 옛 부르주아가 관리하더라도, 민주적인 소비에트를 통해서 인민의 힘으로 통제하겠다고 밝힌 것이죠.

김 소비에트를 우리말로 번역하면 '평의회'가 되겠지요. 공장이나 기업에도 노동자 평의회, 그러니까 노동자의 자주적인 관리와 통제가 가능한 힘을 만든다는 말이겠군요.

조 그렇죠. 기업 책임자인 옛 부르주아들과 갈등이 있더라도 그들에게 배울 수밖에 없고, 높은 보상을 줄 수밖에 없다고 보았습니다. 열심히 배우되 노동자 소비에트를 통해 부르주아가 전횡을 부릴 수 없도록 통제하자, 노동자들이 관리할 수 있을 정도로 역량이 성장하면 직접 통제를 실현하자는 목표였죠. 물론 그 기간이 꽤 길어질 수 있다고 생각했지만요.

김 그때까지는 부르주아의 전문성을 인정하자는 거였군요. 그런데 내전이 발생했습니다.

조 전쟁을 수행하자니 전시 경제 체제를 도입할 수밖에 없었습니다. 2차 세계대전 때 자본주의 국가인 미국도 통제 경제를 실시했고, 영국은 1950년대 초까지 배급제를 실시합니다. 소련은 당시 상황이 훨씬 열악했습니다. 그래서 이른바 전시 공산주의를 실시하게 됩니다. 군수물자 조달이 급박하잖아요. 시장경제 원리에 맡겼다가 언제 전장에 물자를 보내겠습니까? 실제로 대기근이 발생하고 있었습니다. 그래서 1919년까지 전면적으로 국유화를 하고 농산물을 직접 공출하는 등 극단적인 전시 공산주의를 실시합니다.

문제는 트로츠키나 부하린 같은 상당수 지도자들이 이 전시 공산주의야말로 우리가 꿈꾸던 진짜 공산주의라고 착각을 하게 된 겁니다. 전부 국유화하고 집단농장 만들고 시장 없앴으니까, 이제 이 전시 체제에서 곧바로 공산주의로 나아갈 수 있다고 믿게 돼요. 이들이 좌익 강경파로서 목소리를 높입니다.

그런 면에서 레닌은 매우 특이한 사람이지요. 레닌이 혁명을 이끄는 과정을 보면 자신이 제시해서 강력한 지지를 받던 노선을 스스로 먼저 부정하는 경우가 종종 있어요. 상황이 바뀌거나 오류라고 판단되면 즉시 되돌렸습니다. 내전이 끝남과 동시에 전시 공산주의는 전쟁 때문에 불가피한 선택이었다고 선언합니다. 그리고 신경제정책을 제시합니다. 다시 최초의 8개월로 돌아가야 한다고. 아주 길고 지루하겠지만, 그 과정에서 부르주아적인 욕망과 이기심, 부패처럼 수많은 문제들이 창궐하겠지만 그래도 그 길로 가야 한다고 주장합니다. 부하린은 생각을 고쳐서 레닌을 따릅니다. 부하린이 여기서 농민들에게 아주 유명한 슬로건을 내세우지요. "부자 되세요!" 이 슬로건 아시죠?

김 우리나라 광고 카피요?

조 네, 그런데 저작권은 부하린한테 있어요.(웃음) 니콜라이 부하린이 실제로 그런 구호를 내걸었어요. 부자 되는 걸 걱정하지 말라고.

김 하늘 아래 새로운 건 없다더니.(웃음)

조 네, 맞습니다. 부하린은 사회주의는 달팽이의 걸음으로 전진하는 것이라고 주장했습니다. 하지만 트로츠키를 비롯한 꽤 많은 좌익 반대파들의 생각은 달랐습니다. 부하린은 물론, 레닌까지 비판했습니다. 전쟁을 계기로 삼아 공산주의로 곧장 나아갈 절호의 기회에 부르주아 살리는 짓을 하느냐고 난리가 났죠.

김 레닌이 기회주의자가 됐다고 본 거군요.

조 레닌은 이들의 비판에 맞서 『공산주의의 좌익 소아병』이라는 소책자로 반박합니다. 공산주의는 어린애 같은 조급함으로 이룰 수 있는 게 아니라고요. 그런데 역사의 우연이 참 얄궂습니다. 당시 레닌이 쉰을 갓 넘긴 나이였는데 갑자기 뇌졸중이 오지요. 그것도 세 번이나. 실어증까지 걸립니다. 사실 레닌은 아주 오랫동안 너무 많이 일했습니다. 혁명 이후 매일 14~16시간씩 일을 했다고 해요. 과로도 이런 과로가 없죠. 탈이 안 나는 게 이상한 상황이었습니다. 인류 역사상 가장 거대한 혁명을 이끌다 보니 쉴 수가 없었죠. 더욱 불행한 것은 와병 중에 스탈린이 권력을 잡았다는 겁니다.

스탈린의 배신

김 여기서 잠깐 샛길로 빠질게요. 레닌은 절대로 스탈린을 자신의 후계자로 생각한 적이 없는데 스탈린이 수작을 부려서 권력을 잡았다, 이런 이야기가 많잖아요?

조 이전에도 그런 주장이 많았지만, 소련 해체 이후 비밀문서가 공개되면서 많은 부분이 역사적 사실로 밝혀졌습니다. 레닌이 아직 건강하던 때 직접 스탈린을 소련 공산당 1대 서기장으로 올린 건 맞아요. 그런데 당시 서기장이라는 자리는 1인자 자리나 레닌의 후계자 자리는 전혀 아니었습니다. 행정 업무를 관장하는 자리에 불과했고, 국가수반은 혁명의 지도자 레닌이 맡고 있던 소비에트 의장이었으니까요. 또 기라성 같은 혁명 주역들이 각자의 세력을 거느리고 있던 시절이었습니다. 스탈린이 서기장이 된 것은 어부지리 성격도 있었습니다. 트로츠키나 부하린, 지노비예프, 카메네프 등 수많은 쟁쟁한 인물들이 노선 투쟁 때문에 대립하고 갈등하는 상황이었죠. 레닌은 '이러다 잘못하면 큰 문제가 일어나겠다. 제일 무난한 친구로 하자.'고 판단한 거죠. 다른 세력들도 스탈린이라면 별 문제 없겠다 생각했습니다. 자기 이론도, 노선도, 세력도 없는 사람이었으니까요.

김 말하자면 돌쇠형, 충직한 선봉대장 같은 캐릭터죠.

조 맡은 일 열심히, 묵묵히 잘하는 타입이었죠. 스탈린은 혁명 투쟁의 과정에서 내세울 만한 화려한 경력이 없어요. 큰 파업 투쟁이나 봉기의 지도, 소비에트 창설, 내전 지휘와 혁명 노선 제시 같은 굵직한 경력이 없거든요. 러시아 혁명이 워낙 거대한 혁명이었던 탓에 이런 빛나는 투쟁 경력을 가진 지도자들이 무척 많았습니다. 거기다 스탈린은 이론적 사유도 약하고 언변도 별로였다고 합니다. 하지만 대단한 강점이 있었지요. 주어진 일을 매우 추진력 있게 잘하는 스타일이었다고 해요. 행정 일을 밤에 잠도 안 자면서 그렇게 열심히 했답니다. 돌쇠 스타일에 말수도 적고 뚜렷한 자기 노선이 없으니까, 다들 차라리 이 사람이 낫겠다고 해서 일종의 어부지리를 챙기게 된 거죠. 그런데 사실은 이 사람이 굉장한 사람이었던 거예요.

김 고양이인 줄 알았는데 범이었던 거죠.

조 말 그대로 호환을 부른 겁니다. 뇌졸중이 온 레닌이 반신불수에 실어증으로 병실에 누워 있는데 스탈린이 외부와의 접촉을 완전히 차단합니다. 자신과 레닌의 아내인 크루프스카야만 만나게 합니다. 명분은 안정을 취해야 한다는 것이었지만 의도는 뻔했죠. 레닌은 자기 상황을 직시합니다. 내가 고립됐구나, 스탈린이 상황을 장악하려고 하는구나.

레닌이 말을 할 수 있게 되어 아내에게 구술한 글과 이후 발견된 편지나 문서를 보면 여전히 상당한 통찰력이 보입니다. 이 시기에 이미 소련 공산당이 관료화되고 있다고 파악합니다. 레닌은 유언 격의 편지를 당 중앙위에 보내서 두 가지를 요구합니다. 하나는 당시 100명이던 당 중앙위원을 300명으로 늘리라는 겁니다. 대표성을 늘려야 한다는 거죠.

김 어느 한 세력이 패권을 휘어잡는 것을 막기 위한 조치였군요.

조 세력 균형보다 좀 더 근본적인 문제의식이었습니다. 민주성 강화가 핵심이었거든요. 300명 중 절반은 현장 노동자 중에서 선발하도록 당 규약에 명시하라고 요구합니다. 왜냐하면 당시 중앙위원 절대 다수가 노동자 출신이 아니라 부르주아와 귀족 출신의 인텔리였거든요. 대체로 혁명의 지도자들은 교육받은 특권층에서 나오는 경우가 많지 않습니까? 이들이 아무리 노동자를 위한다고 해도 실제 노동자의 현실은 잘 몰라요. 그건 심성의 문제가 아니라 구조적인 문제입니다. 그래서 중앙위원의 절반은 현장 노동자 출신으로 뽑도록 규약으로 정하라고 요구한 겁니다.

김 병상에서도 혁명의 민주성을 지키려는 시도를 한 것이군요. 하지만 아까 말씀하신 대로라면 근본적인 해결책은 아니었을 성싶군요.

조 저도 그렇게 생각합니다. 내전 중에 기층의 소비에트와 노동조합이 파괴되고, 훌륭한 선진 노동자들이 대거 전사한 상황이었으니까요. 혁명의 토대가 무너져가는 상황이었지요. 레닌의 요구는 어찌할 수 없는 거대한 비극 앞에서 필사적인 몸부림이었다고 볼 수도 있을 듯합니다.

김 다른 요구는 무엇이었나요?

조 스탈린을 당 서기국에서 축출하라는 것이었습니다. 레닌은 이 편지를 당 중앙위원회 전체회의에서 공개 낭독하고 토론에 부칠 것을 요구합니다.

김 그래서 어떻게 됐나요?

조 크루프스카야가 스탈린에게 공개를 요구하지만, 스탈린과 카메네프, 지노비예프 등 당시 지도부는 이를 거부합니다. 스탈린은 권력을 지키는 데 성공하고, 이 편지는 이후 서방에서 출판됩니다. 소련 공산당에 대한 서방 공산주의자들의 불신이 시작된 계기가 되지요.

사랑할 수밖에 없는 남자, 부하린

김 그렇게 스탈린이 권력을 잡은 뒤, 레닌의 신경제정책이 수정 내지 폐기되면서 방향이 틀어져버린 겁니까?

조 곧바로 폐기되지는 않습니다. 그러기엔 스탈린의 권력 기반이 아직 약했죠. 스탈린에게는 당분간 레닌의 유산을 계승한다는 명분이 필요했습니다. 소박하게 장례를 치르라는 유언도 무시하고 거대한 국장을 치르고 시신은 방부 처리해서 전시했지요. 생전 레닌이 극도로 혐오했던 우상화 작업을 시작한 겁니다. 스탈린은 레닌을 우상화하면서 자신을 그의 정통 계승자로 자리매김하려 한 겁니다. 이제 스탈린은 레닌의 계승자로서 그의 신경제정책 노선에 반대해온 좌익 반대파를 먼저 칩니다. 신경제정책 노선의 핵심인 부하린과 손을 잡지요. 부하린 입장에서는 스탈린과 힘을 합칠 이유가 생긴 겁니다. 두 세력이 좌익 반대파를 정치국과 중앙위원회에서 축출한 다음 시베리아로 유형 보냅니다. 나중에는 아예 추방하지요. 이제 부하린 세력이 남았습니다. 스탈린은 갑자기 좌익 반대파로 돌아서서 급진적인 국유화와 농업집단화를 밀어붙입니다. 거기에 반대하는 부하린을 우파라고 축출합니다. 1929년, 부하린은 정치국 위원에서 물러나고 공산당 기관지《프라우다》편집장과 국제공산주의운동 지도 기구인 코민테른 집행위원회 의장직도 내놓습니다. 실각이죠.

김 시베리아로 유형을 갔나요?

조 아니요. 부하린은 그런 대접은 받지 않았습니다. 자유를 누렸죠. 자아비판을 한 게 가장 컸을 테고요. 또 꽤나 매력적인 캐릭터라서 인간적으로는 적이 없었다는 점도 고려할 수 있겠지요. 심지어 스탈린마저도 숙청 몇 년 후 공식 석상에서 부하린을 소개하면서 "사랑할 수밖에 없는 남자"라는 표현을 씁니다. 1930년대 중반에는 당 기관지《이즈베스차》의 편집장으로 중앙 무대에 복귀하기도 합니다.

김 굉장한 훈남이었나 보군요.

조 사진을 보면 잘생긴 것 같진 않은데요.(웃음) 훈남은 확실합니다. 게다가 혁명 지도자 중 제일 젊은 축이었어요. 1917년 혁명 당시 모스크바 지역의 봉기를 이끈 중요 지도자인데 그때 나이가 아직 서른이 안됐거든요. 이미 20대 때부터 명민한 지성과 투쟁 경력으로 이름을 높였습니다. 그러니까 중년이던 혁명 지도자들이 예뻐했죠. 레닌이 붙여준 별명이 있어요. '우리 당의 골든 보이'이자 '당의 합법적인 연인'. 워낙 사랑스러운 남자였던 거지요. 그렇게 노선 투쟁을 해도 아무도 미워하지 않았다고 합니다.

김 옛말에 준 것 없이 밉고 받은 것 없이 예쁘다는 말 있잖아요. 그런 경우라고 봐야 하는 겁니까?

조 명민하고 똑똑해서 늘 나서는데도 아무도 미워하지 않은, 똑똑하지만 거만하지 않고 사랑스러운 사람이었다고 합니다. 사실 노선 갈등으로 레닌하고 제일 많이 다툰 게 부하린입니다. 앞서 저 별명을 붙여준 레닌의 발언에서 절반은 부하린 비판입니다. 현학적이기만 하고 변증법은 배운 적도 없어서 사고가 너무 사회학적이라고요. 제가 사회학자지만 이때 사회학적이라는 말은 욕입니다.(웃음) 그래도 레닌은 부하린을 무척 좋아했어요. 게다가 부하린은 캐릭터와 노선이 일치한 면이 있습니다. '프롤레타리아적 인간주의', '인간적 사회주의' 같은 말을 최초로 내건 사람입니다. 사회주의는 가장 인간적이어야 하고 민주주의적이어야 한다는 겁니다. 아래로부터의 인민의 권력에 기초한 민주주의야말로 사회주의의 핵심이라고 주장하지요.

김 캐릭터만 매력적인 게 아니라 사상도 매력적이군요.
조 그래서 1936년에는 소련 공산당을 대표해서 서유럽 방문도 합니다. 마르크스와 엥겔스가 남긴 자료들을 소련으로 가져가는 일과 관련된 협상이 목적이었지만, 여기저기서 강연도 하고 인기 스타가 됩니다. 가는 곳마다 수백 명씩 청중이 모이고 신문에서 인터뷰도 하고 그랬죠.

정말 궁금할 거 아닙니까? 소련 공산당의 최고 거물급 인사인 데다 인간적 매력까지 갖춘 사람이니까요.

김 돌아가지 않고 서방에 남았어도 됐을 텐데요.

조 서방에서 충분히 잘 먹고 잘살 수 있었겠지요. 그러나 부하린은 그런 길은 선택하지 않습니다. 비록 조국이 잘못된 길을 가고 있지만, 그래도 조국으로 돌아가는 길을 선택하지요.

김 아, 왠지 부하린도 돌아가서 숙청을 당할 것 같군요.

조 부하린은 1937년 당대회 직전에 체포됩니다. 스탈린의 대대적인 숙청이 시작되던 무렵입니다. 무려 130여 개 죄목으로 기소됩니다. 감옥에 갇힌 채 사형당할 게 뻔한 절망적인 상황이었습니다. 사형 직전 남긴 편지에는 이런 구절이 있습니다. "우리 조국이 잘못된 길로 가고 있지만 아직도 공산주의 혁명의 이상을 믿고 있다. 그 혁명의 붉은 깃발 아래 나의 피 한 방울이 묻어 있다는 사실만은 기록해달라."라고요. 부하린의 부인 라리나는 그 후로도 오랫동안 소련 치하에서 남편의 복권과 명예회복을 위해 싸웁니다. 세상을 떠난 지 50년이 흐른 1988년, 마침내 부하린이 복권됩니다. 라리나는 남편의 복권을 보고 1996년에 눈을 감지요.

폐기된 신경제정책

김 참 가슴 아픈 이야기네요. 아무튼 그렇게 트로츠키와 부하린을 제거하고 스탈린의 일인 체제가 성립됐군요.

조 스탈린은 전면적인 국유화, 집단농장화를 밀어붙였고 인구도 엄청나게 이동시켰습니다. 한마디로 말하면 농업을 집단화하면서 농업에서 착취한 부분으로 중공업 개발을 뒷받침하는, 중공업 우선 정책을 쓴 거죠.

김 이기적 욕망을 억압함으로써 사회주의가 망한 것이라면, 자본주의를 옹호하는 사람들의 논리도 일정 부분 타당한 것 아닙니까?

조 지난 시간에 말씀드린 이야기를 다시 한번 상기해봅시다. 우리는 이기적인 존재인 동시에 이타적인 존재다. 어떤 쪽이 주되게 발현되는지는 제도에 달려 있다. 인간은 완전히 이기적일 수도, 완전히 이타적일 수도 없다.

사회주의 혁명 당시 러시아는 유럽에서 가장 낙후한 농업 국가였습니다. 농업과 공업 양 부문 모두 사회주의로 곧장 나아가기에는 기반이 너무 부족했습니다. 레닌이나 부하린은 당분간 인간의 이기심과 시장의 필요성을 인정하면서 산업을 발전시켜야 한다고 생각했습니다. 대신 당과 소비에트에 의한 민주주의적 통제로 그 부작용을 최소화하려 한 겁니다.

반면 스탈린은 양면을 다 보지 않고 한쪽 면만 보았습니다. 이기심에 기초한 시장경제의 불가피성을 부정하고 집단적 계획경제를 밀어붙였습니다. 그 결과 특히 농업 부문에서 거대한 파괴가 일어났습니다. 중공업 우선 정책을 펼쳤기 때문에 경공업 부문도 거의 발전하지 못했죠. 사실 전체적으로만 보면 1930년대는 소련 경제가 비약적으로 성장한 시기입니다. 경제 성장률은 매년 10퍼센트를 넘거든요. 이건 어마어마한 겁니다. 1930년대는 세계대공황 시기잖아요. 자본주의 국가들은 망해가는데 소련은 매년 10퍼센트 이상 성장하는 겁니다. 1940년경이 되면 소련은 미국에 이은 세계 2위의 공업국이 됩니다. 당시 서구 지식인들이 소련을 이상화한 이유가 있습니다. 자본주의는 망하는 것 같은데 소련은 엄청나게 잘나가니까요. 그러나 그 성장률만큼 사람들의 삶의 질이 향상됐느냐 하면 그건 아니었다는 거죠. 어떤 면에서는 불균형이 심화되면서 파괴되고 있었던 겁니다.

김 스탈린 식의 사회주의도 일한 만큼 정당한 보상과 대가를 받는 체제는 아니었군요.

조 차별적으로 봐야 합니다. 당시 스탈린은 농업과 공업 간의 불균등 교환 정책을 밀어붙입니다. 달리 말하면 인구의 대다수를 차지한 농민은 큰 피해를 입은 반면 경제적인 측면만 본다면 노동자들은 혜택을 입은 거죠. 그런데 한편으로 삶의 질에서는 애덤 스미스도 말했듯이 생활필수품이나 편의품이 매우 중요합니다. 중공업 부문에 투자를 집중했기 때문에 생필품과 편의품에서는 큰 개선이 없거나 악화된 겁니다. 실질적인 삶의 질은 별로 향상되지 않았다는 점을 고려한다면, 지속적이고 균형 잡힌 경제 발전을 위한 동력은 약화되고 있었다고 볼 수 있지요.

김 이타심의 연합은 한쪽의 '퍼주기'가 아니라 나의 삶의 조건도 개선될 때 성립하는데, 스탈린 식 사회주의 체제에서 이타심은 강제되었고 이타심의 연합이 나의 삶의 개선으로 환원되지도 않았군요.

조 그게 큰 문제였죠. 이타심의 연합이 아닌, 인구의 대다수를 차지하는 농민들에게 일방적 피해를 강요하는 형태가 되었습니다. 그렇다고 해서 노동자들에게 전폭적으로 혜택이 돌아간 것도 아닙니다. 스타하노프 운동 같은 사례를 들 수 있겠네요. 북한으로 치면 새벽별 보기 운동 같은 거죠. 1935년의 일입니다. 스타하노프라는 탄광 노동자가 자신만의 방법으로 표준 작업량의 14배를 생산했다는 사실이 화제가 됩니다. 그러자 공산당은 모두가 스타하노프처럼 되자는 운동을 전국적으로 벌입니다. 자발성은 정의상 아래로부터 자연스럽게 일어나야 하는 건데, 반대로 위에서 강요하는 상황이 벌어지는 겁니다.

그런데 이 부분을 '조금은' 균형 있게 바라볼 필요가 있습니다. 스탈린을 옹호하는 건 아니지만 맥락 없이 무작정 비판하기도 쉽지 않습니다. 1960~70년대 박정희 정권 당시 경제개발 5개년 계획을 시행하면서 고도성장을 하지 않았습니까? 형태는 거의 똑같습니다. 한국도 특히 1970년대부터는 중공업에 올인했습니다. 스탈린이나 박정희가 왜 중공업에 올인했을까요? 생산재를 생산하는 중공업 없이 소비재를 만드는 경공업만으로는 한계가 뚜렷하기 때문입니다. 경공업을 위한 모든 생산재, 자본재를 수입에 의존해야 하니까요.

여기서 핵심 과제는 중공업 투자를 위한 자본의 확보입니다. 스탈린이나 박정희 모두 부등가 교환을 통한 농민 수탈에 의존했습니다. 쌀값을 포함한 농산물 가격을 인위적으로 아주 낮게 유지해서 노동자들의 기초생활비를 줄였고, 그 결과 자본은 저임금 경영을 할 수 있었습니다. 몰락한 농민은 도시로 몰려와서 더욱 싼 노동자가 되어갔죠.

초기 공업화 과정에서 핵심적인 숙제는 공업화를 위한 밑천, 즉 자본을 어떻게 만들어낼 것인가입니다. 한국의 경우 농촌 수탈과 함께 해외 차관 도입을 통해서 자본을 만들어냈습니다. 소련은 한국처럼 미국과 서방에 의존할 수는 없었습니다. 내전 종식 후 서방과 서서히 외교 및 무역의 폭을 넓혀나가지만 1970년대 한국과 비교하면 여전히 고립된 나라였죠. 그 결과 공업화를 위해 농민을 더욱 수탈할 수밖에 없었던 겁니다. 더욱이 스탈린과 측근들에게는 적어도 10년 안에 신속히 강력한 사회주의 국가를 건설해야 한다는 강박관념이 있었습니다. 그렇게 하지 못한다면 제국주의 국가들의 침략에 의해서 붕괴될 것이라고 믿을 만한 분명한 이유가 있었습니다. 소련에게는 기적이 필요했습니다. 스탈린은 그 기적을 만들어냈죠. 하지만 바로 그 기적을 이뤄내야 했기 때문에 큰 무리가 갈 수밖에 없었던 겁니다.

김 결과적으로는 히틀러의 침공을 막아낸 하나의 동력이 될 수도 있었죠?

조 역사의 아이러니죠. 스탈린이 1930년대에 중공업에 올인하지 않았다면 소련이 독일을 막아낼 수 없었을 테고, 그랬다면 세계사는 훨씬 비극적인 방향으로 틀어졌을지도 모릅니다. 1930년대 말 소련의 중공업은 거의 세계 최고 수준이 됩니다. 이것이 엄청난 생산력으로 독일의 소련 침공을 막아내는 원동력이 됩니다. 이래서 역사에서 누가 옳았고, 틀렸는지를 이분법으로 나누는 건 참 어렵습니다.

김 레닌이 내전 이후에 신경제정책을 제시한 것처럼 2차 세계대전에서 이기고 난 다음 노선을 변경했다면 달라졌겠지만 그러지 않았죠.

조 노선 변경이 이미 불가능해진 사회 구조였다고 보는 게 맞지 않을까 싶습니다. 1953년 스탈린 사후 흐루시초프의 집권기 때 개혁 시도가 있었지만 소련 사회는 이미 심각한 관료화의 늪에 빠져 있었습니다. 누누이 말씀드리지만 저는 소련의 문제가 경제 탓만은 아니었다고 봅니다. 그만큼 큰 문제가 정치적인 민주주의의 실종이었습니다. 노동자와 일반 대중의 욕구와 이해관계를 반영할 수 있는 민주적 정치 구조가 사라졌습니다. 스탈린의 독재 시기 동안 비밀경찰에 의한 테러 독재와 공산당의 관료화가 극단적으로 심화되었습니다.

반면 경제 성장률은 1950년대에도 굉장히 높습니다. 외견상으로만 보면 소련의 1950년대는 경제 황금기거든요. 이때 무상의료, 무상교육, 국영임대주택 등이 다 실행됩니다. 경제 성장률도 일부분에서는 세계 1위가 됩니다. 1957년에는 인공위성 스푸트니크를 쏘아 올리잖아요. 이어서 세계 최초로 유인 우주선을 쏘아 올려서 미국을 충격의 도가니에 빠뜨리죠. 그만큼 굉장했는데, 사실 이미 이때 발전의 장기적인 동력은 사라지고 속으로는 곪아 들어가기 시작했다고 봐야 할 겁니다.

인간 소외의 극복, 노동자 자주관리

김 계획경제 문제는 마지막 시간에 다시 다룰 테니 스탈린 식 사회주의는 이 정도로 이야기하지요. 이제 유고슬라비아의 노동자 자주관리 제도를 살펴보지요. 교과서에도 나온 적이 있는 제도입니다. 어떤 제도입니까?

조 한마디로 말하면 생산수단의 국유화가 아닌 사회화를 추구한다는 것을 핵심으로 하는 제도입니다.

김 오호, 그럼 국유화와 사회화의 차이는 뭡니까?

조 사회주의 하면 우선 기업, 공장, 토지 등 생산수단의 국유화가 떠오릅니다. 빨리 할 거냐, 천천히 할 거냐의 노선 차이가 있을 뿐이죠. 국유화란 노동계급이 생산수단을 소유하고 통제하는 하나의 방식입니다. 노동자 정당이 국가 권력을 잡은 상태에서 생산수단을 국유화하면 결국 노동자가 집단적으로 생산수단을 소유하는 셈이라는 논리입니다. 그런데 유고슬라비아 사회주의는 많이 다릅니다. 사실 노동자가 국가를 직접 통제할 수는 없다는 거죠. 이 상태에서 생산수단을 국유화하면 결국 노동자가 아니라 국가 관료가 통제하게 된다는 겁니다. 그럼 사회화란 무엇인가? 사회의 실질적인 단위들이 공동으로 기업을 소유하고 통제한다는 겁니다. 물론 노동자 개인은 소유권이 없습니다. 그러나 노동자 집단이 그 기업을 소유하고 경영하는 겁니다.

김 보통 알고 있는 소련 식 사회주의 경제하고는 굉장히 다르네요. 유고슬라비아는 어떻게 그런 모델을 만들 수 있었을까요?

조 소련 식 모델이 사회주의권에 널리 퍼진 데는 두 가지 원인이 있습니다. 하나는 소련이 사상 최초로 사회주의 경제 건설의 경험을 가지고 있었기 때문이고요, 다른 하나는 2차 세계대전이라는 역사적 사건 때문입니다. 대전 중에 소련이 동유럽을 나치로부터 해방시키고 사회주의 혁명을 후원하게 되자 각 나라의 공산주의자들은 자연스럽게 소런 식 모델을 따르게 되었죠. 좋든 싫든 소련이라는 권위에 이견을 제시할 수가 없었어요. 반면 유고슬라비아는 거의 유일하게 반기를 들 수 있었습니다.

김 유고슬라비아는 소련이 해방시켜준 나라가 아니겠네요.

조 그렇지요. 유고슬라비아는 스스로 나치를 물리쳤습니다. 한 영웅의 공이라고 할 수는 없지만, 그래도 요시프 티토라는 거대한 지도자 이야기를 안 할 수 없습니다. 우리가 어릴 때만 해도 텔레비전 국제 뉴스에 곧잘 나오던 유고슬라비아 공산당의 지도자였죠. 유고슬라비아가 나치에 점령당했을 때 수십만 명에 달한 빨치산의 투쟁을 이끈 인물입니다. 이들이 나치 격퇴에 결정적인 역할을 합니다. 티토의 혁명 투쟁 경력은 무척 화려합니다. 일찍이 1차 세계대전 때 오스트리아-헝가리왕국의 군인으로 징병, 참전했다가 러시아군의 포로가 됩니다만 오히려 러시아 10월 혁명에 적극 참여하는 기회로 만들었지요. 스페인 내전에도 참전합니다. 모든 연합국이 티토의 연합정부를 승인할 정도로 인정받는 인물이었습니다. 나치가 점령하기 전에 원래 유고슬라비아 왕국이 있었습니다. 1차 세계대전 이후에 성립된 왕국이었는데요, 나치가 침략하자 국왕 페테르 2세가 영국으로 망명을 갑니다. 사실 이 양반 입장에서 보면 공산당 지도자는 용납할 수 없는 존재입니다. 공산주의자가 왕정을 지켜줄 리는 없으니까요. 그런데 페테르 2세가 이렇게 말할 정도였습니다. "모든 유고슬라비아인들은 티토의 지도 아래 대독 항쟁을 벌여야 한다. 티토를 따르지 않는 자들은 민족의 반역자다." 티토의 권위가 이 정도였지요. 그러니까 티토는 스탈린도 어떻게 할 수 없는 사람이었던 겁니다.

김 베트남의 호치민 같은 존재군요.

조 그렇죠. 동양에는 호치민, 서양에는 티토. 국민적인 지지와 대외적인 정당성까지 가진 혁명가들이었습니다. 티토의 유고슬라비아가 소련에 고분고분하지 않으니까 스탈린과 불화가 생기기 시작합니다. 2차 세계대전 직후에 스탈린은 서방 진영에 대해 유화 정책을 펼쳤습니다. 반면 유고슬라비아는 추축국 이탈리아 일부 지역에 대한 권리를 요구하며 미국과의 무력 충돌도 불사하죠. 그리스 내전에 대해서도 티토는 그리스 공산주의자들을 적극 지지합니다만 스탈린과는 거리를 둡니다. 사회주의 경제 모델 수립 과정에서도 소련의 영향력을 배격합니다. 결국 1948년에 두 나라는 결별합니다. 정치적으로 완전히 결별하고 유고슬라비아는 코민포름을 탈퇴해버립니다. 그 결과 바르샤바 조약기구나 코메콘 등의 군사적, 경제적 지원을 전혀 받을 수 없게 돼요. 진짜 독자적으로 살아남아야 하게 된 겁니다.

김 미국, 소련과 모두 맞짱을 뜬 사람이라니 기백이 대단하군요. 티토의 그 유명한 자주관리 노선이 탄생하게 된 역사적 배경을 이해하니 재미있네요.

조 유고슬라비아의 노동자 자주관리 제도를 그냥 경제 건설 노선으로만 이해하면 곤란합니다. 자주관리 노선은 경제 노선 그 이상입니다. 이 노선의 핵심 모토는 '인간 소외의 극복'이었습니다. 국가 단위부터 지방자치단체, 자기가 사는 작은 동네, 기업체에 이르기까지 인간이 주체가 되어야 한다는 것입니다. 인간이 생활하고 생산하는 모든 단위들에서 소외되지 않으려면 실질적인 권력을 가져야 한다는 거죠.

김 누군가가 어떤 회사를 다니면 그 회사의 주인이 되어야 하고, 어떤 마을의 구성원이면 그 마을의 주인이 되어야 한다는 거군요.

조 예, 그래서 사회주의 국가답지 않게 지방분권화를 적극 추진했고 시장도 적극적으로 활용했습니다. 또 한 가지 흥미로운 점이 있습니다. 흔히 공산당 일당독재라고 일컫지 않습니까? 소련을 포함한 사회주의 국가들에서 공산당의 지도적 역할은 아예 법으로 제도화되어 있었습니다. 그러니까 기업에서든 군에서든 기업장이나 지휘관보다 공산당 정치위원이 더 중요한 역할을 수행하게 되어 있습니다. 티토도 공산주의자인 만큼 공산당이 주도적인 역할을 해야 한다는 점은 인정했습니다. 하지만 티토는 법적 강제가 아니라 권위와 영향력을 통해서 자연스럽게 지도적 역할을 수행해야 한다고 보았습니다. 겪어보니 역시 공산당이 옳구나, 하고 자연스럽게 따르게 하는 게 옳다고 본 거죠.

김 소련의 신경제정책을 다룰 때 레닌은 노동자 자주관리까지 가기에는 시간이 필요하다고 보았고, 그래서 부르주아 출신의 전문성을 인정한 거라고 했잖아요. 그런데 유고슬라비아는 바로 자주관리를 실행했어요. 그러면 누가 맞았던 겁니까?

조 쉽게 말하기는 어려운 문제입니다. 일단 양쪽 다 초기에는 경제 성장률이 굉장히 높았습니다. 경제가 파괴된 상태에서 초기에 투자를 집중하면 성장률이 굉장히 높게 나타나기 마련입니다. 그런데 이 두 국가는 당대의 다른 국가들하고 비교해봐도 성장률이 굉장히 높았습니다.

차이도 있죠. 소련의 경우 경제 노선의 방향 자체가 아예 바뀌었다는 문제가 있습니다. 소련은 혁명 초기에 부르주아들을 다시 기용하면서 기업장이라는 이름으로 책임을 맡깁니다. 하지만 노동자 평의회가 기업장에 대한 통제력을 키워나간다는 게 기본적인 방침이었어요. 그런데 전시 공산주의로 접어들면서 기업장 단독 책임제로 바뀌어버리고 이후에 이 방침이 부활하지 않습니다. 그러면서 기업 내 민주화가 사라지고 계속 관료화가 진행되었습니다. 레닌의 목표가 연기된 게 아니라 아예 부정되어버린 겁니다. 반면 유고슬라비아는 이 목표가 계속 관철됩니다. 실제로 고용, 임금 수준, 임금 격차, 인센티브, 판매 가격, 공급처 등 기업의 중요한 의사결정이 모두 노동자 평의회의 투표를 통해 결정되었습니다.

하지만 여기서도 문제가 발생합니다. 뒤에 협동조합을 다룰 때 다시 이야기할 텐데, 노동자에게 권력을 주더라도 문제가 발생한다는 겁니다. 이 문제를 어떻게 해결하느냐가 중요하겠지요. 유고슬라비아를 보면 우선 노동자 평의회가 임금 수준을 계속 높게 책정합니다. 임금 상승률이 굉장히 높아져요. 다시 말하면 인플레이션이 유발됩니다. 물가가 계속 오르니 사람들 삶이 팍팍해지기 시작하지요.

자주관리의 실패

김 우리 개념으로는 집단 이기주의군요.

조 그렇습니다. 초기 단계, 1950~60년대 초중반까지는 경제 성장률이 연평균 9퍼센트 정도로 굉장한 고도성장을 이어갑니다. 물가 상승률도 높지만, 그것을 상쇄하고도 남을 정도로 꾸준히 성장하는 겁니다. 그런데 계속 임금이 상승하다 보니 인플레이션이 점점 심해집니다. 또다른 문제는 실업률이 증가한 것입니다. 유고슬라비아는 시장사회주의를 지향했기 때문에 완전고용을 보장하지 않았습니다. 노동자가 주인인 기업이라 특별한 경우가 아니면 해고는 할 수 없고, 임금은 갈수록 높아지니까 방법은 신규 고용을 하지 않는 것밖에 없었어요. 과소 고용이 만성화되고 갈수록 실업률이 증가하기 시작합니다.

또 다른 측면의 문제도 있었습니다. 자주관리를 하려면 실제로 노동자의 역량도 높아져야겠죠? 교육에 열심히 참여하고, 투표할 때 문건을 열심히 다 읽어보고, 대립하는 의견들을 꼼꼼히 따져보고 적극적이고 주도적으로 토론하면서 결정해야 합니다. 그런데 이게 슬슬 귀찮아지는 거지요. 그렇게 안 해도 선거 때마다 서로 노동자들을 더 잘 대우해주겠다고 하거든요.

김 주권을 행사하기는 하지만 주권 의식 함양에는 게을러지고 자기 이익만 찾게 된 셈이군요.

조 노동자 자신에 의한 관료화 경향이 나타나기 시작한 겁니다. 노동자들의 자발성이 떨어지면서 흔히 말하는 무임승차 문제가 발생하기 시작합니다.

김 앞서 계획경제의 실패는 단지 경제적 효율성 문제가 아니라 민주주의의 실패와도 결합되어 있다고 하셨습니다. 유고슬라비아의 노동자 자주관리 제도 실패를 보면 민주주의도 해결책은 아닌 것 같은데요?

조 날카로운 지적인데요, 이 문제야말로 깊은 통찰이 필요하다고 생각합니다. 저의 답변은 그래도 민주주의가, 아니 오히려 그렇기 때문에 더욱 심화된 민주주의가 필요하다는 겁니다. 유고슬라비아에서 노동자 자주관리 제도는 개별 기업 단위로 실시되었습니다. 이렇게 되면 기업 이기주의를 극복할 수 없습니다. 나아가 유고슬라비아의 노동자 자주관리 제도는 시장사회주의라는 시스템의 일부였다는 사실도 매우 중요합니다. 기업 소유주만 자본가에서 노동자로 바뀌었을 뿐 본질적으로는 시장경제 시스템이었습니다. 자본가가 이윤 극대화를 추구하는 게 당연한 것처럼 노동자도 임금 극대화를 추구하는 게 당연한 시스템이었습니다. 게다가 자본가와 달리 유고슬라비아의 노동자들은 퇴직하는 순간 그 기업에 대한 소유권이 사라집니다. 어디까지나 현직 노동자일 때만 권리를 가지는 것이고 주주가 아니니 퇴직 후에는 권리도 없고 배당도 받지 못합니다. 이런 제도 아래서 발생하는 필연적인 부작용은 노동자들이 기업의 장기적 투자, 경쟁력, 효율성보다는 단기적인 보상, 즉 임금 상승에 더 관심을 갖게 된다는 것입니다.

김 그런데 이런 문제는 주주 자본주의 모델에서도 단골처럼 등장하지 않나요? 기업 인수한 다음 구조조정으로 인력 싹 자르고, 단기로 주가 띄운 다음 비싸게 팔아먹고 기업의 장기적 경쟁력은 황폐화되는 스토리하고 비슷하게 들리는데요?

조 맞습니다. 그러니까 꼭 자본주의냐 사회주의냐, 자본가 소유냐 노동자 소유냐의 문제는 아닙니다. 반복해서 말씀드리지만 인간은 이기적이기도 하고 이타적이기도 합니다.

김 대책을 세우지는 않았나요?

조 당연히 심각한 문제로 인식하고 대책을 강구합니다. 1960년대 초 중반 논의가 활발해지면서 거대한 개혁이 일어납니다. 그런데 그 개혁이 시장적 요소를 더욱 강화하는 방향이었습니다. 예를 들면 이런 겁니다. 그 전까지는 임금에 대해서 누진세를 매겼지만 이제 누진세를 폐지합니다. 인센티브를 더 강화해야겠다는 거죠. 또 기업이 내는 이윤에 매기는 이윤세도 폐지합니다. 기업이 좀 더 자본주의적으로 이윤을 추구하게 만들어야겠다는 겁니다. 거기에 대외 무역도 자유화해요. 가트(GATT, 관세 및 무역에 관한 일반협정)의 준회원국으로 가입하는 등 서방과 경제 통합도를 높입니다. 이후에는 연방정부의 투자 기금도 폐지하죠. 이 기금은 시장에서 발생하는 연방 내 지역 간, 산업 부문 간 불균형을 낮추고 균형을 잡기 위한 중요한 계획경제 자원이었습니다. 이제는 시장에서 알아서 투자하라는 방향으로 갑니다. 은행 이자율도 자유화합니다. 이렇게 해서 앞선 문제들이 해결될 수 있었을까요? 그럴 수가 없지요. 기업이 훨씬 더 많은 자유를 누리게 되면서 노동자들이 소유한 기업이지만 거의 이윤에만 관심이 있는 자본주의적 기업처럼 되어버렸습니다.

김 노동자들을 주주로 만들어버렸군요.

조 그것도 단기 시세 차익만 노리는 주주처럼 만든 거죠. 이렇게 되니까 인플레이션이 더 심해집니다. 또 하나 문제가 된 것이 있습니다. 개혁 이전까지는 큰 틀에서 중앙계획을 세우고 그 안에서 자율성을 발휘하게 했습니다. 그런데 기업과 은행의 자율성은 더욱 높이면서 연방 투자 기금까지 폐지하게 되자 연방 내 불균형이 심화되기 시작합니다.

김 유고슬라비아는 여러 민족으로 이루어진 연방국가였죠? 지금은 해체되고 사라졌지만.

조 그렇죠. 유고슬라비아는 지금 무려 일곱 개 나라로 갈라졌습니다. 이 지역의 역사는 너무나 복잡해서 간단하게 요약하는 것이 불가능합니다. 언어, 종교, 역사 등등이 하도 얽히고설켜서 요약이 안 돼요. 한 가지 사례만 들자면 이 지역의 맹주를 다투면서 철천지원수처럼 서로 싸우고 학살한 역사를 가진 세르비아와 크로아티아는 원래 같은 언어를 쓰는 한 민족입니다. 하지만 세르비아는 세르비아 정교, 크로아티아는 로마 가톨릭을 주로 믿고, 문자도 키릴 문자와 로마 알파벳으로 서로 다르고 다른 국가를 만들어왔죠. 게다가 오랫동안 서로 역사가 얽히다 보니 각 지역마다 민족들이 서로 섞여 삽니다. 충돌과 원한의 역사가 매우 깊게 꼬여 있어서 선악을 구별하기가 쉽지 않아요. 거기다 오스만투르크의 지배에 시달리고 있었습니다. 민족 해방을 위해서는 단결이 절실하다는 생각에서 19세기부터 통일 운동이 일어났습니다. 이것이 유고슬라비아 운동입니다. 유고가 남쪽이란 뜻이거든요. 남슬라브의 여러 민족들이 분열을 딛고 통일해서 오스만투르크로부터 독립한 나라를 건설하자는 운동이었고, 1차 세계대전 후의 왕국 수립을 거쳐서 결국 티토 시절에 최종 성사된 겁니다.

김 결국 티토의 권위가 분열을 억눌렀던 거네요.

조 티토는 서유럽과 지리적, 문화적으로 가까운 크로아티아 출신이었고, 어머니도 비슷한 배경의 슬로베니아 출신이었습니다. 티토는 상대적으로 경제가 더 발전한 크로아티아나 슬로베니아가 독주하지 못하도록 제어합니다. 철저하게 균등 발전을 추진했지요. 문제는 시장화가 진행되면서 균등 발전이 후퇴하기 시작한 겁니다. 자기 지역만 잘나가면 되니까요. 연방 구성 공화국들 사이에 갈등이 점점 심화되고 국가 경제 전체가 휘청이기 시작합니다.

그래서 유고슬라비아 사회주의의 실패는 자주관리 제도의 실패가 아니라 근본적으로는 민족 갈등 때문이라고 보는 시각도 있습니다. 티토쯤 되는 영웅이니까 유고슬라비아라는 나라를 유지할 수 있었던 거지, 애초에 만들어질 나라가 아니었다는 식이죠. 하지만 저는 그런 시각에 대해 회의적입니다. 민족 갈등은 엄연한 사실이지만, 그것과 별개로 유고슬라비아 식 자주관리 제도 자체의 문제점 역시 명백했으니까요. 기업 단위 노동자들의 집단 이기심을 부추기는 제도였고, 나아가 지역 간, 산업 부문 간에 불균형을 유발할 수밖에 없는 제도였다는 점에서 이 제도는 명백한 한계가 있습니다. 티토가 건재했던 1970년대 후반에 이미 경제 성장률보다 인플레이션율이 더 높아집니다. 지속 가능성을 상실한 거지요.

생산수단의 사회화는 가능할까

김 갈무리하는 차원에서 질문 하나 하겠습니다. 그러면 노동자 자주관리 제도를 잘 다듬으면 좋은 대안적 모델이 될 수 있다고 보십니까?

조 예, 그렇게 생각하니까 다뤘겠죠? 이 사례를 통해 민주주의에 대한 성찰을 더욱 깊이 진전시킬 필요가 있습니다. 유고슬라비아의 경우 개별 기업을 경제 민주주의의 단위로 상정했습니다. 하지만 그러면 기업의 소유자를 자본가에서 노동자로 바꾸는 데 그치게 됩니다. 이런 접근은 소유권을 특정 집단에게 배타적으로 귀속시킨다는 점에서 자본주의의 사적 소유권 모델과 동형적입니다. 생산수단의 국유화도 아니지만, 사회화라고 보기도 어렵죠.

김 그럼 사회화라면 소유자를 개별 기업의 노동자 이상으로 확장해야 한다는 말인가요?

조 그렇죠. 소유권이 배타적인 것이고 분할될 수 없다는 사고방식은 사유재산제의 역사 속에서도 자본주의에 특유한 것입니다. 서양 중세 봉건제에서도, 조선의 농업경제에서도 농지의 소유 구조는 많은 경우 상급 소유권과 하급 소유권으로 분할되어 있었습니다. 지주가 지료와 소작료를 받을 수 있는 권리를 가지고 있었다면 소작농은 경작권을 가지고 있었죠. 자기 땅이라고 지주가 마음대로 소작 계약을 파기할 수도 없었고, 토지를 팔았다고 해서 새 지주가 이전의 계약을 무시할 수도 없었습니다. 이를 영구소작권이라고 부르고 우리나라에서는 도지권이라고 불렀습니다. 상당히 광범위하게 퍼져 있던 권리입니다.

김 마치 소작농이 토지 이용에 대한 권리를 갖는 것처럼 지역 주민을 포함한 이해 당사자들도 기업에 대해 어느 정도 권리를 행사할 수 있도록 해야 한다는 주장이군요.

조 그렇습니다. 기업이라는 조직이 미치는 영향의 범위를 생각해보면 간단합니다. 예를 들어 기업 소재지를 생각해보지요. 기업은 대개 소재지의 주민들을 노동자로 채용하고, 소재지의 도로를 포함한 각종 인프라를 가장 많이 이용하며, 그 지역에 집중적으로 공해 물질을 배출합니다. 지역 주민들의 삶은 기업으로부터 전방위적으로 깊은 영향을 받습니다. 그런데 주민들이 해당 기업의 의사결정 과정에 전혀 참여할 수 없다면 문제 아닐까요? 특히 현대에 들어와 기업의 규모가 갈수록 커지면서 기업은 사실상 거대한 권력이 되어가고 있습니다. 모든 권력은 견제받지 않으면 부패합니다.

김 일리 있는 지적입니다만 너무 이상적인 발상 아닐까요? 자본주의 사회에서는 씨알도 안 먹히는 이야기일 테고, 사회주의에서도 실제로는 불가능할 것 같은데요.

조 전혀 그렇지 않습니다. 두 가지 사례를 짚어볼까 합니다. 우선 소위 주주가치 운동의 아버지로 불린 잭 웰치 전 제너럴일렉트릭 회장 이야기입니다. 주주가치 운동이란 '기업의 목표는 주인인 주주의 이익을 극대화하는 것'이라는 슬로건으로 요약할 수 있겠죠. 기업의 사회적 책임과는 가장 반대되는 발상이라고 할 수 있습니다. 그런데 잭 웰치가 금융위기 이후인 2009년 3월 12일자 《파이낸셜 타임스》에 실린 인터뷰에서 "주주가치란 세상에서 가장 어리석은 아이디어"라고 통렬한 자기반성을 해서 화제가 됐습니다. 그는 주주가치는 결과일 뿐 전략일 수 없으며, 기업의 주요한 기반은 주주가 아니라 피고용인과 고객들, 제품이 되어야 한다고 주장했습니다. 소위 자유방임 자본주의의 핵심 리더조차 기업이 순전히 주주의 이익을 위해서만 봉사해서는 안 된다고 뼈저리게 느낀 것이지요. 실제로 기업이 사회적 책임을 다할 수 있도록 통제할 방법을 제도화하지 않으면 안 된다는 겁니다.

김 또 다른 사례 하나는 뭔가요?

조 지난 시간에도 잠시 언급했고 독일 모델에서 좀 더 자세히 다룰 주제입니다만, 기업을 자본가의 배타적인 소유물로 보지 않는 태도는 이미 독일에서 충분히 제도화되어 있습니다. 영미 식의 자유방임주의 모델과 대비되는 독일 식 이해관계자 자본주의에서는 기업의 상당한 지분을 해당 지역정부와 주거래 은행이 소유합니다. 지역정부나 은행의 목적은 경영권 장악이나 수익 달성이 아닙니다. 지역정부는 주민의 이익을 대표해서 자본을 견제하고, 은행은 기업이 단기 수익에 집착해서 장기적으로 재정 상태가 악화되는 것을 방지합니다. 물론 영미 식 자유방임주의자들의 입장에서 보면 이런 모델은 자본주의 시장경제 원칙을 위반한 어처구니없고 비효율적인 제도겠지요. 기업 경영에 정부와 은행이 사사건건 간섭을 하는 모델이니까요. 실제로《파이낸셜 타임스》나《월스트리트 저널》같은 영미 식 자본주의의 대변지들은 이런 독일 모델을 비판하는 칼럼을 곧잘 싣곤 합니다. 하지만 2008년 이후 경제 상황은 어떤가요? 미국 정부야말로 납세자들의 세금으로 부실 기업과 은행을 지원하지 않았습니까?

김 그런데 지금 세계 경제의 흐름은 주주 자본주의가 더 강화되는 정반대 현상을 보이고 있지 않습니까?

조 적어도 2008년 금융위기 이후에는 그런 흐름에 대한 반성이 대두하고 있습니다. 잭 웰치가 대표적인 사례고요. 기업의 사회적 책임, 이른바 CSR(Coporate Social Responsibility)은 기업 경영의 중요한 과제로 대두하고 있습니다. 밀턴 프리드먼(Milton Friedman) 같은 자유방임주의자는 "기업은 단 하나의 책임, 즉 경제적 성과만 내면 된다."고 주장했지만, 그런 배타적 발상이 오늘날의 경제위기를 불러일으켰다는 비판 의식도 널리 공유되고 있습니다.

김 사실 한국에서는 주주 자본주의조차 먼 나라 이야기입니다. 소액주주가 경영 자료 좀 보자고 해도 묵묵부답이잖아요. 노동자 자주관리나 경영참여는 꿈도 못 꾸죠. 노조가 경영 자료에 접근하는 것조차 원천 봉쇄되어 있지 않습니까? 경영참여 같은 주장을 하면 '종북 좌빨'로 몰릴 거예요. 대안 경제라는 큰 화두를 놓고 이야기를 풀어가고 있지만, 그 대안을 우리 현실에 접목해보려 하면 우리나라는 아직 한참 먼 지점에 있다는 사실을 계속 확인하게 됩니다.

조 맞습니다. 하지만 너무 실망만 하지는 마세요. 유리한 점도 있거든요. 남들이 미리 많이 실패해주어서 시행착오의 여지가 줄어듭니다. 후발 주자의 이익이죠. 대안 경제를 시작하자는 데 합의할 수 있다면, 우리는 적어도 앞 사람들이 걸어갔던 시궁창 길을 똑같은 형태로 밟지는 않을 것이라고 믿을 근거가 있지요.

김 지금까지 스탈린 식 소련 사회주의와 유고슬라비아의 노동자 자주관리 제도를 쭉 훑어봤는데요. 관통하는 키워드는 '자발성' 같습니다.

조 어떤 자발성을 북돋울 것인가가 중요하겠죠. 소련은 자발성을 위에서 강요했고, 유고슬라비아는 아래로부터 자발성에 의존했습니다. 하지만 유고슬라비아 자주관리 모델은 자발성이 개별 기업 단위로 고립되어 있었습니다. 그 결과 자발성이 집단 이기주의로 변화했죠. 자발성에 의지하되 공생하는 체제를 어떻게 만들어낼 것인가 하는 문제가 남습니다. 결국 민주주의를 배타적인 소유자 민주주의 모델에서 관계당사자 민주주의로 확장하는 과제가 대두됩니다.

김 사회주의 모델이 실패한 이유를 분석하다 보니 대안 경제를 모색하는 데 중요한 힌트를 얻을 수 있었습니다. 여기서 마무리하겠습니다. 조형근 교수님, 수고하셨습니다.

조 고맙습니다.

3

독일 우파도
이 정도는 한다

독일 우파는 왜
노동자를 기업 경영에
참여시켰을까?

'부패한 모델' 금산통합이
어떻게 독일 경제를 살렸을까?

복지 책임은 민간이,
재정 지원 책임은
국가가 진다?

노동자 재형저축은
어떤 이유에서
탄생한 제도일까?

독일에서는 어떻게
합리적 우파가
등장할 수 있었을까?

독일의 사회적 시장경제는 국가 개입과 시장경제를 동시에 추구하는 모델이다. 시장의 효율성을 인정하는 한편, 시장의 공정한 경쟁 질서는 국가가 개입해서 인위적으로 만들어내야 하는 것이라고 본다는 점에서 자유방임주의와는 길을 달리한다.

독일 경제는 크게 세 가지 측면에서 영미 자본주의와 상당히 다르다. 독일은 노동자 경영참여 제도를 채택하고 있다. 2000명 이상 기업에서는 이사회가 노사 동수로 구성된다. 금산통합 역시 특징적이다. 독일에서는 주거래 은행이 기업의 대주주가 되고 기업은 주거래 은행의 감사직을 갖는 등 긴밀한 관계를 유지함으로써 기업이 장기적인 프로젝트를 추진할 수 있도록 하는 기반을 만든다. 또한 독일 정부는 사회복지에서 보충적인 역할을 수행한다. 19세기부터 기독교회가 복지를 담당하는 전통이 민간 복지의 밑바탕이 되고 정부는 이러한 민간 기관들에 재정을 지원한다.

복지국가의 유형을 구분할 때 독일은 보수주의 모델로 분류된다. 국가가 적극적으로 세금을 걷어 직접 급여를 지급하는 대신 민간 분야와 시장을 활용하는 간접적 방식, 우파적 접근이기 때문이다. 노동자를 재산 소유자화한다는 취지에서 생겨난 노동자 재형저축 제도에도 이러한 우파의 철학이 일관되게 작용했다. 노동자 역시 시장경제 체제에서 잃을 것을 가진 이들로 만들어야 한다는 우파의 문제의식에서 비롯된 제도가 노동자 재산형성과 공동결정제도다.

독일 우파는 어떻게 이처럼 합리적인 제도를 펼치게 되었을까? 독일은 최초로 사회주의 정당이 탄생한 나라이자 서유럽 국가 중 사회주의 혁명에 가장 가까이 다가갔던 나라다. 노동계급의 강력한 저항 앞에서 탄압만으로는 안 된다는 사실을 깨달은 우파는 노동계급이 체제를 지지하게 만드는 제도를 고안할 수밖에 없었다. 치열한 좌파와 노동계급이 있었기에 오늘날 독일의 합리적 우파가 등장할 수 있었던 것이다.

친근한 모델, 독일의 사회적 시장경제

김 이번에는 대안 경제 모델을 찾아서 독일로 가보겠습니다. 왜 독일인가요?

조 한국에서 독일 이미지가 굉장히 좋죠. 특히 독일 경제 모델은 대중적으로 꽤 강한 호소력을 가지고 있습니다. 독일 모델은 영미 모델도, 스웨덴 모델도 마뜩치 않은 사람들에게 상당히 매력적으로 보입니다. 영미 모델은 제조업보다는 금융 서비스업 중심의 모델이죠. 시장만능주의에 입각해서 자유화, 민영화를 강조하는 입장입니다. 한국 사회의 지배 세력이 1990년대 중후반 이래 계속 밀어붙이고 있는 방향이기도 합니다. 영미 모델에 대한 대중의 태도는, 좋아서 그쪽으로 가야 한다기보다는 대세라니 어쩔 수 없다는 쪽이라고 생각합니다. 안 하면 죽을 것 같다는 위기의식을 동력으로 삼은 모델이죠. 노무현 정부 시절의 한미 FTA 추진이 대표적인 사례일 겁니다.

반면 스웨덴의 복지국가 모델은 참 좋아 보이지만 너무 이상적으로 느껴집니다. 스웨덴은 인구 1000만 명도 안 되는 작은 나라고 자원도 풍부한데, 한국에서 그런 모델을 추진했다가는 선진국을 따라가기도 전에 복지 부담으로 망할 것이라는 두려움이 있습니다. 사정이 우리나라하고는 너무 다르다는 생각이 드는 겁니다.

김 그러니까 영국이나 미국은 싫고, 스웨덴은 허황된 것 같은 사람들한테 독일이 딱이다?

조 그렇죠. 우선 우연의 일치겠지만 두 나라 다 좌우 이념으로 분단된 나라였다는 공통점이 있습니다. 그런데 통합된 독일과 남북한을 합쳐 보면 인구도 거의 비슷해요. 여러 모델 중 물리적 사이즈가 제일 비슷한 나라라는 겁니다. 제조업 중심 국가라는 점도 한국인들이 참 좋아할 만한 요소입니다. 게다가 세계 최고의 기술력을 자랑하죠. 또 세계 최고 수준의 근로 시간을 자랑하는 한국인들이 무척 좋아하는 점인데요, 독일인들이 근면해 보입니다. 여러 가지를 따져보면 독일 모델은 스웨덴만큼 먼 것 같지는 않다는 생각이 들죠. 스웨덴의 길을 가려면 한국 사회를 크게 뒤집어야 할 것 같은데 독일 모델은 그렇게 하지 않아도 가능할 것처럼 보입니다.

김 2차 세계대전 이후 과거사 반성을 제대로 했다는 점도 한국인들에게는 크게 어필할 거예요. 아무튼 독일 모델은 흔히 사회적 시장경제 모델이라고 알려져 있는데요. 어떤 개념입니까?

조 한마디로 말씀드리면 시장경제와 국가 개입을 동시에 추구하는 모델이라고 할 수 있습니다. 자유시장에 기초하되 시장경제에서 피해를 입는 약자들을 위해 국가가 개입해야 한다는 입장입니다. 사회적 시장경제론자들은 시장의 효율성을 믿습니다. 이런 점에서 기본적으로 우파의 입장입니다. 동시에 자유방임 시장 아래에서는 독과점을 포함한 폐해가 나타나고 약자들이 피해를 볼 수밖에 없다는 현실도 인정합니다. 국가는 시장경제의 경쟁 질서를 지키고, 소득 재분배 같은 방법으로 약자를 돌볼 의무가 있다고 보지요. 이런 점에서 자유방임주의와는 구별됩니다.

김 시장경제의 기본 틀은 인정하되 그 부작용을 국가가 개입해서 조절하고 부족한 부분을 메워야 한다는 말이네요.

조 시장경제의 기본 틀을 인정하는 정도가 아니라 아주 중시합니다. 그 기본 틀이 바로 공정한 경쟁 질서지요. 이런 점에서 확실히 우파입니다. 경쟁의 기반 위에서 그 부작용을 최소화하겠다는 겁니다. 일찍이 20세기 초 독일 바이마르공화국 이래 확립된 원칙인 '보충성의 원리'라는 말이 이런 입장을 잘 표현합니다.

김 국가의 역할은 보충에 있다?

조 그렇죠. 자유시장과 민간 복지가 우선하되, 거기서 발생하는 폐해나 부족한 부분을 국가가 보충한다는 원리입니다.

김 듣고 보니 연전에 안철수 의원 측에서 정책 네트워크 '내일'이라는 조직을 만들면서 이사장으로 최장집 교수를 영입한 일이 떠오릅니다. 이후 갈라섰습니다만 당시 최장집 교수가 '진보적 자유주의'를 표방했지요. 그런데 그때의 설명이 지금 사회적 시장경제와 거의 똑같은 것 같습니다.

조 당시 그 용어를 두고 상당히 시끄러웠던 기억이 나는군요. 비슷하게 들리겠지만 독일의 사회적 시장경제론 및 그 사상적 기초인 질서자유주의와 진보적 자유주의는 조금 다른 흐름으로 보아야 할 겁니다. 진보적 자유주의가 중도에서 좌파에 가깝다면 질서자유주의는 중도 우파적이지요. 안철수 의원이 진보적 자유주의의 좌파적 함축이 부담스러워서 최장집 선생과 헤어졌을 수도 있을 겁니다.

정치사상사적으로 보자면 '진보적 자유주의'보다는 '사회적 자유주의'라는 용어가 좀 더 널리 알려져 있습니다. 19세기 중후반에 고전적 자유주의, 즉 자유방임주의의 폐해를 비판하면서 부상한 입장입니다. 그래서 당시에는 새로운 자유주의(new liberalism)라고 불리기도 했습니다. 개인적 자유와 사회적 정의를 동시에 강조하는 입장이라고 보면 되겠지요. 요즘의 신자유주의(neo-liberalism)하고는 문제의식이 전혀 다릅니다. 영국에서는 존 스튜어트 밀(John Stuart Mill)이나 찰스 디킨스(Charles Dickens) 등이 널리 알려져 있고, 프랑스에서는 사회학자 에밀 뒤르켐(Emile Durkheim)이나 정치가 레옹 부르주아(Léon Bourgeois) 등을 중심으로 한 연대주의라는 흐름이 두드러집니다. 독일에서도 비슷한 시기에 사회정책협회가 결성되면서 사회적 자유주의 사조가 성장합니다. 막스 베버가 이 협회에 참여했고, 사회적 자유주의 정당인 독일민주당 창당에 관여하기도 했지요.

김 얼핏 듣기에는 비슷해 보이는데요. 그러면 질서자유주의는 사회적 자유주의하고 어떻게 다른가요?

조 시장을 대하는 입장이 다릅니다. 사회적 자유주의자는 시장이 '그나마 낫다'고 본다면, 질서자유주의자는 '시장이야말로 최선의 대안'이라고 생각합니다. 그럼 '시장 만세'를 외치는 자유방임주의자와는 어떻게 다를까요? 시장의 경쟁 질서를 자생적이라고 보는지 아니면 의식적으로 만들어야 하는 것이라고 보는지가 다릅니다. 자유방임주의자가 볼 때 시장은 그냥 내버려둘 때 가장 이상적으로 작동합니다. 하지만 질서자유주의자들은 시장의 경쟁 질서가 자생적으로 생겨나지 않으며 인위적으로 만들어내야 하는 것이라고 생각합니다. 자유방임주의를 대표하는 학자 프리드리히 폰 하이에크(Friedrich von Hayek)는 시장을 '자생적 질서'로 본 반면, 질서자유주의를 대표하는 사상가 발터 오이켄(Walter Eucken)은 시장을 '설정적 질서'라고 보았습니다. 또 다른 질서자유주의 이론가인 빌헬름 뢰프케(Wilhelm Röpke)는 시장의 경쟁 질서를 '자생 식물'이 아닌 '재배 식물'이라고 불렀습니다. 국가가 엄격하게 소유권, 가격, 경쟁, 불공정 거래 등에 대한 질서를 수립해야 한다고 보았던 것이지요.

김 신선한 시각이네요. 시장이 인위적으로 만들어내야 하는 질서라면 그만큼 국가의 개입 폭이 넓어지겠군요.

조 맞습니다. 시장을 내버려두면 힘센 쪽이 세력을 장악하게 되고 결국 경쟁 자체가 불가능해진다는 생각이죠. 질서자유주의에서 소유 분산과 소득 분배 정책을 강조하는 이유도 경쟁 질서 확립 때문입니다. 경쟁 조건의 평등을 구현해야 하는 것이죠. 소유의 분산을 통해서 시장의 경쟁 질서를 유지하고, 분배 정책을 통해서 불평등한 경쟁 조건을 교정하고자 하는 것입니다.

김 상당히 일리 있습니다. 다만 그런 내용이라면 좌파적인 사회적 자유주의와 뭐가 다른지 잘 모르겠는데요.

조 오이켄은 경제 정책에서 질서 정책과 과정 정책을 구분했습니다. 좀 전까지 말씀드린 내용이 시장의 경쟁 질서를 확립하기 위한 토대로서 질서 정책이라면, 과정 정책은 경기 변동에 따라 경제 상황을 인위적으로 조정하는 정책입니다. 질서자유주의자들은 이런 과정 정책에서 국가의 역할이 엄격히 제한되어야 한다고 생각합니다. 케인스주의적 거시 정책, 즉 재정 정책을 통한 수요 진작 정책을 배격하고 신자유주의자들처럼 통화 정책에만 국한해야 한다고 생각하는 겁니다.

김 듣고 보니 확실히 좌파와는 다릅니다. 지난 시간에 좌파의 대안을 보았으니 이번에는 우파의 대안을 살펴보는 시간이 되겠군요. 사상적 배경에 대한 정리는 이 정도로 하고 구체적인 실상으로 들어가 보죠. 사회적 시장경제의 기본 몸통인 시장경제에 관해서는 학교 다니면서 배우는 통상의 자본주의를 생각하면 되는 겁니까?

조 주류 신고전파 모델에 기반을 둔 경제학 교과서대로의 경제 모델을 그대로 구현하는 나라는 없다고 봐도 됩니다. 실제는 다 다르죠. 흔히 독일의 사회적 시장경제 모델을 이해관계자 자본주의라고 부르는데요, 이 명칭에 관해서는 나중에 다시 말씀드리겠습니다. 아무튼 한국인들이 익숙한 영미형 자본주의와는 상당히 차이가 있습니다.

김 어떤 차이가 있을까요?

조 먼저 비슷한 점부터 보겠습니다. 독일도 영미처럼 공공 부문의 비중은 상대적으로 작습니다. 민간 부문의 비중이 커요. 그래서 강력한 공공 부문이 경제 성장을 주도한 스웨덴, 프랑스, 오스트리아 등과는 대조적입니다. 복지 영역에서도 기본적으로 민간 주도, 시장 친화 모델을 추구한다는 점에서 흔히 말하는 복지국가 모델과는 차이가 있습니다. 하지만 영미형 자본주의와 비교하면 기업에서 노동자의 위상과 권한, 기업과 금융의 관계, 정부의 역할 등이 상당히 다릅니다.

노동자가 경영에 참여하는 회사

김 먼저 노동자의 위상과 권한 차이부터 짚어주십시오. 독일 하면 이 사회에 노동자 대표들이 참여하는 노동자 경영참여 제도가 떠오릅니다. 항상 궁금했어요. 어떻게 자본주의 경제 체제에서 이런 제도가 만들어질 수 있었을까요?

조 이 제도야말로 독일의 경제와 근현대사를 이해하는 키포인트라고 볼 수 있습니다. 법률적으로는 1951~52년 사이에 입법되었지만, 실제로는 19세기 후반부터 지난한 역사를 거치면서 탄생한 제도이기 때문입니다.

김 엄청 길어질 것 같은데, 핵심만 짚어주세요.(웃음)

조 그게 제일 어려운 건데.(웃음) 결론부터 말씀드리면 노동자 경영참여 제도는 19세기 후반 이래 독일에서 치열하게 벌어졌던 노동과 자본 간의 대립, 갈등, 투쟁의 결과로 등장하고 확장되면서 오늘날에 이르게 되었습니다. 독일 사람들이 원래 합리적이어서 이런 제도를 만든 게 절대 아닙니다.

김 노동자들이 가만히 있는데 자본가들이 "옜다, 떡 먹어라" 하고 줬을 리는 없죠.

조 당연하죠. 19세기 후반 산업혁명이 진행되면서 독일에서도 노동과 자본 간의 갈등이 점차 격렬해집니다. 1890년대가 되면 노자 대립으로 독일 사회 전체가 위기에 처합니다. 그래서 노동자 경영참여 제도의 원형인 경영조례법이 1891년에 제정됩니다. 이 법으로 노동자 평의회가 임의 단체에서 법적 기구가 되죠. 하지만 여전히 설치와 운영 방식은 자율에 맡겼습니다. 다시 노동자들의 반발이 이어졌고, 1905년에 광업법 개정으로 설치를 의무화합니다.

김 노동자 평의회가 자본가에 맞서서 기업의 의사결정에 참여할 수 있게 했다는 것이군요.

조 맞습니다. 하지만 오늘날 우리가 알고 있는 노사 동수의 강력한 공동결정 제도는 아니었습니다. 이후 1차 세계대전이 발발하고 수많은 독일 노동자들이 희생됐죠. 1918년 베를린에서는 무려 50만 명이 참가한 대규모 정치 파업이 발생합니다. 결국 정부가 대폭 양보해서 노동자들의 권리를 더욱 강화하는 제도를 만듭니다. 결정적인 변화는 패전 이후 성립된 바이마르 공화국의 헌법과, 그 헌법에 기초한 1920년의 사업장협의회법으로 나타납니다. 이 법으로 다양한 분야에서 노동과 자본의 공동결정이 제도화됩니다.

김 바이마르 공화국이 매우 민주적인 정부였다는 이야기는 들었어요. 하지만 나치가 정권을 잡고 나서도 이 제도를 그대로 뒀나요?

조 그랬을 리가 없죠. 나치는 이 법을 무효로 만들어버립니다. 나치도, 이탈리아 파쇼도, 일본 군국주의자들도 결국 자본가 편이었습니다. 입으로는 계급 타파를 외쳐대고 자본가의 탐욕을 비난하고 본보기로 처벌했지만 끝까지 자본가의 소유권과 경영권을 침해하지 않았습니다.

김 오히려 자본가의 이익을 더욱 철저히 대변했죠. 노조도 없애버렸잖아요?

조 맞습니다. 2차 세계대전에서 패전한 다음 독일은 분단되고 서독은 미국, 영국, 프랑스 등의 군정 아래 놓이게 되죠. 그리고 1946년 영국 군정 당국이 철강과 석탄 산업에서 노사 동수의 공동결정제도를 도입합니다.

김 왜 영국이 그런 결정을 했습니까?

조 당연히 궁금하실 겁니다. 2차 세계대전 후 연합국은 독일이라면 진저리가 났다고 봐도 됩니다. 1차 세계대전으로 망한 다음에도 재무장을 해서 또 2차 세계대전을 일으켰잖아요. 연합국은 독일이 다시는 재무장을 못 하게 만들고 싶었습니다. 그 방법 중 하나로 석탄과 철강 산업 분야의 노동자 경영참여를 생각한 겁니다. 자본가들은 전쟁으로 큰 이익을 얻지만, 노동자들은 전쟁으로 가장 큰 피해를 봅니다. 재무장에 가장 중요한 산업인 석탄과 철강 산업에서 노동자들이 공동결정권을 가진다면 독일의 재무장을 막는 강력한 견제 장치가 될 수 있다고 본 겁니다.

김 무척 흥미롭네요. 전쟁을 막기 위해서 노동자가 결정권을 가져야 한다. 의미심장합니다.

조 물론 이런 제도가 실효성을 가질 수 있었던 것은 이미 독일에 수십 년에 걸친 역사적 경험이 있었기 때문이겠지요. 1949년 군정이 끝나고 독일 정부가 출범합니다. 우파인 기독교민주당의 아데나워 정부가 들어서지요. 1950년대로 넘어오면서 다시 노사관계가 악화됩니다. 석탄, 철강 산업에서 대규모 파업이 일어나고 갈등이 고조됩니다. 이에 아데나워 정부와 독일노동자총동맹, 자본가 단체가 사회적 타협을 한 결과로 1951년의 석탄광산공동결정법과 1952년의 경영조직법이 등장합니다. 1951년의 공동결정법으로 석탄, 철강 산업 분야의 종업원 1000명 이상 기업에 대해 노사 동수로 감독이사회를 구성하게 합니다. 1952년 경영조직법을 통해 다른 산업 분야로도 확대됩니다만 이 경우 감독이 사회에서 노동자는 3분의 1을 차지하죠.

김 다른 산업의 감독이사회에서는 노동자 비율이 3분의 1밖에 안 되면 공동결정제도라고 할 수 없는 거 아닙니까?

조 그렇죠. 이 법은 이후 몇 차례 개정되었고 1976년 사민당 집권 당시의 개정이 결정적이었습니다. 이 개정으로 석탄, 철강 산업 이외의 산업에서도 종업원 2000명 이상 기업에서는 모두 노사 동수의 공동결정제도가 자리 잡게 됩니다. 2000명 미만의 기업에서는 3분의 1로 유지됐습니다.

김 그럼 기업 이사회에서 노동자가 절반을 차지합니까?

조 독일은 상법상 회사 제도가 한국과 좀 달라서 두 가지 이사회가 있습니다. 경영이사회와 감독이사회입니다. 공동결정제도는 감독이사회에서 노동자 대표가 절반을 차지하는 제도죠.

김 우리나라 상법에는 이사가 있고 감사가 있잖아요. 그래서 기존에 이사를 선임한 다음 이사들 중 감사를 뽑는 방식이었던 것을 바꿔야 한다는 상법 개정이 논란이 되었습니다. 결국 전부 총수 손아귀에서 놀아나는 사람들이니 감사는 따로 선출하자는 의도였는데 재계가 들고 일어나서 난리가 났죠. 독일의 감독이사회는 한국 제도의 감사하고 비슷한 건가요?

조 다릅니다. 경영이사회가 기업의 일상적인 경영 활동을 수행하는 이사회라면, 감독이사회는 기업의 인수·합병 등을 포함한 중요한 전략적 결정을 내리고 경영이사회의 임원들을 선임하는 이사회입니다. 한국의 감사는 이사를 뽑거나 큰 결정을 내리지는 않지요. 경영이사회를 선임하고 통제하는 존재이기 때문에 그 위상이 경영이사회 위에 있습니다. 법률적으로 감독이사회가 기업의 대표 기관입니다. 이런 감독이사회 절반에 노동자 대표가 참여하는 겁니다. 그리고 당연한 말이지만 대주주들 또한 감독이사회에 참여합니다.

김 듣고 보니 좋은 제도는 맞지만, 우리나라는 노동자 경영참여는 고사하고 감사나 좀 따로 뽑자고 해도 저 난리인데 너무 먼 이야기처럼 들립니다.

조 IMF 이후에 사외이사를 뽑자고 했을 때도 얼마나 난리였습니까? 그런 정도의 위기 상황이니까 밀어붙인 개혁이었는데, 결국 자기 편한 사람들만 뽑아버렸죠.

김 이런 걸 보면 우리나라는 독일하고 참 멀리 있어요.

조 맞습니다. 서두에 독일에 대한 한국인들의 호감도가 높다고 말씀 드렸지만, 제조업 중심 국가, 높은 기술력 같은 외적 요소가 아닌 노사 공동결정제도 같은 이야기가 나오면 한국에서는 절대 안 된다고 손사 래 칠 사람들이 아주 많을 거예요.

김 그럼 어떻게 해야 합니까?

조 저는 독일 모델과 관련해서는 좌파나 보통 사람이 아니라 우파, 특히 그 이데올로그들의 역할이 중요하다고 생각해요. 공동결정제도나 나중에 이야기할 노동자 재산형성 등 독일 모델에는 우파의 일관된 철학이 담겨 있거든요. 우파의 철학이라는 게 과연 무엇일까요? 우파는 일반적으로 기존의 불평등한 질서가 합리적이라며 옹호합니다. 하지만 기존 질서에서 손해를 보는 사람들은 그 질서를 지지할 이유가 없습니다. 그럼 이 반대파들을 어떻게 해야 합니까? 독일 우파는 19세기 후반부터 이 문제를 고민합니다. 탄압할 수도 있습니다. 실제로 그런 방법도 많이 썼고요. 독일 우파가 신사적이었다고 생각하면 큰 오산입니다. 하지만 노동자들의 강력한 저항 앞에서 탄압만으로는 안 된다는 걸 깨달은 거죠. 사람들이 어떤 체제를 진심으로 지지하게 만들려면 그 체제로부터 이익을 얻게 만들어야 한다고 생각하게 된 겁니다. 그 체제에서 잃어버릴 것을 갖게 만들어야 한다는 거죠. 나아가 단지 이익을 얻는 것만이 아니라 체제 운영에 권한과 책임을 지게 만들어야 한다는 생각까지 하게 된 겁니다.

김 그러니까 노동자의 경영참여나 공동결정제도는 노동자들이 체제를 지지하게 만들려는 당근이었다는 거군요.

조 예, 그렇게 보면 됩니다. 실제로 독일의 노사 공동결정제도에 대한 평가와 논란에서 가장 중요한 쟁점이기도 합니다. 영미 쪽에서 보면 경영의 효율성을 저해하고 나아가 자본의 권리를 침해하는 반자본주의적 제도지만 독일 입장에서는 이 제도 덕분에 노동자들이 오히려 기업 경영에 책임감을 갖게 되었다는 평가가 많습니다. 게다가 기업 경영이 투명해지지 않을 수가 없습니다. 독일 기업이 세계적 경쟁력을 갖게 된 원동력이 되었다고도 평가합니다.

김 잠깐만요. 문득 든 의문인데, 독일에는 기업별 노조 형태가 거의 없잖아요. 대부분 산업별 노조 아닙니까?

조 대부분이 아니라 노조 자체가 산업별 연맹 노조로 구성돼 있습니다. 기업 단위 노조는 없죠.

김 그러면 노동자 대표를 특정 기업 감독이사회의 이사로 파견할 때에는 산별 노조에서 대표를 파견하는 건가요?

조 그렇지 않습니다. 아까 말씀드렸듯이 노동조합과는 별개로 법적으로 기업마다 노동자 평의회를 두게 되어 있거든요. 노동자 평의회가 대표를 선발하는 겁니다. 이 노동자 평의회의 권한이 상당히 큽니다. 예를 들어 작업 형태 전환, 근로 시간 변경, 배치 전환 등에 관한 결정은 전부 노동자 평의회의 동의를 받아야 됩니다. 해고도 평의회가 동의해야 합니다. 심지어 어떤 경우에는 해고를 거부할 수 있는 명시적인 규정까지 있어요.

김 엄청난 권한이군요. 한국에서 노동자들에게 그런 권한을 주자고 하면 경영권 침해라고 난리가 나겠네요.

조 이야기가 나온 김에 한마디 더 말씀드리면 독일의 노조 조직률은 20퍼센트가 안 됩니다. 75퍼센트 수준에 달하는 스웨덴하고 비교하면 굉장히 낮지요. 프랑스는 더 낮아서 10퍼센트 정도밖에 안 돼요. 그런데 실상은 또 다릅니다. 조직률은 20퍼센트를 밑돌지만 산별 차원에서 교섭을 해서 합의하면 실제 작업장에 대한 적용률은 70퍼센트가 넘습니다. 산별 노조와 기업 양측이 합의를 하면 노조가 없는 대다수 기업도 그 합의에 따릅니다. 그러다 보니 노조가 있는 대기업과 노조 없는 중소기업 사이의 임금 격차도 매우 작습니다. 중소기업의 임금 수준이 대기업의 85~90퍼센트에 달합니다. 프랑스도 노조 조직률은 10퍼센트 정도지만 적용률은 80퍼센트에 달합니다.

이런 조직 형태가 연대에 대한 태도에 큰 영향을 미칩니다. 독일이나 프랑스도 노조 조직률이 생각보다 낮고, 노조가 있는 사업장은 상대적으로 근로 조건이 좋고 직업 안정성이 높은 곳들입니다. 그래서 협상력이 강해요. 잘 싸우는 거죠. 파업을 하면 세게 합니다. 한국에서는 일부 대기업 노조, 예를 들면 현대자동차나 기아자동차 노동조합에 대한 일반 국민의 거부감이 상당합니다. 파업이라도 하면 비난이 빗발치지요. '귀족 노조'가 파업까지 한다고요. 하지만 독일이나 프랑스 같은 경우는 사정이 달라요. 노조가 파업을 하면 산별 연맹 수준에서 하는 것이기 때문에 영향력이 상당히 큽니다. 여기도 파업하는 노조는 따지고 보면 귀족 노조입니다. 그런데도 파업 지지율이 60~70퍼센트 넘게 나옵니다. 왜냐면 노조가 없거나 노조에 가입되어 있지 않은 많은 노동자들이 이 파업을 통해서 얻어낸 성과를 공유하기 때문입니다. 이 점이 아주 중요한 거지요.

김 한국은 파업을 해도 개별 기업에만 혜택이 적용되고 같은 기업 안에서도 비정규직은 해당 사항이 없으니까 문제인 거죠.

조 그래서 산별 교섭 체제로의 전환이 참 중요한데요. 중요한 것은 노조의 조직 형태 자체라기보다는 대기업 노동자와 중소기업 노동자 간의 연대 의식이지요. 자본가들 또한 마찬가지입니다. 함께 잘살아보자는 공생 의식이 중요합니다.

'부패한 모델' 금산통합이 독일 모델의 힘이다?

김 기업과 금융의 관계도 영미 식 자본주의와 다르다고 하셨어요. 어떻게 다릅니까?

조 굉장히 재미있는 지점입니다. 영미 식 관점에서 보면 독일 식 모델은 비효율적일 뿐만 아니라 부패한 모델이거든요. 보통 산업자본과 금융자본은 철저히 분리되어야 한다고 생각하잖아요. 금산분리라는 게 바로 그 말이죠. 반면 독일은 금산통합입니다. 거의 한 몸이라고 해도 상관없을 정도입니다.

김 진짜요? 어떻게 통합을 하는데요?

조 영미 식 모델에서 은행과 기업의 관계는 기본적으로 이익을 극대화하고자 하는 시장 교환 관계입니다. 이 모델에서 이상적인 거래 관계는 일회적입니다. 기업은 특정 시점에서 제일 낮은 이자율을 제시하는 은행에서 돈을 빌리고, 반대로 은행은 제일 높은 이자율을 주겠다는 기업에 빌려준다는 겁니다. 더 좋은 조건이 있으면 언제든 거래 상대방을 바꿉니다. 단골이 생기면 안 됩니다. 단골이 있다는 건 연줄이든 뒷돈이든 권력이든 비시장적인 요인이 시장에 개입하고 있다는 말이고, 그럼 비효율적이라는 뜻이죠.

반면 독일은 주거래 은행 제도가 확고히 자리 잡고 있습니다. 주거래 은행과 기업의 관계는 단골 이상의 특수 관계입니다. 은행은 기업에 돈을 빌려줄 뿐만 아니라 그 기업의 주식을 소유합니다. 많으면 전체 주식의 4분의 1 수준까지 보유해요. 대주주가 되는 셈이기 때문에 감독 이사회에 지분만큼 이사를 보냅니다. 기업 경영에 직접 개입하는 셈이지요. 그럼 기업은 어떻게 하는가? 주거래 은행의 감사직을 갖습니다.

김 완전히 스와핑이네요.

조 맞습니다. 이렇게 되면 기업과 은행의 관계가 굉장히 긴밀하고 장기적으로 이어지게 됩니다. 이런 관계에서 최대의 장점은 기업이 장기적인 프로젝트를 추진할 수 있다는 겁니다. 단기 실적이나 주가 부양, 높은 배당보다는 기업의 내실과 경쟁력에 더 신경을 쓸 수 있는 거죠. 장기간에 걸쳐 해당 기업의 대주주가 되는 주거래 은행 입장에서는 단기에 주가를 부양한 다음 기업을 판다는 생각 따위는 가질 이유가 없습니다. 오히려 그런 세력이 적대적 인수합병을 시도한다면 기존 주주 편에 서서 경영권 방어를 도와줍니다.

김 기업과 금융의 그러한 관계가 거대 기업에만 한정된 현상입니까? 아니면 중소기업도 그런가요?

조 중소기업에도 일반적으로 이런 관계가 지켜집니다. 그리고 이런 특수 관계 또한 사회적 시장경제의 원리와 관련돼 있습니다. 사회적 시장경제의 여러 원칙 가운데 하나가 경제 정책의 일관성입니다. 기업인들은 나쁜 정책이라도 좋으니까 정부가 제발 일관된 정책을 펼쳐달라고들 합니다. 기업은 예측을 해야 하잖아요. 일관되면 예측이 가능하니까 차라리 낫다는 겁니다. 그런데 툭 하면 정부 정책이 뒤집어지니 어느 장단에 춤을 춰야 할지 알 수가 없습니다. 투자를 해야 할지 말아야 할지, 고용을 늘릴지 말지. 은행과 기업의 관계도 마찬가지입니다. 은행이 이자율을 수시로 바꾸거나 돈줄을 죄었다 풀었다 하면 기업은 환장할 노릇이죠.

김 우리나라도 은행이 특정 기업의 주식을 갖는 경우가 있어요. 돈을 빌려주었다가 떼일 것 같으면 출자 전환을 해서 지분을 확보하는 거죠. 그런데 독일처럼 장기 보유를 하는 건 아니죠. 지분을 팔아서 대출금 회수를 하는 게 목적이잖아요. 그런데 이런 특수 관계에는 부작용도 있을 것 같은데요?

조 왜 부작용이 없겠어요? 완벽한 제도는 없는 법입니다. 가장 큰 부작용은 외국인 투자를 받기가 매우 어렵다는 겁니다. 외국 자본 입장에서 볼 때 독일은 투자처로는 매우 폐쇄적인 시장입니다. 독일에 좋은 기업이 많아도 투자를 하기 어렵고, 설령 한다고 해도 노사 공동결정 제도는 물론이고 주거래 은행과의 특수 관계 때문에 제대로 영향력을 행사할 수가 없어요. 적대적 인수합병은 거의 불가능합니다.

김 그건 영미 쪽 입장 아닌가요?

조 맞습니다. 영미권의 유명한 경제전문지나 재계에서 독일을 비난하는 명분으로 단골처럼 등장하는 논리입니다. 그럼 또 한국 보수 언론들이 그걸 받아서 "독일, 알고 보면 문제 많다." 하고 비판 기사를 내보내죠. 사실 영미 금융자본 입장에서는 잘나가는 독일 기업들을 엄청 먹고 싶을 거 아닙니까? 영미 금융자본의 규모는 독일보다 훨씬 큽니다. 영국과 미국이 세계 금융시장을 좌지우지하니까요. 독일은 금융시장을 의도적으로 발전시키지 않았습니다. 프랑크푸르트 주식시장의 규모는 런던 주식시장의 8분의 1, 9분의 1 수준밖에 안 됩니다. 오죽하면 독일은 신자유주의적 변화가 본격화되기 전까지는 선물 시장이나 옵션 시장조차 없었겠어요. 그 정도로 금융에서 보수적인 나라입니다.

김 미국이나 영국처럼 파생금융상품을 수없이 만들어 돈 놓고 돈 먹기 식으로 챙겨먹는 금융자본주의 모델이 아니라, 진정한 의미의 투자은행이라고 볼 수 있겠군요.

조 맞습니다. 하지만 독일 또한 신자유주의 개혁의 광풍으로부터 자유롭지는 못했습니다. 특히 EU 통합 과정에서 각종 규제나 기준 통일이 요구됐고 대세인 신자유주의 개혁을 피할 수 없었습니다. 예를 들면 벤츠를 만드는 다임러AG는 예전에 도이체방크가 14퍼센트 이상의 지분을 가지고 있었지만 대부분 정리했어요.

김 EU 통합에 그런 문제도 있었군요.

조 전혀 생각 못 하셨을 다른 문제도 있어요. 독일 하면 맥주의 나라잖아요? 그런데 독일의 맥주 회사 중 중소 규모 회사 1000여 개 이상이 EU 통합 과정에서 망하거나 합병되어버렸습니다.

김 아니, 그건 또 왜 그래요? 독일 맥주가 엄청 유명하지 않습니까?

조 정작 세계적으로 큰 맥주 회사 중 독일 회사는 없습니다. 버드와이저 등을 생산하는 세계 최대 맥주 회사 AB인베브는 벨기에 회사, 하이네켄은 네덜란드 회사죠. 칼스버그는 덴마크 회사이고, 밀러는 미국입니다. 왜 독일에는 큰 회사가 없는가 하면 널리 알려진 독일의 맥주순수령 때문입니다. 맥주 제조에 물과 보리(맥아), 홉 이외에는 사용할 수 없다는 수백 년 된 법이죠. 19세기에 효모의 존재를 알게 되면서 효모만 추가됩니다. 이런 규제를 지키면서 오만 가지 맛을 내려니 독일 맥주는 대량 생산보다는 장인들의 가내수공업으로 발전하게 됩니다. 그 결과 맥주의 본고장으로서 세계적인 명성을 얻게 되지만 거대 기업은 없게 된 겁니다. 그런데 EU 통합을 하니 맥주순수령이 다른 유럽 국가들의 맥주에 대한 수입 장벽이 된 겁니다. 다른 나라에는 그런 법이 없으니 각종 첨가물을 넣은 맥주가 많거든요. 결국 맥주순수령이 사라지고 첨가물로 맛을 낸 외국의 값싼 대량 생산 맥주가 들이닥치면서 수많은 전통 있는 맥주 회사들이 사라졌습니다.

김 규제 완화가 정말 오만 데서 문제를 일으키는군요. 듣고 보니 독일의 기업과 은행 관계가 바람직해 보이는데 왜 우리나라에서는 금산분리를 개혁이라고 할까요?

조 한국의 역사적 맥락이 있습니다. 1957년에 이승만 정권이 시중 은행의 정부 보유 지분을 재벌들에게 불하합니다. 삼성은 시중 3대 은행 지분의 거의 절반을 가져갔고, 그 외에도 이런저런 재벌들이 은행을 장악했지요. 은행이 재벌의 사금고가 된 겁니다. 이후 박정희가 쿠데타로 집권한 후 재벌 개혁 차원에서 금산분리를 강제합니다. 그렇다고 해서 은행을 독립시켜준 건 아니죠. 박정희, 전두환 등 군부 독재 정권들은 관치 금융으로 돈줄을 지배했습니다. 은행을 통해 재벌을 키우고 통제했던 거죠. 그러다가 IMF 사태를 맞게 됩니다. 그 후에 펼쳐진 이데올로기 공세는 한국에 제대로 된 시장 경쟁이 없어서 위기를 맞게 되었다는 것이었습니다. 은행, 금융도 독립된 시장경제의 주체가 되어야 한다, 일반 기업이든 정부든 누구도 은행에 개입해서는 안 되고 은행은 단지 은행의 이익을 위해서만 운영되어야 한다는 생각이 퍼졌습니다.

김 그런 역사적 맥락이 있으니 독일 식 관계가 부러우면서도 선뜻 받아들이기 쉽지는 않겠네요. 한국에서 은행과 기업이 독일 식 특수 관계를 맺으면 서로 짬짜미나 하지 않을까요?

조 그럴 가능성도 충분합니다. 그래서 독일 모델의 한 측면만 보고 장단점을 논해서는 안 됩니다. 독일은 짬짜미를 견제할 수 있는 공동결정 제도도 있고 대기업의 경우 주 정부가 지분 소유를 통해 기업을 통제하는 경우가 적지 않습니다. 독일의 사회적 시장경제 모델을 흔히 이해관계자 자본주의라고 부릅니다. 경제의 조절 메커니즘이 순전히 시장 논리에 종속되어 있지 않고 자본, 노동자, 은행, 정부 등 이해관계자들의 상호 협력과 견제에 따르기 때문입니다. 권력은 집중될수록 부패하고 분산될수록 투명해집니다. 기업을 둘러싼 이해관계자들이 큰 틀에서는 이해를 공유하면서도 서로 견제하도록 해놓았기 때문에 자본이나 국가에 의한 일방적인 지배나 부패가 어려운 겁니다.

열심히 일해라, 부족한 부분은 국가가 메운다

김 그럼 이제 사회적 시장경제의 세 번째 특징으로 들어가 볼까요? 정부와 국가의 역할입니다. 아까 '보충성의 원리'를 언급하셨어요. 국가가 어떤 보충적 역할을 하는 겁니까?

조 사회보장의 책임과 관련된 내용입니다. 앞서 잠깐 말씀드린 대로 독일에서 사회복지의 일차적 담당자는 민간사회로 간주됩니다. 그래서 국가 복지가 아닌 자율 복지라는 표현이 어울립니다. 전형적인 복지국가하고는 다르죠. 역사적 맥락이 있습니다. 19세기 초중반부터 개신교회의 디아코니아 운동이 시작되었고, 19세기 후반에는 가톨릭 교회의 카리타스 운동이 시작되었습니다. 산업화가 동반한 심각한 빈곤, 질병, 교육 등의 사회 문제를 해결하는 데 신구교 기독교가 섬김과 봉사의 자세로 참여하자는 운동이었습니다. 이 운동이 점점 커지면서 독일 적십자사, 노동자복지회, 유대인중앙복지회, 독일 평등복지사업협회 등 비종교적 기관들이 합세하고 1924년에 자율복지기관연맹이라는 기구로 연합합니다. 이 기구가 독일 사회복지의 일차 담당자라고 보면 됩니다. 현재 120만 명에 가까운 직원들이 여기서 활동하고 있고 독일 사회복지 기관의 75퍼센트 정도가 여기에 속해 있어요. 그중 디아코니아와 카리타스에 소속된 직원들이 95만 명을 넘습니다.

김 규모가 굉장하네요. 민간 기구가 사회복지 전달의 일차적 책임을 맡고 국가는 그것을 보충하는 역할을 맡는다는 말이군요. 그렇다면 국가는 어떤 점에서 보충을 하는 겁니까?

조 이 기구들의 재정 중 상당 부분을 국가가 지원합니다. 독일에는 교회세라는 세금이 있습니다. 등록 신자들은 소득세를 내는 만큼의 일정 비율을 종교세로 냅니다. 서구 여러 나라의 기독교회가 교인은 많아도 출석을 안 하고 헌금도 안 내니까 어려운 것과는 사정이 다릅니다. 이 세금으로 교단들을 지원하는데 교단은 다시 그 일부분을 사회복지에 지출합니다. 물론 민간의 기부금도 재원이 됩니다. 따져 보면 상당 부분 세금으로 사회복지를 운영하는 셈이지만 그 운영의 책임을 민간 비영리 기관에 맡기는 겁니다.

김 그게 국가가 직접 하는 것보다 낫다고 보는 것이겠지요. 그래도 실업수당이나 연금 같은 사회보험은 국가가 맡아서 하겠지요?

조 당연히 그렇죠. 사회보험의 경우는 규모의 경제가 작동하기 때문에 일원화하는 편이 훨씬 효율적이고, 강제 가입이 필수니까 국가가 맡는 것이 당연합니다. 반면 독일의 맥락에서는 어린이, 노인, 장애인 등 사회적 약자들에 대한 돌봄이나 실업자의 직업 훈련과 알선 같은 일은 지역에 뿌리박은 민간 비영리 단체가 훨씬 잘할 수 있다고 보는 겁니다. 국가는 이들에게 재정 지원을 함으로써 자기 소임을 다하고요.

김 이 경우에도 신뢰가 가장 중요하겠군요. 한국도 민간 복지법인들이 정부 보조금으로 복지 사업을 하는 경우가 많은데, 사람들의 신뢰도가 상당히 낮잖아요. 보조금 떼먹는 '복지 재벌'이라는 인식도 있고요.

조 맞습니다. 게다가 한국에서는 국가가 직접 복지의 부담을 떠맡지 않으려는 책임 회피의 측면도 있습니다. 그래서 민간 복지가 더 좋은가, 국가 복지가 더 좋은가 하는 이분법적 접근은 위험합니다. 독일의 경우 민간 복지를 우선시하지만 그 바탕에는 국가 차원의 든든한 합의가 있습니다. 독일은 헌법에도 '사회국가'라는 이념을 명시해놓았습니다. 거칠게 설명하자면 사회국가란 사회의 통합을 추구하고 사회적 위험으로부터 국민을 보호하는 것을 기본 의무로 삼는 국가라고 할 수 있습니다.

그런데 중요한 점은 독일 시민사회의 저변을 이루는 신구교 교회 역시 사회적 교회라는 이념에 기반을 두고 있다는 것입니다. 한국 보수 교단들의 개인주의, 성공주의 신학하고는 천지 차이입니다. 그래서 국가와 시민사회 간에 복지에 관한 분업이 가능한 겁니다. 독일은 19세기 말부터 이미 사회보험은 국가가, 공적 부조와 사회 서비스는 민간이 담당한다는 역할 분담을 해왔습니다. 독일의 민간 복지는 이런 점에서 민간이 담당하지만 공공적 성격을 띠고 있는 것입니다.

김 하나씩 따져보니 한국 사회가 받아들이기에는 독일 모델이 상대적으로 쉽다는 말도 설득력이 떨어져 보입니다. 한국은 국가는 물론이고 종교계나 시민사회 역시 공적 마인드가 상당히 부족하다는 게 솔직한 느낌입니다.

조 한술에 배부를 수는 없잖아요. 독일 시스템도 하루아침에 순조롭게 이뤄진 게 아닙니다. 지난한 노력과 갈등, 투쟁의 결과로 만들어진 것이죠. 마르크스, 엥겔스가 어느 나라 사람입니까? 독일 사람이잖아요. 독일은 산업혁명에서는 영국과 프랑스에 뒤졌지만 19세기 후반 이래 유럽 사회주의 운동의 중심이 됩니다. 그만큼 노동자들이 치열하게 싸웠습니다. 최초의 사회주의 정당인 사회민주당도 독일에서 제일 먼저 결성됩니다. 합리적 우파는 치열하게 싸우는 대중과 좌파 없이는 등장하지 않습니다.

좌우파의 끊임없는 갈등 속에 탄생한 독일 모델

김 역시 세상에 공짜는 없군요. 독일에서 국가의 역할과 관련해서 또 살펴볼 내용이 있습니까?

조 흔히 복지국가의 유형을 분류할 때 독일은 보수주의 모델로 분류가 됩니다. 국가가 적극적으로 국민들에게 세금을 걷어서 직접 급여를 지급하는 대신 간접적으로 민간 분야와 시장을 활용하는 방식으로 접근하기 때문입니다. 여기서 특히 주목할 만한 것이 노동자들을 재산 소유자화한다는 정책입니다. 재형저축이라고 들어보셨죠?

김 그럼요, 근로자 재형저축. 옛날에는 이자가 엄청 셌어요. 얼마 전에 부활했는데 제가 20대이던 시절과 비교하면 이자율이 엄청 낮던데요.

조 '재형'이 재산형성의 준말이지요. 재형저축은 근로자들이 안정적인 재산을 갖도록 하는 게 목표입니다. 1961년 서독에서 만들어진 재산형성법이 시초입니다. 이 법에 따라 만들어진 재형저축 제도는 노동자와 기업이 분담해서 부담액을 납부하도록 하고 높은 이자율에 각종 비과세 혜택을 주었죠. 1965년과 1970년에 제도가 수정, 확대되면서 혜택이 더욱 커집니다.

김 삐딱한 시각으로 보면 기업 분담이라는 게, 어차피 노동자들에게 임금으로 올려줘야 할 부분을 생색내면서 분담한 것 아닙니까?

조 충분히 그렇게 볼 수도 있습니다. 물론 어느 쪽도 입증하기는 어렵겠죠. 각도를 바꿔서 경제적 효과라는 측면에서 살펴보면 어떨까요? 기업 분담분이 원래 받았어야 할 임금 몫이라고 가정합시다. 그렇게 해서 임금을 인상하면 그만큼 물가가 오르는 건 객관적 사실입니다. 우파 이데올로그들이 임금 올리면 물가 오른다고 공세를 펴대니 말하기 조심스럽지만, 다른 변수들이 같다면 그 자체는 사실입니다. 그런데 임금 몫을 저축으로 돌리면 물가는 상승하지 않는 반면 전체 저축액이 증가하니 이자율이 내려가고 투자가 촉진됩니다.

김 경제 성장을 위한 자본 축적의 효과가 있는 셈이군요.

조 그렇죠. 그런데 단지 그런 경제적 목적만 있는 건 아닙니다. 노동자 재산형성 제도의 가장 큰 목적은 자유 원리의 실현입니다. 재산 소유자는 그만큼 자유 활동 영역과 발전 가능성이 커집니다. 따라서 한 사회 안에서 재산 소유가 집중되고 양극화되면 자유 활동과 발전 가능성까지 양극화됩니다.

김 독일 우파는 존경스럽군요.

조 주제가 우파의 대안이다 보니 자꾸 독일 우파만 칭찬하게 되는데, 꼭 그렇지만은 않습니다. 이 모든 정책은 좌파, 노동계급과의 끊임없는 갈등 속에서 등장하고 자리 잡았기 때문입니다. 재산형성 제도만 해도 1, 2차 입법에서는 고소득 노동자들에게 더 유리하게 제도가 설계되었다고 비판이 많았습니다. 사민당 집권기인 1970년 3차 입법을 통해서 제도의 틀이 크게 변하고 저소득 노동자들에게 혜택이 더 많이 돌아가도록 바뀝니다. 기민당이 집권한 후인 1984년의 4차 입법에서는 다시 노동자들의 자본 참가를 촉진하는 쪽으로 무게중심이 옮겨지죠.

김 노동자들의 자본 참가라면 종업원 지주제 비슷한 겁니까?

조 예, 그렇게 생각하시면 됩니다. 노동자가 단순 임금 수령자에 머무는 게 아니라 생산의 공동 참여자, 공동 소유자가 되도록 유도하겠다는 겁니다. 그 핵심적인 문제의식은 노동자가 프롤레타리아가 되는 것을 막아야 한다는 데 있었죠.

김 그러고 보니 노동자 경영참여부터 재형저축까지 독일의 정책 방향에는 일관성이 있네요. 노동자를 자본주의 사회의 대등한 파트너로 인정하며 그만큼 돌려주고 권한을 주겠다는 거죠. 한국 우파들, 정말 단체로 독일로 보내고 싶어지는데요.

조 독일 차만 칭찬하지 말고 이런 걸 칭찬해야 할 텐데요.(웃음)

김 이런 밑바탕이 있으니 그렇게 좋은 차들이 만들어지겠죠? 좀 전에 사민당이 재산형성법의 발전 과정에서 중요한 역할을 했다고 하셨는데, 그 외에도 사민당은 어떤 역할을 했나요?

조 사민당은 서독 출범 후 줄곧 야당이었습니다만 1966년에 기민당과 대연정을 수립하면서 정권에 참여합니다. 그리고 1969년 총선에서 승리하면서 정권을 잡았죠. 이때부터 1982년까지 장기 집권을 합니다.

김 빌리 브란트 시절입니까?

조 예, 맞습니다. 빌리 브란트가 사민당 최초의 총리로서 5년간 재임합니다. 사민당이 정권을 잡으면서 기민당 정권 시절보다 복지의 폭을 훨씬 확대합니다. 기민당 시절하고 비교해보면 무게중심이 바뀌고 방향도 바뀌지요. 기민당 정권이 가장 중시한 것은 시장경제의 질서를 바로잡는 일이었습니다. 그래서 경쟁법이 제일 중요했습니다. 매우 엄격하게 독점, 카르텔 금지를 실시합니다. 그런데 사민당 정부에 들어와서는 일정 부분 카르텔을 완화합니다.

김 아니, 그건 문제 있는 것 아닌가요?

조 더 들어보시죠. 공공의 이익에 부합하는 경우에는 일정 정도 경쟁을 제한해야 한다는 것입니다. 예를 들면 노동시장, 농업 부문, 교통이나 주택처럼 대중의 실생활에 직접 영향을 미치는 부문, 철강 및 석탄 산업처럼 전략적으로 중요한 산업, 이런 분야에서는 시장 경쟁을 너무 강조하다 보면 오히려 공공의 이익에 침해가 온다는 관점에서 각종 보호 조치를 도입합니다.

김 듣고 보니 일리가 있습니다. 좀 더 구체적으로 어떤 게 있습니까?

조 노동시장의 경우 해고보호법이라는 것을 도입합니다. 이런저런 보호 장치에도 불구하고 노동자가 결국 해고되면 기업에게 금전적 손해 배상을 청구할 수 있는 제도입니다.

김 좀 더 현대로 와보죠. 독일 경제가 통독 후유증으로 꽤 오래 고생을 했죠? 그러다가 요즘엔 무척 좋아졌다고들 평가하는데, 그 과정은 어떻게 이해하면 됩니까?

조 1990년 독일 통일을 이끈 사람이 기민당의 헬무트 콜 총리였습니다. 무려 18년간 총리를 지낸 사람입니다. 엄청난 결단력을 발휘했지요. 그런데 이 양반은 집권 기간 내내 인기가 극도로 없었어요.

김 정치 유머를 보면 온통 콜 놀리는 이야기로 가득했죠.

조 이분이 욕을 먹는 여러 이유 중 하나가 '독일병'을 만들어냈다는 겁니다. '영국병'이라는 말이 있잖아요. 영국이 복지를 과도하게 하다가 나라가 침체했다고 비판하는 말이죠. 그런데 콜 시절에 독일병이라는 말이 등장합니다. 사민당 정권 시절에 나온 이야기가 아닙니다. 콜의 장기 집권 기간 동안에 경제 성장률은 계속 하락하고 실업률은 증가하고, 재정은 악화하고 지하경제는 성장하는데 외국인 근로자 문제도 불거지기 시작합니다. 그 와중에 통일을 하게 된 겁니다. 당시 콜이 점진적 통합이 아니라 전격적 흡수 통일을 밀어붙였습니다. 이게 두고두고 독일 경제의 문제가 되지요.

김 일전에 한 전문가가 독일 식 통일 모델 따라가면 망한다고 하더라고요. 당시 독일의 큰 잘못이 서독과 동독의 화폐 교환 비율을 일대일로 해버린 일이었다더군요.

조 맞습니다. 그게 결정적인 오류였다고 많이 이야기합니다.

김 또 동독 출신으로 분단 이후 집문서, 땅문서 가지고 와서 서독 살던 사람들의 소유권도 다 인정했다면서요? 그러면서 땅값은 올라가고 임금 수준은 똑같아졌다고요.

조 동독의 경제 수준이 사회주의권에서는 제일 나았지만 서독의 경제 수준이 자본주의 국가에서도 제일 나았으니 화폐의 구매력이 같을 수가 없었습니다. 동독 화폐의 가치가 서독의 대략 3분의 1 수준이었다고 추정하는데, 화폐를 일대일로 교환해주었습니다. 이걸로 동독 유권자들의 큰 환심을 샀지요. 한편 서독 유권자들에게 어필하기 위해 동독 지역의 토지 소유권을 인정했습니다. 결국 뒷일을 생각하지 않고 최악의 포퓰리즘 정책을 취한 겁니다. 화폐를 일대일로 교환해주니 동독의 화폐 가치가 세 배로 뻥튀기됩니다. 동독의 물가 수준이 미친 듯이 오르니 서독 기업이 동독에 투자를 할 이유가 없어졌어요.

김 땅값이 싸거나 임금이 싸야 민간 자본이 동독에 들어가서 개발을 하고 국가 재원이 최소로 투입될 수 있는데, 서독하고 수준이 똑같으면 인프라가 약한 동독에 누가 들어갑니까?

조 그걸 결국 연방 재정으로 메운 겁니다. 그러면서 독일 경제의 침체를 불러왔습니다. 기민당 콜 정부가 헛짓을 벌인 겁니다. 결국 콜의 장기 집권이 끝나고 1998년에 사민당의 슈뢰더 정부가 들어섭니다. 통독 후유증이 너무나 커서 침체를 벗어날 기미가 보이지 않습니다. 결국 2002년에서 2003년 사이에 대대적인 개혁에 나섭니다. 지금의 독일을 만든 가장 중요한 결정이라고 볼 수 있는 '아젠다 2010'이라는 정책을 추진합니다. 그 뼈대가 되는 노동시장 개혁의 책임을 맡은 사람이 폭스바겐 인사 담당 이사 출신인 페터 하르츠라는 사람입니다. 그래서 곧잘 하르츠 개혁이라고도 부릅니다. 사민당 정부가 신자유주의적 개혁을 밀어붙인 겁니다. 결국 사민당 내 좌파들이 탈당하면서 2005년에 정권을 잃게 되지요.

김 어떤 내용의 개혁이었습니까?

조 노동시장 유연화를 밀어붙인 겁니다. 비정규직이 증가했습니다. '미니 잡'이라고 불리는, 주 15시간 이내로 근무하는 단기직을 양산하게 만듭니다. 이런 일자리에 근로소득세와 사회보험료를 면제하는 혜택을 줬죠. 또 고용주가 분담하던 다양한 사회보호 분담금을 축소하거나 폐지합니다. 대신 그렇게 줄어든 부담으로 고용을 늘리도록 유도했습니다. 해고 금지 규정도 완화해서 5인 이하 사업장에서만 가능하던 경영상 사유로 인한 고용 조정이 10인 이하 사업장에서도 가능하게 됩니다. 파견 근로와 기간제 근로의 폭도 넓히죠. 실업급여 지급 요건도 강화해서 적극적으로 구직 활동을 하는 사람들에게만 실업수당을 지급하도록 했습니다. 쉽게 말하면 질은 좋지 않더라도 일자리가 많이 생길 수 있도록 규제를 완화하고 고용 연계 복지를 강화하겠다는 게 핵심입니다. 이 개혁의 결과로 2005년 총선에서 득표율 0.1퍼센트 차이로 사민당이 기민당에 패배합니다. 그리고 메르켈 현 총리가 등장하지요. 지지율 차이가 워낙 적으니까 결국은 두 당이 대연정을 합니다. 메르켈 총리는 사민당이 만든 아젠다 2010의 뼈대를 그대로 계승해서 계속 밀어붙입니다. 그러고 나서 경제 지표들이 다 좋아지는 겁니다.

김 아하. 그러니까 사민당은 밑돌을 놓았는데 욕만 바가지로 먹었고, 과실은 기민당이 다 따먹은 거네요. 자기 지지층을 배신하는 건 정치적으로는 자살 행위였을 텐데요. 아무튼 그 결과 독일 경제가 회복되었다는 건 사실입니까?

조 외적으로는 그렇습니다. 2005년에는 실업률이 11.3퍼센트로 EU에서 세 번째로 높았지만 2013년에는 5.3퍼센트까지 낮아져서 실업률이 두 번째로 낮은 나라가 됐죠. 고용률을 봐도 2003년의 64.6퍼센트에서 2011년에는 72.6퍼센트로 상승합니다. 2008년 금융위기와 유로존 재정위기로 여러 나라가 위기에 빠졌는데 독일 경제는 지금 튼튼합니다. 역사상 최고의 시절이라는 표현까지 나올 정도죠. 물론 늘어난 일자리 중 상당수가 저임금의 시간제, 기간제 일자리라는 점에 대해서는 여전히 비판이 거셉니다. 반면 개혁을 옹호하는 사람들은 주부들처럼 애초에 파트타임이나 임시직을 선호하는 사람들의 일자리가 많이 늘어났기 때문에 문제되지 않는다고 주장하죠.

오늘날의 사회적 시장경제

김 아무튼 현재 독일 경제는 상당히 건실하다는 건데, 그럼 이것이 사민당의 신자유주의적 개혁의 결과라고 볼 수 있는 겁니까?

조 논란이 있습니다. 선후관계가 반드시 인과관계는 아니니까요. 하르츠 개혁과는 별개로 우선 구동독 지역의 경제가 궤도에 올라서 이 무렵부터는 동독 지역 개발과 실업자 구제에 들어가던 엄청난 비용이 상당히 감소한 것도 하나의 원인입니다. EU 통합의 효과로 독일의 산업 경쟁력 및 임금 경쟁력이 개선된 측면이 크다고 보는 시각도 있습니다.

김 저도 그 이야기는 들었어요. EU 통합하니까 경쟁력 강한 독일 산업이 가장 큰 혜택을 봤다고.

조 관세 장벽이 사라지고 환율 리스크나 비용 없이 유로로 독일 상품을 값싸게 살 수 있게 되니까 독일 상품들이 다른 나라들로 밀려들어 갔습니다. 다른 나라 산업들은 큰 타격을 입었죠. 거기다 독일은 기본적으로 자본 과잉 국가입니다. 자본이 넘치니까 이자율이 낮은 나라입니다. 시장이 통합되고 나서 독일 자본은 엄청난 투자 시장을 얻은 거죠. 이자율이 높은 다른 나라로 자본이 이동했습니다. 이것이 여러 나라에서 거품을 만들어냈습니다. 독일 자본이 밀려와서 돈이 풍부해지고 그만큼 이자율이 내려가니까 부동산을 포함해서 자산 거품이 만들어졌습니다. 그 결과가 오늘날 스페인, 포르투갈, 이탈리아, 그리스 등의 위기라고 볼 수 있습니다.

김 독일에 좋은 것이 이웃 나라에도 좋은 것은 아니군요. 그럼 이제 독일은 사회적 시장경제 모델을 버린 겁니까?

조 그건 아닐 겁니다. 메르켈 총리가 3선을 하면서 기민당이 계속 정권을 잡고 있습니다만 여전히 사민당과 대연정을 하고 있습니다. 복지 분야에서는 사민당 정책이 강한 영향력을 발휘하고 있죠. 2013년에는 최저임금제도 도입했습니다.

김 아니, 독일에는 여태 최저임금제가 없었나요?

조 예, 없었습니다. 하르츠 개혁 이후 저임금 일자리가 양산되었다는 비판에 대한 응답으로 연정 내 사민당 쪽이 주장해서 최저임금제가 도입된 겁니다. 시간당 8.5유로니까 상당히 높습니다. 그 외에도 여성이 육아를 한 햇수만큼 연금을 지급하는 엄마연금제도나 간병보험제도도 추진 중입니다. 메르켈 총리는 자신의 홈페이지에서 자신은 신자유주의자가 아니라 사회적 시장경제주의자라고 밝혔다고 합니다. 독일 사회가 수십 년 이상 구축한 사회적 합의와 시스템 자체가 부정된 것은 아니라고 봐야죠.

김 비유하자면 신체가 건강한 정도에 따라서 동일한 바이러스가 침투하더라도 발병까지 가느냐 안 가느냐 차이가 있지 않습니까? 독일은 신자유주의가 도입되었어도 사회적 시장경제가 워낙 튼튼했기 때문에 약간의 유연화로 이해할 수 있다면, 한국은 몸통이 워낙 허약하기 때문에 아예 뒤집혀버렸다고 봐도 되겠습니까?

조 적절한 비유입니다. 서두에서도 말씀드렸지만 끝으로 강조하고 싶은 이야기가 있습니다. 독일 모델에서 무엇을 눈여겨볼 것인가? 두 가지로 요약하겠습니다. 첫째, 기본적으로 이 모델은 보수 우파의 모델이라는 겁니다. 노동자를 프롤레타리아로 만들면 안 된다는 것이 독일

보수 우파의 핵심 문제의식이었습니다. 프롤레타리아는 원래 라틴어입니다. 고대 로마에서 가진 것이라곤 처자식밖에 없는 사람을 가리키던 말이에요. 자산이 없으니 제 몸뚱이를 팔아서 생계를 이어가는 사람들이죠. 노동자가 자산을 갖고 자본주의 체제에서 잃어버릴 것을 갖게 해야 한다고 독일 우파들은 생각했다는 겁니다.

둘째, 어쩌다가 독일에서는 우파가 이렇게 기특한 생각을 하게 됐을까? 독일 좌파가 강력했기 때문입니다. 독일은 최초로 사회주의 정당이 성립한 나라였고, 서유럽 국가 중 사회주의 혁명에 가장 가까이 다가갔던 나라였습니다. 러시아 혁명 직후 일어난 독일 혁명은 잔인하게 진압당했죠. 독일에서 파시즘이 등장하게 된 이유 중 하나는 좌파 세력이 워낙 강했기 때문이기도 합니다. 기존의 우파가 좌파를 감당하기 힘들어지자 극우 파시즘이 등장한 겁니다. 즉 독일 우파는 원래 유럽에서도 가장 잔혹했고 인류에 거대한 죄를 지은 세력입니다. 이 죄과에 대한 반성의 촉구 속에서 독일 우파는 변신한 것입니다.

김 첫째, 독일은 우파조차 이렇게 합리적이다. 둘째, 합리적인 우파를 만들려면 좌파가 잘 싸워야 한다. 이렇게 요약하면 되겠습니까?

조 덧붙이고 뺄 것 하나도 없네요.

김 독일 차만 타지 마시고 독일 우파의 반성과 발상에도 한번 동참해 보시기를 기원하면서 마무리하겠습니다. 수고하셨습니다.

조 고맙습니다.

4

잠정적
유토피아
스웨덴

조선보다 가난했던 스웨덴은
어떻게 가장 잘사는
나라가 되었을까?

저출산 위기는 어쩌다
복지국가로 나아가는
전환점이 되었나?

스웨덴 사민주의의
청사진이 되어준
이념은 무엇일까?

'선별적 복지 대 보편적 복지'의
이분법을 어떻게 넘어설 수 있을까?

복지국가 스웨덴은
지금 어떤 위기에
처해 있을까?

복지국가의 모범 사례로 손꼽히는 나라이지만 스웨덴은 19세기 중후반까지만 해도 국민의 4분의 1이 생활고에 시달리다 이민을 떠날 정도로 빈곤한 국가였다. 가난한 나라에서 사민주의를 통해 엄청난 경제 성장을 이룩한 스웨덴은 성장과 분배의 대립에 대한 가장 확실한 반증 사례다. 스웨덴은 어떻게 성장과 복지라는 두 마리 토끼를 잡을 수 있었을까?

스웨덴 사민당의 복지 모델의 핵심 이념은 '가족'이었다. 1930년대에 이미 심각한 사회 문제로 대두한 저출산에 대해 사민당이 내놓은 해법은 보편적 복지였다. 혼인 여부를 불문하고 임산부에게 직접 지급되는 출산수당, 모든 노인에게 동일 액수를 지급하는 기초연금 등이 그 예다. 그 결과 높아진 고령자 고용률과 여성 고용률은 복지를 위한 높은 세금을 감당하는 중요한 기반이자 스웨덴 복지의 지지층이 되었다.

스웨덴 사민주의의 비전을 제시한 에른스트 비그포르스는 사회주의를 끊임없이 경험을 통해 수정해야 하는 가설로 보되, 그 유토피아의 이상을 잃어서는 안 된다고 강조했다. 스웨덴 사민당은 일찍이 생산수단의 국유화를 포기하고 복지 정책으로 나아갔다. 그러나 '사적 소유권을 넘어선 사회적 통제의 확립'이라는 사회주의의 문제의식은 스웨덴의 복지 정책을 관통하며 계속 견지되었다. 단순한 시혜적 차원의 복지가 아니라 경제에서의 평등한 권리를 보장하고 노동이 상품이 되지 않는 사회를 만들고자 했던 것이다.

근본적으로 고도성장에 기반을 둔 고부담-고복지 체계의 스웨덴 복지 모델은 오늘날 만성적인 저성장, 고용 없는 성장이라는 위기에 처했다. 그러나 스웨덴 복지가 수십 년에 걸쳐 사회주의라는 유토피아의 꿈을 잃지 않고 지켜왔다는 점만큼은 주목할 필요가 있다. 스웨덴의 사민주의가 품은 새로운 경제 체제에 대한 꿈은, 아직도 논의가 '선별적 복지 대 보편적 복지' 수준에 머물러 있는 한국 사회에서 복지 담론이 가져야 할 비전에 대한 질문을 던진다.

복지를 해서 잘살게 된 나라

김 소련에서 유고슬라비아를 거쳐서 독일까지 왔습니다. 서진을 하고 있어요. 오늘은 서북쪽으로 더 가서 복지로 주목받는 나라, 스웨덴에 관해서 이야기하겠습니다.

스웨덴 복지는 참 많이 이야기되지만 정작 구체적으로 어떤 체제이며 어떤 과정을 거쳐서 지금의 복지사회를 구현하고 있는지는 잘 모릅니다. 먼저 우리나라에서 그렇게 부러워하는 복지국가가 된 과정부터 짚어보면 좋겠습니다. 사회민주주의 하면 스웨덴을 떠올리는 사람들이 대다수입니다. 사민주의 복지국가 스웨덴이 여기까지 오게 된 과정을 말씀해주세요.

조 사민주의를 본격적으로 실천하기 조금 이전까지 올라가보겠습니다. 우선 한 가지를 먼저 짚어보고 싶습니다. 복지는 원래 잘살아야 할 수 있는 것이라는 주장이 있죠. 일단 많이 성장한 다음에, 파이부터 크게 키운 다음에 복지를 하는 게 맞다는 주장입니다.

김 국가 재정이 넉넉해지고 나눠줄 게 생겨야 복지를 할 수 있다는 생각을 많이들 하죠. 곳간에서 인심 나는 법 아닙니까?

조 반증 사례가 스웨덴입니다. 스웨덴은 19세기 중후반까지 산업화에 뒤처진, 인구 80퍼센트 이상이 농민이던 최빈국 중 하나였습니다. 스웨덴은 잘살게 된 다음 복지를 시작한 게 아니고 복지를 해서 잘살게 되었습니다.

김 스웨덴이 워낙 잘사는 나라라는 이미지라서 그런지 최빈국이었다고 하니 느낌이 참 안 옵니다.

조 스웨덴의 지리적 위치를 생각해보시죠. 영토 북부는 아예 북극권입니다. 땅이 얼마나 거칠겠어요. 제주도가 원래 돌이 많다고 하잖아요. 바람, 여자와 함께 돌이 많다고 해서 삼다도라고 불렸죠. 화산 지형이라 그렇다는 것은 잘 아실 겁니다. 스웨덴의 상징도 돌입니다. 스웨덴이 빙하 침식 지형이라서 그렇습니다. 북부 지역은 아예 농사가 불가능하고, 가능한 지역도 땅이 워낙 거칠고 온통 돌무더기입니다. 그러다 보니 스웨덴을 상징하는 국가적 표상이 돌담이 되었다고 해요.

김 그러고 보니까 바이킹이 생각나네요. 바이킹의 나라가 바로 스웨덴하고 노르웨이, 덴마크 아닙니까? 먹고살 게 없으니까 바다에 나와서 해적질한 게 바이킹이었죠. 그만큼 가난한 나라였다는 거네요.

조 어느 정도로 가난했냐 하면 1860년대부터 1930년대 초까지 150만명 정도가 미국 등지로 이민을 떠납니다. 상당한 규모입니다. 1900년대 초 스웨덴 인구가 450만 명 정도였거든요.

김 이야, 대충 잡아도 인구 3분의 1이 이민을 간 건가요?

조 정확한 계산은 아닙니다. 인구는 특정 시점 수치고 이민자 수는 몇십 년간의 합계니까요. 그래도 국민의 4분의 1 정도가 도저히 먹고살길이 없어서 떠났다고 보면 됩니다.

김 아무튼 어마어마한 숫자네요.

조 「정복자 펠레」라는 영화가 있습니다. 칸 영화제에서 황금종려상을, 아카데미에서 외국어영화상을 받은 명작이죠. 제 인생의 영화 중 하나입니다. 찢어지게 가난했던 19세기 스웨덴 농민들이 덴마크 농장으로 이주노동을 가서 뼈 빠지게 일하다가 결국 미국으로 이민을 꿈꾸는 이야기입니다. 이런 주제가 19세기 스웨덴을 대표한다고 볼 수 있을 정도로 어려웠던 나라죠. 좀 과장한다면 당시 조선보다도 서민 살림살이가 가난한 나라였다고 말할 수 있습니다. 조선에서 인구의 4분의 1이 나라를 떠나지는 않았잖아요?

김 와, 그렇게 말하니까 감이 확 옵니다. 그런 나라가 20세기 중후반부터는 세계에서 가장 잘사는 나라가 되었다면 이건 기적이네요. 그것도 복지에 엄청난 돈을 쓰면서.

조 그렇습니다. 물론 19세기 중후반, 특히 1870년경부터 스웨덴에서도 산업화가 본격화되고 20세기에 들어서면 최빈국 수준은 벗어납니다. 유럽 내에서 중하위권 정도의 경제 수준이 되죠. 하지만 본격적으로 성장하는 것은 사회민주당이 정권을 잡은 다음부터입니다. 복지국가의 길을 걷게 되면서 본격적인 경제 성장을 하게 됩니다. 1970년대 초까지 일본을 제외하고 OECD 국가에서 가장 높은 경제 성장률을 달성합니다.

김 아니, 서독보다 더 높아요?

조 그렇습니다. 한국 우파들이 맨날 라인 강의 기적이라고 떠들지만, 기적이라면 스웨덴의 기적이 더 놀라운 겁니다. 보통 고도성장을 하는 과정에서는 빈부격차가 늘어나는 게 상식인데 스웨덴은 정반대였으니까요.

김 지난 대선에서 복지가 곧 투자라는 이야기가 본격적으로 시작되었습니다. 이런 예를 많이 들었죠. 무상보육이 시행되면 어린이집을 포함해서 보육 관련 시설들이 활성화될 것이고, 보육교사 등 고용이 늘어나게 되고, 관련 산업이 성장하고, 결국 이런 지원들이 시장에서 계속 선순환하기 때문에 기하급수적 효과가 있다고 말입니다. 복지는 깨진 독에 물 붓기가 아니라 투자다, 이런 이야기가 되었는데 그 전형이 바로 스웨덴이라는 말씀이죠?

조 그렇습니다. 스웨덴 사례는 성장과 분배를 대립시키는 우파의 이데올로기 공세에 대한 확실한 반증이지요.

김 먹을 것이 너무 없어서 국민의 4분의 1이 나라를 떠났던 최빈국에서 세계 최선진국으로 발돋음한 나라 스웨덴, 정말 흥미로운데요. 구체적으로 들어가 보죠. 본격적으로 복지국가로 바뀌게 된 과정을 좀 살펴볼까요?

조 전사가 있습니다만 명시적인 기점은 1932년 스웨덴 사회민주노동당, 줄여서 사민당의 첫 단독 집권입니다. 1932년이면 세계대공황이 한참 깊어가던 시기입니다. 이미 1920년대부터 스웨덴 경제가 안 좋아졌어요. 이 시기에 스웨덴은 서구에서 연간 파업 일수가 가장 많은 나라였습니다. 그리고 스웨덴에도 대공황의 물결이 밀어닥쳤습니다. 당시 보수 연립정권 아래에서 실업률이 25퍼센트까지 치솟고 기업들은 줄

도산을 하고 있었습니다. 결국 고통받던 국민들의 선택으로 사민당이 집권합니다. 그 이전에는 1917년에 소수 정파로 연립정부에 참여한 적이 있고 1920년대에도 원내 1당이 되어 정권을 잡은 적이 있습니다. 하지만 원내 과반의석을 확보하지 못한 채 소수 내각을 꾸렸다가 정권을 잃었지요. 그런 경험 끝에 이때 처음으로 제대로 정권을 잡습니다. 그때부터 1976년까지 장기 집권합니다.

김 우와, 거의 44년 정도 장기 집권합니까? 굉장하네요. 당연히 사민당이 잘했으니 국민들이 계속 뽑아줬겠지만 다른 각도에서 보면 스웨덴 국민들이 일관되게 사민주의를 지지한 셈이군요. 그렇게 오래 집권하면서 정책의 일관성을 유지할 수 있었기 때문에 사민주의가 튼튼하게 뿌리를 내렸다고 볼 수도 있겠네요. 자, 1932년에 집권을 했어요. 그래서 어떻게 사민주의의 시동을 겁니까?

조 덩치 큰 주제가 많지만 가장 궁금해하실 사회복지 분야부터 살펴보지요. 집권 후 사민당이 제일 먼저 실행한 복지 정책은 1934년에 도입한 실업보험제도였습니다. 세계대공황 시기였다는 점을 감안해야 합니다. 실업자가 거리를 가득 메우고 있는 상황이었으니 시급하기도 했고 정당성도 분명했죠. 그런데 복지국가를 향한 스웨덴 식 경로라는 측면에서는 이보다 뒤늦게 시작한 가족복지 정책을 더 중요하게 봅니다. 출산장려금, 아동수당, 노령연금 등이죠.

김 스웨덴도 예전에는 엄청난 저출산 국가였던 걸로 알고 있는데요.
조 예, 그렇습니다. 1930년대에 이미 인구 문제, 특히 저출산 문제가 심각한 사회 문제로 대두하고 있었습니다. 1900년에 여성 1명당 출산율이 4명이었는데 1920년에는 3명으로, 1930년에는 1.7명으로 떨어졌습니다. 공업화, 도시화의 진행과 함께 빈곤 문제가 심화되고 먹고살기 힘들어지니까 출산율이 급전직하하고 있었습니다. 그래서 논쟁이 붙습니다. 우파는 성도덕 문제로 접근했습니다. 피임과 낙태 문제에 초점을 둔 거죠. 임신, 출산을 기피하는 쾌락주의의 만연이라는 도덕적 측면에서 비판한 겁니다. 당연히 대책도 피임, 낙태 규제로 초점이 맞춰집니다.

스웨덴 복지 모델의 핵심, 국민의 집

김 스웨덴도 우파는 똑같네요. 좌파는 어땠나요?

조 사민당과 노동운동 등 좌파 쪽은 처음에 논쟁 자체를 회피하고 싶어 했습니다. 당시 인기 있던 맬더스주의 인구론 때문입니다. 인구가 많이 늘면 노동자 공급이 늘고, 그러면 임금은 내려가고 실업자도 늘어나고, 결국 노동자들만 점점 비참해진다고 본 겁니다. 인구가 줄어드는 게 차라리 노동자 입장에서는 낫다고 보았죠. 출산 통제가 필요하다고 생각한 겁니다. 그래서 가급적이면 대응을 안 하려는 소극적인 자세를 취합니다.

이 시점에서 아주 중요한 인물들이 등장합니다. 군나르 뮈르달(Gunnar Myrdal)과 알바 뮈르달(Alva Myrdal) 부부입니다. 경제학자인 남편 군나르는 1974년에 노벨 경제학상을 받았고, 교육학자인 부인 알바는 1982년에 노벨 평화상을 받습니다.

김 대단한 부부군요. 이분들이 저출산 문제에 어떻게 대처했나요?

조 1934년에 부부가 함께 『인구문제의 위기』라는 저서를 발표해서 대단한 베스트셀러가 됩니다. 급속한 사회복지의 확충만이 스웨덴 민족이 사라지는 것을 막을 수 있다고 주장했고 구체적으로는 출산 장려를 위한 예방적 사회 정책이 필요하다고 말했습니다. 차근차근 살펴보겠습니다. 당시 좌파가 저출산 문제를 회피했다면, 페미니즘 진영에서는 아예 저출산을 옹호합니다. 여성이 활발한 사회활동을 하려면 출산을 적게 해야 한다고 생각한 겁니다. 그런데 여성 사회활동의 선두주자이면서 페미니즘을 적극 지지하던 알바 뮈르달이 이런 주장을 내놓습니다. 여성이 출산하지 않기로 선택하는 것은 얼마든지 좋은 일이다. 하지만 아이를 낳고 싶어도 사회활동을 하면 아이를 키울 수 없기 때문에 낳기를 포기한다면 여성의 선택의 자유가 제한되는 것이다.

김 딱 우리나라 이야기네요.

조 여성의 관점, 페미니즘의 관점에서 보더라도 여성의 출산과 양육은 부정해야 할 대상이 아니라 선택할 수 있는 권리가 되어야 한다는 것이죠. 더욱이 출산은 사회의 가장 기본적인 재생산과 관련된 문제입니다. 뮈르달 부부는 특히 저출산이 인구의 전반적 고령화로 이어진다는 점을 경고합니다.

김 와, 지금 우리나라 이야기하고 정말 똑같습니다.

조 판박이입니다. 결국 빈곤과 사회적 양육 시스템의 부재가 저출산 문제를 낳고 있다고 진단했어요. 그런데 왜 이분들이 예방적 사회 정책을 강조했을까요? 출산율 변화는 워낙 장기간에 걸쳐서 나타나는 것이기 때문에 문제가 발생하고 나서 대처하면 늦는다는 겁니다. 애초에 병리화되지 않도록 만드는 예방적 사회 정책이 중요하다고 강조합니다. 그리고 예방적 사회 정책의 대상은 특정 계층에 집중되면 안 된다는 점을 강조했습니다.

김 보편적 복지로 가야 한다는 말이군요.

조 계급 간, 계층 간 불평등이나 소득 재분배의 문제로 접근하지 말고 국민적 관점에서 보아야 한다는 것입니다. 이것이 스웨덴의 보편적 복지 모델에서, 특히 초기 출발 과정에서 굉장히 중요한 요소입니다. 이를테면 고아나 장애인, 실업자처럼 스스로를 돌볼 능력이 없는 사람들만 도와주자는 선별적 복지는 가진 자 입장에서의 시혜적, 구제적 관점이지요. 반면 생산적 기여가 가장 많은 노동에게 복지를 집중해야 한다고 주장한다면 이는 노동계급 중심적 관점입니다. 어느 쪽이든 보편적 복지 모델일 수 없어요. 그런데 예방적 사회 정책, 특히 인구 문제 대책의 가장 중요한 대상인 여성과 아동의 경우 전 국민의 관점에서 보아야 한다는 것입니다. 누구나 아이를 낳아 키워야 하고, 그 과정에서 겪는 고통은 정도의 차이만 있을 뿐 마찬가지니까요. 그래서 뮈르달 부부는 저출산 문제 극복을 위한 대안으로 아동수당, 무상급식, 무상보육, 주택보조금, 건강보험, 간호, 교육수당 등 폭넓은 사회복지 정책을 내놓았습니다.

김 몇 년 전 우리나라에서 무상급식, 무상보육이 화두이던 때와 상황이 정말 비슷해 보입니다. 그래서 사민당이 구체적으로 어떻게 했나요?

조 한꺼번에 모든 것을 실행할 수는 없었습니다. 뮈르달 부부의 제안을 사민당이 받아들이면서 1937년에 출산수당을 도입합니다. 그것도 남성 가장이 아니라 혼인 여부를 불문하고 임산부에게 직접 지급하는 형태로요.

김 비혼모에게도 수당을 준다는 거네요. 당시에는 획기적이었겠군요.

조 그렇죠. 여성의 지위가 아직 매우 낮던 시절이었지만 여성을 독립적인 주체로 본 겁니다. 스웨덴 가족복지 정책의 핵심 중 하나가 여성 노동력의 경제활동 참여입니다. 여성을 경제활동의 주체로 만드는 데 매우 세심한 주의를 기울입니다. 1947년에는 16세 이하의 모든 아동에게 지급하는 아동수당을 도입합니다. 공보육 시설과 유치원 확충에도 힘씁니다. 같은 해에 기존의 적립 방식이던 국민연금을 자산 조사 없는 기초연금제도로 바꿉니다. 1950년에는 의무교육을 4년에서 9년으로 확대합니다.

김 국민연금제도가 그 전에 있었나요?

조 예, 있었죠. 마치 독일에서 우파 비스마르크가 각종 연금제도를 일찍 도입했던 것처럼, 스웨덴 또한 국민연금과 건강보험제도가 이미 있었습니다. 다만 비스마르크 식 연금제도의 특징을 공유해서 자신과 고용주가 분담한 기여금을 적립한 다음 기여도에 따라 차등적으로 받는 연금이었죠. 가난한 사람 입장에서 보면 보장성이 매우 약했습니다. 건강보험 또한 직능별 협약에 따랐습니다. 이걸 사민당 정권이 모든 노인들에게 동일 액수를 지급하는 기초연금으로 바꾼 겁니다.

김 들어보니 가족을 복지의 출발점으로 삼았군요. 가족이 한 사회의 기초로서 튼튼해져야 한다.

조 예, 이것이 스웨덴의 경제 발전과 복지 정치에서 아주 중요한 주제가 됩니다. 스웨덴 여성의 경제활동 참가율이 세계에서 가장 높습니다. 그러다 보니 고용률도 세계에서 가장 높아요. 이게 무엇을 뜻할까요? 복지에 나가는 돈도 많지만 복지에 쓸 세금을 내는 사람도 그만큼 많다는 말입니다.

김 선순환 구조를 만든 거네요.

조 게다가 스웨덴 여성들은 노동계급과 함께 사민주의 복지국가의 중요한 지지 기반이 되었습니다. 스웨덴의 사민주의 복지정치가 장기간 승리할 수 있었던 구조적인 요인이 되지요. 또 하나, 가족복지로부터의 출발은 좀 더 근본적으로 볼 때 스웨덴 사민당의 복지국가 이념과도 결합이 됩니다. 바로 '국민의 집'이라는 이념입니다.

김 어린이집이 아니고.(웃음)

조 중의적인 것이지요. 하나는 가족을 토대로 한 복지국가라는 이념입니다. 더 근본적인 측면은 스웨덴이라는 나라 전체를 국민들이 사는 큰 집으로, 가족 공동체로 여기겠다는 생각입니다. 1920년대 말, 당시 사민당의 대표이자 1932년에 총리가 되는 페르 알빈 한손이 의회 연설에서 내세운 표어입니다. 좋은 집이라면 가족 구성원 누구도 차별하지 않겠지요. 누군가는 부유하고 누군가는 굶고 있다면 좋은 집일 리가 없다는 겁니다. 스웨덴을 그런 특권 없는, 평등하게 골고루 잘사는 가족처럼 만들자는 주장이었죠.

김 듣기 좋은 말인데, 왠지 좌파의 슬로건 같지는 않은데요. 원래 가족 강조하는 건 우파 아닙니까?

조 그래서 논쟁도 많았고 당내에서 비판도 많았습니다. 나중에 말씀드릴 사민당의 중요 사상가 에른스트 비그포르스(Ernst Wigforss) 같은 사람은 이 슬로건을 굉장히 싫어했어요. 기본적으로 보수적이고 가족주의적인 전통 정서에 기댄 것이라는 맥락이지요. 산업화된 현대 사회, 민주적 시민사회에서 적절하지 않은 슬로건이라는 비판이 많이 나왔죠. 국가를 가족에 비유하는 국가유기체론, 가족국가론 같은 것은 보수주의 중에서도 오른쪽이 써먹는 수사학입니다. 이승만이나 박정희 수준의 이야기인 겁니다. 사민당이 어떻게 그런 슬로건을 쓸 수 있느냐 하는 비판이 있었던 겁니다. 반면 '정치가 중요하다'는 관점에서 보면 아직은 보편적 복지에 대해 머뭇거리고 있던 스웨덴 국민들에게 거부감 없이 정서적으로 호소할 수 있었고, 자유주의자들을 달랠 수 있었으며, 보수파들에게는 반발의 명분을 주지 않는 전략이었죠.

유토피아의 이상을 포기해서는 안 된다

김 그런데 문득 이런 의문이 듭니다. 1930년대라면 아직은 복지국가라는 말도 없을 때가 아닙니까? 자유방임주의가 횡행하던 때고 케인스주의는 이제 막 등장하던 시절이죠? 어떻게 하다가 이런 방향으로 나가게 된 겁니까?

조 정말 중요한 부분을 짚어주셨습니다. 좀 더 거시적인 맥락을 짚어야만 전체가 보일 겁니다. 잠시 사회주의와 사회민주주의의 관계를 짚어볼 필요가 있습니다. 사회주의 사상이 본격적으로 태동한 19세기에는 굉장히 다양한 사회주의 노선들이 뒤섞인 채로 경합을 벌이고 있었습니다. 마르크스주의는 물론이고 생디칼리즘, 길드사회주의, 여러 종류의 급진적 무정부주의도 있었고 페이비언 사회주의 같은 온건 노선도 존재했죠. 이 시기에 유럽 각국에서 사회주의 정당이 만들어지는데 많은 나라에서 하나의 당에 여러 노선이 혼재했습니다. 무정부주의 흐름들은 정당의 틀을 벗어나게 됩니다. 반면 당내에서는 마르크스주의의 영향력이 점차 강해집니다. 동시에 마르크스주의 내부에서도 수정주의, 개량주의의 흐름이 시작됩니다. 1890년대부터 이런 분화가 서서히 진행되다가 결정적으로 갈라서게 되는 계기가 1914년 발발한 1차 세계대전입니다.

김 전쟁에 대한 태도 때문이었죠?

조 예, 맞습니다. 마르크스주의자들은 프롤레타리아 국제주의의 입장에서 자본가들의 전쟁에 반대하고, 전쟁을 혁명 투쟁으로 바꿔내려 했죠. 반면 수정주의자들은 국가의 전쟁에 협력하기로 합니다. 이를 계기로 사회민주당들이 쪼개집니다. 그리고 마르크스주의자들이 당을 나가면서 공산당을 세우게 되는 겁니다.

김 지금 있는 사민당들은 그때 마르크스주의자들이 떠나고 남은 정당들이겠네요.

조 맞습니다. 그래서 사민당들의 역사를 보면 초기에는 모두 마르크스주의자들과 함께했습니다. 여담이지만, 독일 트리어에 있는 카를 마르크스 생가도 독일 사민당 재단인 프리드리히 에베르트 재단이 아주 정성들여 관리하고 있습니다. 자기 당의 창당 주역이니까 그렇겠지요.

김 마르크스의 결론에는 동의하지 않아도 그 정신은 높이 평가한다는 뜻 아닐까요?

조 맞습니다. 동시에 마르크스를 냉철히 평가할 수 있도록 생가 곳곳에 마르크스주의가 남긴 역사적 과오에 대한 비판도 곁들이고 있죠.

김 마르크스주의를 어떻게 평가할 것인가는 사민주의에서도 중요한 문제겠군요.

조 완전히 분리할 수는 없더라도 마르크스라는 사상가와 그의 사후 마르크스주의에 대한 평가는 구별해야겠죠. 독일의 《디 벨트》기사를 보니 사민당 소속의 트리어 시 시장이 이런 질문을 던졌더군요. "예수 그리스도가 마녀 화형이나 십자군전쟁에 책임이 있느냐?"라고요. 마르크스도 마찬가지 아니냐는 뜻이겠지요. 예수는 원수를 사랑하라고 했습니다. 하지만 배타적인 유일신교의 신앙 대상이 되었죠. 마르크스는 철저한 민주주의를 주장했습니다만 억압과 독재의 아버지가 됐습니다. 복잡한 문제입니다.

사민당과 마르크스주의 이야기를 왜 했냐면, 이 시기 사민당들은 비록 마르크스주의와 결별하기는 했지만 아직도 당 강령에 국유화 노선, 심지어 사회주의 혁명까지 명시하고 있던 상황이었습니다. 다만 공산당의 혁명 노선과는 달리 의회주의 노선에 입각해서 사회주의로의 평화적 이행을 주장했던 것이지 사회주의 자체를 포기한 것은 아니었습니다.

김 가까운 현대까지도 서구의 많은 사민당, 노동당 들이 국유화나 사회주의 혁명 강령을 그대로 갖고 있지 않았나요?

조 맞습니다. 상당수가 1990년대 동구권의 몰락 이후에야 사회주의 혁명 강령을 포기합니다. 물론 그 이전에도 사회주의로의 이행이라는 목표는 거의 현실성이 없었습니다. 그래도 강령에 명기한 것과 아예 없는 것은 차이가 있지요.

김 그럼 스웨덴 사민당도 1932년에 집권했을 때 사회복지보다는 국유화를 추진했나요?

조 예, 이제 본론에 들어왔습니다. 사실은 1920년대에 소수 여당으로 집권했을 때 국유화를 밀어붙이려고 했습니다. 그래서 먼저 국유화 조사·연구를 위한 '사회화 위원회'부터 만들었습니다. 그 때문에 보수파가 격렬하게 반발했고, 정권을 잃는 주요 원인 중 하나가 됩니다. 이런 실패의 경험 때문에 1932년 총선 직전 당대회에서 국유화 강령을 폐기합니다. 스웨덴 사민당은 서구 좌파 정당 중에서도 가장 빨리 국유화 강령을 폐기한 정당 중 하나입니다.

김 사회주의의 실패가 분명해지기도 전에, 아니 아직 소련에 대한 환상이 만연해 있던 시절에 사회주의가 아니라 복지국가로 방향을 틀었다면 굉장히 실용주의적인 정당이군요.

조 그렇게 이분법으로 보기는 어려워서 이 부분이 중요하다고 말씀드린 겁니다. 스웨덴 사민당은 국유화는 포기하지만 사회주의 지향 자체는 포기하지 않습니다. 아니, 오히려 사회주의 실현에 대해 가장 진지했던 당이라고도 말할 수 있어요. 지금이 앞서 말씀드렸던 에른스트 비그포르스가 본격적으로 등장할 시간입니다. 1932년부터 1949년까지 사민당 정권의 재무부 장관이었던 사람입니다.

김 오래도 했군요.

조 맞습니다. 스웨덴 사회주의의 총노선을 아주 잘 이끈 사람입니다. 비그포르스가 스웨덴 사회주의의 목표에 관해 '잠정적 유토피아'라는 표현을 했습니다. 1926년의 「사회주의: 도그마인가 작업가설인가?」라는 논문에 나오는 표현입니다. 사회주의를 정통 마르크스주의처럼 경직된 도그마로 받아들여서는 안 되고 끊임없이 경험을 통해 수정해야 할 작업가설로 봐야 한다는 것이었습니다. 작업가설이란 사회과학 연구의 첫 단계에 수립하는, 경험적으로 진위를 증명할 수 있는 구체적인 명제죠. 작업가설은 얼마든지 틀려도 됩니다. 틀리면 기각하면 되거든요. 몇십 년, 몇백 년 뒤에 올지도 모를 궁극의 파라다이스를 준비하기 위해서 오늘 우리가 실천하고 있는 게 아니라는 말입니다. 지금 당장의 문제를 해결해야 하는데몇백 년 뒤에나 가능할 것 같은 공상적인 이야기는 하지 말자는 취지였습니다.

김 그 말 참 좋네요. 저도 너무 공상적이거나 이상적인 말만 하는 사람들은 별로 마음에 안 듭니다. 필요한 건 구체적인 대안인데 말이죠.

조 그런데 동시에 이렇게 말합니다. "그럼에도 불구하고 우리는 유토피아적 이상을 절대로 잃어서는 안 된다."

김 어, 한 입으로 두말하시네. 사람 쑥스럽게.(웃음)

조 그러니까 끝까지 들어보셔야죠.(웃음) 사실은 한 입으로 두말한 게 아닙니다. 작업가설이라는 말 자체가 그런 뜻이거든요. 길잡이도 없이 단편적인 정책만 가지고는 아예 길을 잃어버리게 됩니다. 유토피아적 이상을 잃어버리면 당장의 경험에 매몰되어버리고, 정책은 일관성도, 미래 지향성도 상실하게 된다고 강조합니다. 그래서 유토피아는 유토피아지만, 잠정적 유토피아인 겁니다. 전통적인 유토피아론은 이상사회를 설계도나 청사진처럼 완성된 형태로 제시한다면, 비그포르스의 잠정적 유토피아는 완성된 청사진이 아니라 사회과학의 작업가설처럼 언제든 수정이 가능한 길잡이 역할을 하는 겁니다. 몇백 년 뒤가 아니라 10년, 20년, 30년 후를 내다보면서 정책의 틀을 잡고 상황에 따라 계속 수정해야 한다는 것이죠.

김 한마디로 요약하면 복지 정책으로 나아갔다고 해서 사회주의라는 유토피아를 아예 버린 게 아니라는 이야기죠?

조 맞습니다. 그래서 국유화 강령은 폐기했지만 생산수단의 사적 소유를 넘어선 사회화라는 문제의식은 여전히 견지하는 겁니다. 형식적인 소유권의 변화가 아니라 실질적인 사회적 통제의 확립이 중요하다는 방향으로 전환합니다. 자본가가 생산수단, 쉽게 말해서 기업을 여전히 사적으로 소유하고 있더라도 그 기업의 수익을 마음대로 처분할 수 없고 투자나 해고도 마음대로 결정할 수 없게 된다면 사회적으로 통제받는 것으로 볼 수 있다는 말이죠.

김 그러니까 스웨덴 사민주의에서 기업이나 자본가가 내는 높은 세금은 그냥 돈 많이 버는 사람들이 가난한 사람들 도와주는 차원이 아니라, 생산수단의 사회적 통제라는 측면에서 파악해야 한다는 거죠?

조 맞습니다. 이것이 스웨덴 사민주의를 이해하는 매우 중요한 지점이자 한국의 복지국가 논의에서 완전히 무시되고 있는 맥락입니다. 이 맥락이 제거되면 복지국가와 사회민주주의는 연결이 되지 않아요. 그러니까 한국에서 복지 논의가 근본적인 정치 전선을 형성하지 못하는 겁니다. 보수 여당도 복지 해주겠다잖아요. 단지 좀 더 효율적으로 하겠다는 거고요. 그럼 야당이 뭐라고 합니까? 복지를 좀 더 많이 하자고 합니다. 그래서 전선이 선별적 복지 대 보편적 복지가 되었습니다. 이것도 중요한 대립인 것은 맞습니다. 하지만 그 이상의 긍정적이고 적극적인 정치적 비전은 제공하지 못합니다. 계속 복지만 가지고 이야기하는 거잖아요?

김 자본가의 이윤 논리가 아니라 사회 전체의 이익이라는 관점에서 통제되는 사회라는 비전이 제시되어야 한다는 말씀입니까?

조 적어도 스웨덴은 그렇게 했다는 것입니다. 그것이 바로 사회민주주의라는 이념입니다. 사회민주주의는 어떻게 부르주아 민주주의와 다르고 또 그것을 넘어서는가? 정치에서의 평등한 권리만이 아니라 경제에서도 평등한 권리가 필요하다는 경제민주주의가 전면에 부각되는 겁니다.

김 경제민주화라는 말도 2012년 대선에서 나왔어요. 한국에서도 낯선 말은 아닙니다.

조 당시 새누리당이나 민주당이 말하던 것과는 맥락이 좀 많이 달랐겠죠?(웃음) 한국에서 경제민주화는 재벌 규제, 공정거래 강화라는 맥락에서 제기되었지요. 결국 경쟁의 기회를 공정하게 하자는 게 핵심이었습니다. 스웨덴에서 경제민주주의는 그 수준을 넘어서 계급적 착취와 불평등에 맞서 노동자와 서민의 일할 권리, 나아가 생산에 대한 사회적 통제를 지향하는 개념이었습니다. 비그포르스는 스웨덴 사민당의 1920년 당대회에 제출한 예테보리 강령에서부터 이런 구상을 뚜렷이 했습니다. 다양한 사회복지 정책은 물론 압도적으로 누진적인 상속세와 소득세, 은행 및 보험회사의 사회화, 노동자의 강력한 경영참여 등이 이미 구상되어 있었습니다. 당시 사민당 지도부는 그 급진성 때문에 받아들이지 않았습니다만.

사회주의로 가는 다른 방식

김 사민당 지도부가 거부했다면 실행하기도 쉽지는 않았을 것 같네요. 구상 말고 실제로는 얼마나 진척됐습니까? 노동자 경영참여 등이 이루어졌나요?

조 스웨덴에서는 서독과 달리 초기에는 작업장과 기업 수준에서의 노동자 경영참여가 별로 쟁점이 되지 않았습니다. 독일 사례를 다룰 때 나온 이야기지만 스웨덴은 노동조합 조직률이 지금도 75퍼센트 수준이고 오랫동안 90퍼센트 수준에 달했습니다. 또 20세기 초부터 노동자들의 조직인 노동조합연맹과 자본가들의 조직인 사용자연합 사이에 중앙교섭의 전통이 있었어요. 그러다가 1946년에 양측의 합의에 의해 기업마다 노동자 평의회를 구성합니다. 1966년에는 노동자 평의회의 권한을 대폭 확대해서 고용과 인사 관련 사항을 노사 동수로 공동 협의하게 됩니다.

김 협의라고 하는 걸 보니 공동결정제도는 아니었나 보군요.

조 예, 그때는 서독 같은 공동결정제도는 아니었습니다. 1973년에 노동자 대표의 이사회 참가법이 만들어지고 1976년에는 공동결정법이 만들어져서 자본의 고유 권한으로 인식되던 인사, 노무 관리를 포함한 다양한 사안들이 노사 공동의 결정 사항으로 법제화됩니다. 다만 노사 간 합의가 이뤄지지 않으면 사측이 자신의 안을 실행할 수 있다는 점에서 근본적인 한계가 있지요.

김 독일보다 못한 공동결정제도는 좀 의외입니다.

조 맞습니다. 그러나 스웨덴의 특수성도 고려할 필요가 있습니다. 스웨덴은 독일보다도 훨씬 더 중앙교섭의 전통이 강한 나라입니다. 이미 20세기 초부터 중앙교섭의 전통이 확립되어 있었습니다. 거기다 노조 조직률은 세계에서 가장 높은 나라고요. 그래서 중요한 결정은 산별 차원의 중앙교섭에서 이미 끝난다는 사정이 있고요. 그렇다 하더라도 개별 기업, 작업장 차원의 문제는 여전하기 때문에 스웨덴에서도 문제로 인식되고 있습니다.

그런데 사실 스웨덴 사민주의에서는 독일보다 훨씬 근본적인 사회적 통제의 문제의식이 존재했습니다. 비그포르스는 은퇴 후에 사민주의의 미래 과제에 관한 연구에 더욱 진력합니다. 거기서 나온 여러 구상 중 하나가 '소유주 없는 사회적 기업'입니다. 비그포르스는 생산 조직의 규모가 거대화하면서 사회 권력이 소수 대기업의 손아귀에 장악된 현실을 직시합니다. 그래서 주주만이 아니라 노동자, 정부와 전문가, 지역 주민과 소비자의 이해관계를 대변하고 조정할 수 있는 민주화된 사회적 기업이라는 상을 제시합니다.

김 독일의 이해관계자 자본주의하고 상당히 비슷하게 들리는데, 어떤 차이가 있습니까?

조 비슷해 보이지만 다릅니다. 비그포르스의 구상 이후 노총이 1971년부터 구체적인 방안을 연구합니다. 그게 바로 임노동자 기금의 창설입니다. 노동조합연맹이 사민당을 몰아붙여서 1970년대 후반부터 1980년대 초반까지 추진하게 되는데요, 이 정책의 핵심은 기업의 소유권 자체를 변동시키는 것입니다. 매년 기업의 이윤 중 20퍼센트를 신규 발행 주식의 형태로 임노동자 기금이 인수하게 하는 것이 골자입니다. 제안대로라면 20~30년 안에 임노동자 기금이 스웨덴 기업 상당수의 지배주주가 되는 구상이었죠.

김 헉, 그거 진짜로 사회주의 하겠다는 것처럼 들리는데요?

조 맞습니다. 아까도 말씀드렸지만 원래 사민주의는 사회주의를 포기한 사상이 아닙니다. 사회주의로 가는 다른 방식이었던 거지요.

김 그래서 어떻게 됐나요?

조 당연히 자본 측에서 격렬한 반발이 일어났습니다. 해외로 떠나는 자본도 나오고 우파 정당의 공격도 엄청났습니다. 무엇보다도 사민당 내부에서 대단히 반발했습니다. 사민당의 기반인 노동조합연맹에서 제기한 정책이기 때문에 일단 받아들였습니다만, 내부적으로는 심하게 반대했습니다. 담당 부서인 재무부 장관이 이 제안을 쓰레기라고 생각할 정도였죠.

김 결과는 말짱 도루묵이 된 건가요?

조 그렇진 않습니다. 정치적 타협의 결과 임노동자 기금은 매우 축소되고 완화된 형태로 실행됩니다. 우선 한시법으로 바뀌죠. 1983년부터 1990년까지만 실시하는 한시법으로 하고, 기금이 갖는 기업의 지분 상한선도 엄격하게 제한해서 실제로 기업을 지배할 수는 없도록 했습니다. 결국 노동계급이 자본의 소유에 참여함으로써 약간의 발언권을 얻는 정도로 귀결되었습니다.

김 그럼 결국 실패한 정책으로 보는 게 맞습니까?

조 그렇게 평가하는 게 맞을 겁니다. 노동조합연맹은 이 정책 때문에 고립됐고 분열해 있던 우파 정당들은 단결했습니다. 1976년에 사민당이 44년 만에 정권을 잃는 데도 영향을 미쳤습니다. 정치적으로는 분명히 현명하지 못했습니다. 섣부르게 급진적 주장을 내놓아서는 안 된다는 교훈을 얻게 되죠. 다만 여기서 제가 강조하고 싶은 것은, 스웨덴 사민주의를 단지 보편적 복지 정책의 실현 정도로 축소 해석하려는 분위기는 문제가 있다는 것입니다. 생산의 사회적 통제라는 문제의식은 스웨덴 사민주의가 유토피아적 목표 없는 실용주의, 개량주의가 아니라는 사실을 깨닫게 하니까요.

스웨덴의 사민주의 복지는 어떻게 가능했나

김 그런데 여전히 의문이 남습니다. 지금까지 사민주의 복지에 관해 살펴봤는데, 대안 경제라는 관점에서 볼 때 과연 어떤 요인이 그런 복지 체제를 가능하게 했던 걸까요?

조 좋은 지적입니다. 『사회를 구하는 경제학』에서 존 메이너드 케인스(John Maynard Keynes)를 다룰 때 케인스주의적 복지국가와 관련해서 다뤘던 내용이기도 합니다. 중요한 내용이니까 되새겨볼까 합니다. 케인스 자신의 본래 취지와 별개로 실제 구현된 케인스주의는 완전고용을 목표로 하되 총수요 관리를 통해 경기를 조절하는 것이 핵심입니다. 이를 위해서 재정 정책과 통화 정책을 활용합니다. 불황기에는 재정 확대와 금리 인하, 호황기에는 반대로 하는 거지요. 실제로 2차 세계대전 후 케인스주의가 지배하게 되자 영국과 미국을 포함한 다양한 나라들이 이런 관점에서 경제와 복지를 운용했습니다.

김 하지만 스웨덴은 뭔가 달랐다는 말이겠죠?

조 그렇습니다. 통상의 케인스주의가 경기 조절에 초점을 두었다면, 스웨덴 사민주의는 경기 조절보다 훨씬 더 근본적인 차원에서 산업의 구조조정까지 염두에 두었습니다. 경기 조절 정책만 쓰게 되면 확대된 재정 지출과 낮은 이자율 탓에 물가 상승의 압력이 강해집니다. 케인스주의 경제 정책의 전형적인 딜레마죠. 더욱이 효율성이 떨어진 산업까지 보호되는 효과가 생깁니다. 돈이 많이 풀리니까 간접적으로 보조금을 지급하는 효과가 생기죠. 실제로 보조금을 지급하기도 하고요. 스웨덴 사민주의자들은 사민주의가 자본주의보다 더 효율적으로 경제를 운용할 수 있다고 보았습니다. 그래서 사민당 정부는 생산성이 떨어지는 사양산업에는 보조금을 지급하지 않았습니다. 사양산업이 되고 있던 조선 산업, 철강 산업 등에 보조금을 지급한 것은 1970년대 후반에 집권한 우파 연립정부였습니다.

김 보통 좌파는 이상을 추구하는 경향이 강해 효율성은 간과한다는 인식이 있는데 스웨덴 사민주의는 참 다르군요. 좋습니다. 그런데 구조조정이 말은 쉽습니다만, 파산하는 기업이 나오면 실업자들도 쏟아져 나오게 되어 있어요. 그럼 이 사람들은 어떻게 합니까?

조 당연히 실업자가 대거 발생합니다. 그 대책도 패키지처럼 묶여 실행됐습니다. 사회복지 체계가 갖추어져 있다면 이들에게 실업수당을 주게 될 겁니다. 그런데 스웨덴은 실업수당은 물론 그 이상의 대책을 실행했습니다. 적극적 노동시장 정책이라고 부릅니다. 실업수당만 주는데 그치지 않고 경쟁력 있는 다른 산업으로 이동할 수 있도록 직업 훈련, 직장 알선, 이주 및 정착 지원까지 해줍니다. 그런데 이런 정책은 실업이 발생한 다음에 실행하면 이미 늦습니다. 국가 차원에서 구조조정을 미리 예견, 계획하고 관련 인력과 장비와 시설, 제도를 준비해두어야 합니다. 스웨덴은 실업수당 같은 소극적 노동시장 정책보다 적극적 노동시장 정책에 훨씬 많은 비용을 지출합니다. 산업 구조조정과 적극적 노동시장은 함께 묶여 있는 패키지 같은 것이라고 봐야 합니다.

김 『사회를 구하는 경제학』에서, 스웨덴은 연대임금제여서 같은 산업에 종사하면 수출 대기업이든 내수 중소기업이든 임금이 비슷하다고 하셨어요. 연대임금제도 이 패키지하고 관련 있다고 하셨던 기억이 납니다.

조 맞습니다. 구조조정을 동반하는 산업 정책과 적극적 노동시장 정책, 연대임금제, 거기에 긴축 재정까지 하나의 패키지로 제기된 겁니다. 1950년대 초 노동조합연맹 소속의 예스타 렌(Gösta Rehn)과 루돌프 메이드네르(Rudolf Meidner)라는 연구자들이 수년간의 연구 끝에 제출한 모델입니다. 흔히 렌-메이드네르 모델이라고 부르죠. 연대임금제는 고임금 노동자와 저임금 노동자 사이의 분열을 막는 노동계급 단결의 장치이기도 합니다만, 그와는 별개로 합리적 구조조정을 촉진하도록 설계된 제도이기도 합니다. 이익이 많이 나는 수출 대기업과 이익이 적은 내수 중소기업의 노동자들이 같은 임금을 받게 된다고 합시다. 임금은 대개 양자의 중간 수준에서 결정됩니다. 그럼 수출 대기업은 임금 비용이 줄어드니 국제 경쟁력이 더 강화됩니다. 반면 내수 중소기업 중 생산성이 떨어지는 한계기업들은 파산하게 되겠죠. 자연스럽게 경쟁력 있는 기업과 산업 중심으로 구조조정이 이뤄지게 되는 겁니다.

김 듣고 보니 주도면밀하게 추진했다는 생각이 드네요. 그런데 다른 각도에서 보면 이런 정책들로 제일 득을 많이 본 것은 결국 대기업 자본가 아닙니까?

조 맞습니다. 그런 측면이 있어요. 이 부분에 관해서는 말미에 다시 한번 이야기를 할 생각입니다. 한편 대기업 자본가들이 무조건 이익을 본 건 아닙니다. 왜냐하면 임금 비용 절감으로 늘어난 초과 이윤은 연금 기금을 보완하는 ATP 기금으로 다시 흡수했거든요.

김 참 철저하기도 하고, 지독하다는 생각도 듭니다. 스웨덴은 자본가가 살기는 힘든 나라 같네요.(웃음)

조 대신 정치가 안정되어 있어서 예측이 가능하고 정부 운영이 투명하죠. 합리적으로 기업을 꾸리려는 기업가들 입장에서는 반드시 나쁜 것도 아닙니다.

노동은 상품이 아니다

김 스웨덴 사민주의의 특징과 관련해 더 살펴볼 만한 주제가 있습니까?
조 무수히 많죠. 아마 끝이 없을 겁니다. 그토록 우수하다는 복지 제도는 아예 건드리지도 않았습니다. 고부담-고복지라는 주제도 마찬가지입니다. 워낙 익숙한 주제라서 굳이 제가 이야기할 필요도 없고요. 대신 다른 데에서는 잘 다루지 않는 이야기를 하나 덧붙이고 싶습니다. 선별적 복지냐, 보편적 복지냐 하는 차원에서만 복지 담론이 맴도는 경향에 대한 아쉬움에서 이야기하고 싶은 주제입니다. 스웨덴에서 복지를 보편화하는 가장 중요한 동기는 '노동의 탈상품화'라는 차원에서 찾아야 한다는 겁니다.

김 노동시장에서 사람이 상품처럼 사고팔리는 상태를 벗어나야 한다는 말로 들립니다.

조 맞습니다. 주류 경제학에서도 '노동시장'이라고 부릅니다. 3대 요소 시장 중 하나로 보죠. 자본주의에서는 사람의 노동력도 다른 상품들하고 똑같이 시장에서 상품으로 거래됩니다. 교과서대로라면 노동력을 파는 노동자나 사는 자본가나 평등합니다. 이 상품의 가격, 즉 임금은 결국 수요와 공급에 따라 결정되고, 싫으면 거래 안 하면 그만입니다. "임금이 낮네. 나 취직 안 해!" 하면 된다는 거죠.

김 에이, 그것도 한두 번이지, 노동자는 일을 안 하면 결국 굶어 죽지 않습니까. 그런데 어떻게 싫다고 나 안 해, 이럴 수가 있습니까?

조 그게 보통 사람들의 지당한 상식이죠. 그래서 스웨덴 사민주의도 고민한 겁니다. 아무리 노동시장에서 평등하다고 백날 떠들어봐야 실제로는 노동자가 구조적으로 불평등한 처지에 있다는 겁니다. 이 불평등을 해결하는 방법으로 두 가지를 생각해볼 수 있습니다. 우선 일자리가 많아지는 게 장땡이라는 생각입니다. 그럼 노동자들이 노동력을 잘 팔 수 있게 되고 임금도 오르겠죠. 기업에 대한 각종 규제를 푸는 게 제일 중요한 과제로 떠오릅니다.

하지만 스웨덴 사민주의가 제시한 방향은 완전히 달랐습니다. 인간이 상품이 되는 현실 자체를 최대한 억제해야 한다고 본 겁니다. 보편적 복지는 바로 이런 맥락에서 정당화되는 겁니다. 형편 좋은 사람이 능력 없는 사람, 어려운 처지에 빠진 사람을 돕는 시혜적 차원이 되어서는 안 된다는 거죠. 사람이 상품이 아니라 인간으로서 품위를 누릴 수 있도록, 노동의 탈상품화를 추구하기 위해 복지가 필요하다고 본 겁니다. 좀 더 구체적으로 보자면, 시장에서 노동력을 팔아서 버는 시장임금에 대한 의존도를 최대한 줄이고 복지 지출과 사회 지출에 기반한 사회임금의 비율을 높여야 한다는 겁니다.

김 한국에서는 꿈도 못 꿀 이야기네요. 지금 우리나라는 서로 자기를 팔지 못해서 안달인데요, 싼값에라도 사달라고 말입니다.

조 안타까운 현실입니다. 언제부턴가 한국에서는 자기 자신을 상품으로 여기는 걸 아주 당연시하는 풍조가 퍼져 있습니다. 상품 가치를 높이기 위해서 청년들은 스펙을 쌓고, 무급 인턴을 하고, 기성세대도 끊임없이 자기계발을 한다고 난리들입니다. '왜 사람이 상품이 되어야 하는가?'라는 성찰적 질문 자체가 금기시되고 있습니다.

김 한국 사람들이 얼마나 상품화되어 있는지 알 수 있는 통계 수치는 없습니까?

조 있죠. 가계의 가처분소득 중 시장임금과 사회임금의 비율을 보면 됩니다. 시장임금은 기업에서 받는 돈이고 사회임금은 국가로부터 받는 각종 사회복지 급여와 현물, 서비스 등입니다. 이 비율을 국제 비교한 자료가 있습니다. 사람의 상품화 정도를 볼 수 있는 좋은 통계죠. 국회 입법예산처에서 조사한 자료로, 2012년 기준 스웨덴은 가처분소득의 51.9퍼센트가 사회임금입니다. 절반을 넘어요. 프랑스가 49.8퍼센트, 독일이 47.5퍼센트, 사회복지가 약하기로 정평이 난 미국이 25퍼센트입니다. OECD 평균은 40.7퍼센트고요.

김 한국은 과연 얼마일까요?

조 12.9퍼센트입니다. 미국의 절반, OECD 평균의 3분의 1, 스웨덴의 4분의 1 수준입니다.

김 와, 짐작은 했지만 진짜 심각한 수치네요. 한국인의 인생이 미국인의 두 배, 스웨덴 사람의 네 배쯤 상품화되어 있다는 말 아닙니까? 그런데도 우리는 더 좋은 상품이 되겠다고 오늘도 자기 품질 올리느라 열심히 자기계발을 하고 있습니다. 왜 이렇게 됐을까요?

조 오늘의 주제는 아닙니다만, 이 부분만큼은 김대중, 노무현 정부의 공이, 아니 '과'가 혁혁합니다. 교육부를 교육인적자원부로 고치고, 사람을 자원으로 새롭게 정의하고, 초·중등과 대학 교육, 그리고 평생학습 등 관련 제도와 정책을 밀어붙인 게 이 정부들이었습니다. 그 기초에는 '지식기반 경제'라는 패러다임이 있었습니다. 결코 과장이 아닙니다. 시작은 김영삼 정부였지만 본격화한 것은 김대중 정부 때부터였습니다. 스스로 자랑스럽게 생각하는 업적이기도 하고요. 자기계발서 붐과 스펙 경쟁이 본격화된 것도 이 시기입니다. 정부 정책의 기조와 맞물린 거죠.

복지국가 스웨덴의 변화

김 그리고 그게 대세라고 했지요. 그렇게 안 하면 뒤처진다고요. 그런데 지금 보니 우리만 유독 심했네요. 사회임금 비율의 OECD 평균이 40퍼센트를 넘는데, 우리는 12.9퍼센트. 깊이 생각해볼 문제입니다. 스웨덴 사민주의의 문제점도 같이 짚어주시죠.

조 세상에 완전무결한 제도는 없으니까 스웨덴 사민주의에도 문제점이 많은 것은 사실입니다. 이런 문제들 때문에 1990년대 이후 여러 개혁이 이뤄지고 있습니다. 복지도 이전보다는 축소되었습니다. 사민당도 예전만큼은 지지를 못 받고 있고요.

먼저 스웨덴 경제의 위기부터 살펴보죠. 스웨덴이 1980년대 초반에 금융자유화를 실시합니다. 그것도 사민당 정부가 주도해서요. 이 시기에 사민당의 정책 브레인들은 노동운동과는 연관성이 약한 사람들로 채워지고, 영미 주도의 신자유주의 경제 정책을 적극 받아들였습니다. 금융자유화는 거대한 자산 거품을 불러일으켰습니다. 1980년대에 부동산은 아홉 배, 주식은 열 배 정도 가격이 상승했습니다. 제대로 버블이 낀 겁니다. 결국 이 거품이 꺼지면서 1991년에 금융위기를 맞게 됩니다. 이 해에 사민당은 정권을 잃었죠. 1991년부터 1993년까지 3년 연속으로 마이너스 성장을 하게 됩니다. 1993년에는 실업률이 9퍼센트까지 올랐습니다. 완전고용의 신화가 무너진 거죠. 1994년 총선에서 사민당이 다시 정권을 잡습니다만, 경기 악화로 세수는 줄고 재정 지출은 늘어나서 재정 적자가 심각한 상황이었습니다. 그해 재정 적자가 GDP의 15퍼센트 수준에 달했으니까요. 1인당 GDP도 3위에서 16위까지 밀려났습니다. 다들 스웨덴 모델의 종말을 이야기하고 있었습니다. 복지 개혁이 불가피했죠. 전체적으로 복지 지출을 줄이고, 유지하더라도 효율성을 높이는 방향으로 개혁이 되었습니다.

김 개혁으로 결국 복지가 축소된 건데, 결과는 어떻게 평가합니까?

조 결과적으로 스웨덴의 개혁은 성공적이라고 평가받습니다. 1998년에 이미 재정 적자를 벗어났습니다. 요즘 스웨덴은 국가 부채가 GDP의 40퍼센트를 밑돌고 있습니다. 선진국 중에서 가장 낮은 편이죠. 재정도 거의 적자 없이 균형을 이루고 있습니다. 경제 성장률도 서구 선진국 중에서 꾸준히 가장 높은 편에 속합니다. 지금 스웨덴 복지국가의 위기를 말하는 사람은 없습니다.

김 결과적으로 스웨덴 경제가 좋아졌다고 해도, 복지를 축소해서 좋아진 거라면 뭔가 뒷맛이 씁니다.

조 해석의 문제가 있습니다. 복지 축소라고 볼 수도 있지만, 줄어든 대신 훨씬 더 지속 가능한 복지를 제도적으로 구축했다고도 볼 수 있습니다. 노령연금을 사례로 말씀드리겠습니다. 우선 기초연금 부분을 폐지했습니다. 전부 소득 비례 부분으로 바꿨습니다. 즉 필요한 만큼 받는 게 아니라 기여한 만큼 받도록 제도 설계의 개념을 바꿨습니다.

김 아니, 그럼 원리상으로는 예전 우파 시절로 돌아간 거네요. 그걸 국민들이 받아들였습니까?

조 받아들였죠. 결코 우파 시절과 같지는 않았으니까요. 연금을 낼 수 없었던 사람들, 일하지 못했던 사람들을 위한 최소 보장액은 놔뒀습니다. 또 하나, 연금에 대해서 자동 안정화 장치를 도입한 겁니다.

김 자동 안정화 장치가 뭡니까?

조 한국 사람들이 국민연금에 불만이 많죠. 그동안 낸 돈은 돌려받지 않아도 좋으니 그냥 탈퇴하게 해달라는 푸념이 적지 않습니다. 왜 그렇습니까?

김 국가를 못 믿어서 그렇죠. 지금 나라 재정 돌아가는 꼴이나 노령화 추세를 보면 틀림없이 나중에 쥐꼬리만큼 줄 텐데, 그럴 바에는 내가 알아서 하겠다는 거 아닙니까?

조 그렇죠. 맥락은 좀 다르지만 스웨덴에서도 비슷한 문제가 있었습니다. 노령화 문제가 이미 심각했죠. 재정 적자도 심화됐고요. 특히 젊은 세대의 불만이 팽배했습니다. 노령연금의 재원이 한국의 적립식과는 달리 부과식으로 확보되니 현재의 노동인구가 현재의 노인 세대를 부양해야 합니다. 스웨덴의 젊은 세대도 점점 부담이 커지니까 불만이 많아졌습니다. 그래서 아예 젊은 세대가 내는 연금액의 상한액을 정해버렸습니다. 법으로 아예 정해놓으니까 부담액이 눈덩이처럼 불어날 거라는 막연한 불안감이 좀 줄어드는 거죠.

또 하나는 적자와 흑자 연동제를 실시했습니다. 연금이 적자가 나면 자동으로 급여액을 축소하고, 흑자가 나면 자동으로 급여액을 증가시키는 겁니다. 구조적으로 노령연금이 적자가 안 나오게 설계를 한 겁니다. 이렇게 하면 변화하는 상황에도 불구하고 연금의 안정성이 보장됩니다. 예를 들어 예상보다 평균 수명이 더 늘어날 수 있습니다. 그럼 지급액이 늘어나잖아요. 그렇게 되면 개인이 받는 수급액을 축소하는 겁니다. 반대로 경기가 좋아지고 연금 재정 상황이 좋아지면 수급액을 늘리는 거죠. 펑크 날 일이 없다는 확신을 준 겁니다. 비록 금액은 좀 줄어들지만 확실히 받을 수 있다는 믿음을 준 겁니다.

김 제도 자체가 주는 믿음도 있었겠지만 사민당 정부가 수십 년 동안 쌓아온 신뢰가 밑바탕이 됐을 겁니다. 이런 사례를 보면 제도도 제도지만 정치문화 자체가 바뀌지 않으면 안 된다는 생각이 듭니다.

조 쉽지는 않지만, 그래도 우리 사회에서 복지에 대한 국민적 관심이 높아진 것만으로도 일단 한 걸음 전진했다고 봐야죠. 다만 꾸준히 이어지려면 현재의 논쟁 수준을 넘어설 필요가 있습니다.

김 알겠습니다. 마지막으로 현재 스웨덴의 상황을 짚어주십시오. 스웨덴 사민당이 2006년, 2010년 두 번 연속으로 선거에 패배해서 우파가 정권을 잡았죠. 어떻게 봐야 되는 겁니까?

조 사민당이 2010년 총선에서 패배했을 때 전 당수였던 모나 살린이 이런 말을 했답니다. "사민당은 이번 선거에서 졌다. 하지만 사민주의는 이겼다. 이제 다음 세대의 사민주의를 준비하자."

김 오, 그건 무슨 말입니까? 궤변 같은데요.

조 궤변 같이 들리지만, 진실이 담겨 있습니다. 2006년 이후 두 차례 선거에 승리한 보수 연립정부는 온건당이 주도하고 있습니다.

김 이름이 온건당이에요?

조 예, 이름이 온건당입니다. 벌써 느낌이 오죠. 그런데 왜 사민당이 졌지만 사민주의는 승리했다는 걸까요? 한마디로 말하면, 우파가 왼쪽으로 이동했거든요. 보수 정당들이 1991년 경제위기 속에서 승리했습니다. 당시 이들은 스웨덴 복지국가 모델을 공격하고 해체를 주장했습니다. 소위 자유화를 밀어붙였죠. 그러다가 1994년 총선에서 패배합니다. 그리고 또다시 12년 동안 정권을 잃게 됩니다. 그 사이 사민당은 자체적으로 복지 제도 개혁을 진행하지요. 우파가 깊은 반성을 하게 됩니다. 이러다가는 영원히 집권을 못 하겠다고 생각한 겁니다. 그리고 2006년 총선 때 내건 주장이 '우리가 스웨덴 복지국가를 더욱 튼실히 지키겠다.'는 것이었습니다.

김 보수 우파가 말입니까?

조 예. 더 이상 자유화니 복지국가 해체니, 이런 이야기 절대 안 하겠다고 약속했죠. 물론 사민당 노선하고 같을 수는 없습니다. 복지는 지키되 더 효율적으로 하겠다는 겁니다. 인센티브를 강화하고 근로 의욕을 좀 더 고취할 수 있도록 제도를 고쳐나가겠지만 골간은 건드리지 않겠다는 겁니다. 특히 스웨덴 복지 제도의 근간이 되는 가족복지 제도는 아예 건드리지도 않습니다.

김 그래도 2014년 총선에서 사민당이 다시 정권을 잡았죠?

조 맞습니다. 8년간 정권을 잃었으니 사민당 입장에서는 정말 잘해야겠죠. 귀추가 주목되는 상황입니다.

김 우리가 남 걱정할 때는 아니지만, 앞으로는 어떨 것 같습니까?

조 그걸 제가 어떻게 알겠습니까?(웃음) 스웨덴 전문가들도 쉽게 예측하기 어려울 텐데요. 다만 선거에서 이겼다고 해서 사민주의의 앞날이 밝지는 않다고들 이야기합니다. 단기 처방으로는 극복하기 어려운 여러 가지 구조적인 문제들이 있으니까요.

지금 우리는 어떤 꿈을 준비하고 있나

김 간단히 맥만 짚어주세요.

조 첫째는 사민당의 지지 기반 자체가 예전만 못하다는 겁니다. 이제 사민당은 단독으로는 50퍼센트는커녕 40퍼센트도 절대 못 넘는 정당입니다. 30퍼센트를 조금 넘는 수준의 지지율입니다. 다당제 아래에서 제1당의 지위는 견고하지만, 다수를 대표한다고 말하기 어려운 상황이 됐어요. 사민당 스스로도 인정하고 있습니다. 역설적인 것인데 이런 현상 자체도 사민주의 성공의 결과입니다. 오랜 사민주의 복지국가의 성공이 노동계급 상당수를 중산층화한 겁니다. 스웨덴 사회의 계급 구조 자체가 변화한 거죠. 그래서 가장 중요한 지지 기반인 노동조합연맹과의 관계도 과거처럼 긴밀하지 않습니다. 중산층화된 노동자들은 이전처럼 복지나 생산수단의 사회적 통제에 대해 적극적이기보다는 좀 더 큰 경제적 성공, 자유를 원하는 경향이 생기는 거죠.

김 삶이 안정되면 점점 큰 욕심이 생기는 것이 인지상정이겠죠.

조 또 하나는 스웨덴 경제가 대기업 중심 구조로 굳어져 가고 있다는 겁니다. 아까 앞에서 나중에 짚겠다고 한 주제입니다만, 연대임금제가 대기업, 대자본에 유리했다는 점을 살펴보지 않았습니까? 실제로 스웨덴에서는 수십 년간 새롭게 성장한 대기업이 없습니다. 수십 년째 그 기업이 그 기업입니다. 상위 10대 기업이 고용의 60퍼센트 가까이를 점하고 있고, 유명한 발렌베리 그룹은 GDP의 30퍼센트, 시가총액의 40퍼센트 정도를 차지하고 있습니다. 거기다 이른바 황금주라 불리는 차등의결권 덕에 대주주들의 경영권도 탄탄히 보장받고 있습니다. 쉽게 말하면 역전이 일어나지 않는 사회라는 거죠.

김 역전이 일어나지 않는 것은 문제라고 쳐도, 대기업들이 사업 잘해서 세금 많이 내고 그 세금으로 복지 제도가 잘 이루어지는 것은 꼭 문제라고 볼 수는 없는 것 아닌가요?

조 당장은 문제가 아닐 수도 있죠. 실제로 스웨덴 모델은 대기업 위주의 고도성장 전략에 기반을 두고 있습니다. 끊임없는 구조조정과 혁신을 동반하죠. 이 대기업들이 세계시장의 경쟁에서 이긴 결과로 얻은 높은 수익을 조세로 골고루 이전한다는 모델입니다.

그런데 이런 모델에는 간과하기 어려운 두 가지 문제가 있습니다. 첫째, 대기업은 근본적으로 고용 창출 효과가 낮습니다. 규모의 경제가 작동하고 자본생산성이 높으니까요. 그래서 스웨덴의 높은 경제활동 참가율 중 상당 부분은 공공 부문에서 이뤄집니다. 문제는 경제가 좋을 때는 괜찮지만, 어려울 때는 대기업 하나둘만 넘어져도 위험에 처할 수 있다는 겁니다. 실제로 2008년 금융위기를 전후해서 스웨덴 경제가 마이너스 성장을 하게 되는데, 이때 사브자동차가 결국 청산됐고 그 전에 미국 포드로 넘어갔던 볼보자동차도 혹독한 구조조정 끝에 다시 중국 지리자동차로 넘어갔습니다.

김 대기업 중심 구조에서는 충분히 나올 수 있는 우려군요. 두 번째 문제는요?

조 같은 현상의 다른 측면이지만 스웨덴 모델이 근본적으로 고도성장에 기반하고 있다는 겁니다. 고부담-고복지 체계의 유지를 위해서는 일시적인 침체야 있더라도 지속적인 고도성장이 꼭 필요합니다. 그래야 충분한 세수에 기반해서 사회복지를 유지할 수 있겠죠. 물론 지금까지 스웨덴은 장기간 고도성장을 유지했고, 분배 정의와 경제의 효율성이라는 두 마리 토끼를 동시에 잡는 데 성공했습니다. 사민주의 원리가 시장 원리보다 정의롭고 심지어 더 효율적이라는 걸 입증해왔죠. 문제는 이런 성공이 앞으로도 지속 가능하겠느냐라는 겁니다. 아시다시피 적어도 1990년대 이후 세계 경제는 고용 없는 성장이 구조화되고 있습니다. 노동 절약 기술의 확산이 새로운 산업의 성장을 통한 고용 창출을 상쇄하고 있어요. 거기다 인구의 노령화는 회피할 수 없는 현실입니다. 복지 부담이 갈수록 증가하는 게 뻔한데 고도성장은 갈수록 어려워지고 있는 거죠. 스웨덴의 사정이 좀 낫다 하더라도 이것 자체는 확실히 구조적인 장벽이 되고 있어요. 한 나라의 산업 정책 수준의 대응으로는 감당하기 힘든 산업문명 자체의 한계가 닥치고 있는 겁니다. 스웨덴에서도 과거의 비그포르스나 렌-메이드네르 때와 같은 근본적이고 혁신적인 전환의 비전이 지금은 안 보인다고들 합니다.

김 오늘 이야기 마무리해주시죠.

조 스웨덴이 1인당 GNP가 2만 달러였던 1987년에 GNP 대비 사회복지 지출이 30퍼센트에 육박했습니다. 우리나라가 2012년에 1인당 GDP 2만 3679달러에 도달했는데, GDP 대비 사회복지 지출은 겨우 10.5퍼센트 정도였습니다. 케임브리지 대학의 장하준 선생이 이런 상황을 빗대서 이렇게 말한 적이 있죠. 스웨덴에서 복지 축소한다고 한국도 복지를 해서는 안 된다는 주장은 "비만 환자가 다이어트 한다고 하니 영양실조 환자도 따라 하는 격"이라고요. 촌철살인의 비유입니다. 술자리에서부터 공식 선거 토론 자리에 이르기까지 이런 정확하고 유쾌한 비유가 꼭 필요하다고 생각합니다.

하지만 이게 전부는 아니라고 생각합니다. 아니, 이런 비유 이상으로 나아가야 합니다. 이런 비유는 반격을 하게 해주지만 긍정적인 전망까지 제공하는 건 아니거든요. 다이어트냐, 영양실조냐 하는 대립 구도로 정권을 잡기도 힘들겠지만, 잡는다 한들 미래의 비전은 불투명합니다. 스웨덴의 복지 정치에는 반격을 넘어선 미래의 꿈이 있었습니다. 사민주의라는 잠정적 유토피아의 꿈을 결코 포기하지 않았습니다. 지금 우리는 어떤 꿈을 준비하고 있습니까?

김 우리가 꾸어야 할 꿈에 대한 이야기로 마무리를 해주셨습니다. 고맙습니다.

조 고맙습니다.

2부

이미 도착한 미래, 곧 도착할 미래

이윤 목적이
아닌 경제

이윤을 목적으로 하지 않는
경제활동이 가능할까?

과연 사회적 경제 조직이
자본주의적 기업과
경쟁할 수 있을까?

오늘날 사회적 경제에
영감을 제공한 사상가는
누구일까?

지금 한국의
사회적 경제는
어디까지 왔나?

사회적 경제는
자족적인 노력을 넘어서
자본주의의 대안이
될 수 있을까?

우리는 흔히 사적인 이윤 추구가 경제 활동의 유일한 목적이라고 생각한다. 그래서 '사회적 경제'라는 개념은 굉장히 생소하게 여겨진다. 사회적 경제는 사적 이윤 추구가 아닌 상호 부조와 호혜, 공공선이라는 사회적 목적을 띠고 수행되는 경제활동을 일컫는다. 과거 두레나 상포계와 같은 마을 조직 역시 우리 생활 속에 자리 잡아온 사회적 경제다. 오늘날 사회적 경제를 강조하는 문제의식은 이처럼 과거에 광범위하게 퍼져 있었으나 자본주의가 태동하며 시장에 잠식당한 사회적 부문을 되살리자는 취지이다.

사회적 경제의 원조라고 불릴 만한 사람은 19세기 자본가였던 로버트 오언이다. 그는 '착한 자본가'를 넘어서려는 문제의식에서 공장을 경제 공동체이자 생활 공동체로 만드는 실험을 했다. 또한 사회진화론의 적자생존 논리를 반박하며 협력 없이는 진화가 가능하지 않았을 것이라는 주장을 한 표토르 크로포트킨, 사회로부터 벗어나버린 경제를 다시 사회 속으로 묻어야 한다는 주장을 한 칼 폴라니도 오늘날 사회적 경제의 사상적 원천으로 언급된다.

한국에서도 몇 년 전부터 협동조합이나 사회적 기업 등 사회적 경제의 모델이 하나의 대안으로 본격적으로 논의되기 시작했다. 그런데 사회적 경제가 한국 사회에서 주목받게 된 데는 복합적인 맥락이 있다. IMF 이후 취약계층을 구제할 대책으로 정부에서 시작한 공공근로 사업과 뒤이은 자활 사업이 지속 가능성의 문제에 봉착하자 그 해결책으로 찾아낸 것이 당시 주목받기 시작한 사회적 경제였다. 정부가 복지 의무를 회피하기 위해 민간에 떠넘긴 측면이 있고, 현재도 정부에 종속적이라는 문제는 해결해야 할 과제로 남아 있다.

사회적 경제가 발달한 캐나다 퀘벡 주는 노동조합총연맹이 쌓아둔 노동기금 절반 가까이를 투자해 세계적인 사회적 기업인 태양의 서커스를 탄생시켰다. 이처럼 사회적 경제가 실현 가능한 대안이 되려면 자생력과 지속 가능성을 확보해야 하며, 그러기 위해서는 여러 사회적 경제 조직들의 연대와 호혜가 이루어져야만 한다.

사회적 목적의 경제?

김 지금까지 국가라는 차원에서 대안 경제의 모델들을 살펴보았는데, 이제는 사회 단위로 넘어가서 구체적인 사례들을 검토해주시기로 했죠. 우선 사회적 경제의 개념 정리를 해주세요. 사회면 사회고 경제면 경제지, 사회적 경제는 또 뭡니까?

조 한마디로 정리하기는 어렵지만 그래도 해보겠습니다. 사회적 경제란 상호 부조, 호혜와 공공선이라는 사회적 목적을 자발적이고 민주적인 참여를 통해 실현하고자 하는 경제활동이라고 할 수 있습니다. 줄여서 말씀드리면 이윤 목적이 아니라 사회적 목적을 가지고 수행되는 경제활동이라고 할 수 있습니다.

김 오로지 이윤 창출을 목적으로, 또 창출된 이윤을 사적으로 얻기 위한 경제활동이 아니라 상호 부조와 호혜를 지향하며 공생할 수 있는 경제활동이라고 이해하면 되겠네요. 사실 어렵게 이야기할 필요는 없는 것 같아요. 시골의 상포계도 하나의 예가 되지 않을까요? 마을의 어느 집에서 초상이 났다거나 하면 상포계 계원인 마을 주민들이 필요한 물품을 출연하고 노동력을 제공해 함께 돕습니다. 시장에서 해결하려면 다 돈이죠. 이런 활동을 사회적 경제라고 볼 수 있는 것 아니겠습니까?

조 정확한 예시입니다. 알고 보면 사회적 경제는 우리 실생활 속에 매우 깊숙이, 곳곳에 자리 잡고 있습니다. 한국에서 사회적 경제를 연구하는 분이 조사를 하려고 독일에 간 적이 있었대요. 독일도 사회적 경제의 역사가 깊은 나라니까요. 3장에서 말씀드렸지만 독일의 사회적 시장경제에서는 기독교회가 매우 중요한 역할을 수행합니다. 그래서 이 연구자가 사회적 경제 활동으로 유명한 신부님을 찾아갔습니다. 첫 질문이 좀 전에 던지신 질문과 똑같습니다. "신부님, 사회적 경제가 도대체 뭡니까?" 이 신부님이 대답하길, "세상에 사회적 경제가 아닌 게 어디 있습니까?" 이러더라는 겁니다. 조금은 당혹스러운 대답이잖아요. 그래서 이렇게 받아쳤대요. "신부님, 자본주의는 아닌 것 같은데요." 그랬더니 신부님이 이렇게 대답했답니다. "쉿, 그건 비밀이에요."

김 뭘 다 아는 걸 가지고 비밀이라고 그래요?(웃음)

조 반어법이겠죠. 다 알고 있지만 말해서는 안 된다는. 자본주의적 경제활동의 최고이자 유일한 목적은 자본가 또는 주주에게 돌아가는 이윤 창출입니다. 요즈음 기업의 사회적 책임에 주목하는 흐름도 있긴 합니다만 대세를 바꾸지는 못하죠. 반면 사회적 경제가 어디나 있다는 말은 사회적 목적에 종속되는 활동의 일환으로서의 경제라는 것이 사실은 우리 삶의 본질이었다는 뜻을 품고 있습니다.

김 보통 국가, 시장, 사회를 나눠서 이야기합니다. 여기서 '사회'라는 개념은 '공동체'와 비슷한 뜻으로 이해하면 될까요?

조 공동체는 사회 또는 사회적 관계에 포함되는 하위 개념이라고 할 수 있습니다. 공동체는 대면적 접촉과 친밀성, 상대적으로 강한 상호 구속성이 존재하는 곳입니다. 예를 들어 가족, 친족, 마을, 교회나 사찰 같은 종교 집단 등을 들 수 있겠죠. 사회에는 공동체만이 아니라 특정한 목적이나 이익을 위해 뭉친 결사체도 포함됩니다. 더 나아가 공동체와 이익 결사체 모두를 포함하면서 하나의 사회집단에 속한다는 의미를 공유하는 집단 전체가 사회로 정의될 수도 있습니다. 깊게 들어간다면 책 몇 권 분량의 논쟁이 나올 정도로, 사회를 어떻게 정의할 것인가는 어려운 작업입니다.

국가 또는 시장과 대조해보면 사회의 상대적 특징이 드러날 것입니다. 국가는 집합적으로 조직된 권력이라고 볼 수 있죠. 반면 시장은 분산된 개인과 기업 들의 사적인 영리 활동 영역입니다. 사회는 아마도 그 사이에 있는 것이겠지요. 분산된 개인이 아니라 상대적으로 영속적인 상호작용, 즉 사회관계들의 집합체지요. 하지만 국가처럼 강제력에 의해 조직된 것은 아닙니다. 자율적 관계의 영역입니다. 여기서는 이윤이나 통치가 아니라 교류, 소통, 연대가 중요한 목적이 됩니다. 국가, 시장과 구별되면서 이런 특징을 공유하는 관계라면 모두 사회라고 부를 수 있습니다. 가족, 친족, 마을만이 아니라 지역사회, 한국 사회, 심지어 요즘에는 세계시민사회라는 용어까지 나오고 있으니까요. 여기까지가 이론적인 이야기라면, 좀 더 구체적으로 근래 사회적 경제를 논할 때 말하는 사회는 많은 경우 지역사회(local society)를 가리킨다고 보시면 좋을 겁니다.

사회적 경제의 사상적 선구자들

김 알겠습니다. 그런데 우리 삶에 존재하던 두레 같은 사회적 경제가 사상이나 이론으로 정립되는 계기가 있었겠지요? '사회적 경제'라는 개념을 학술 용어로 처음으로 체계화하고 정립한 사람이 누굽니까?

조 사회적 경제라는 말 자체가 등장한 것은 1900년에 열린 파리 만국 박람회에서였습니다. 요즘으로 치면 엑스포지요. 거기서 세계 곳곳에 존재하는 다양한 결사체와 조직을 전시한 겁니다. 19세기 말, 20세기 초 서구에서 열린 엑스포의 주요 전시물은 세계 곳곳의 사람들이었습니다. 여기서 프랑스의 샤를 지드(Charles Gide)라는 사람이 방금 말씀하신 두레 같은 종류의 조직들에 사회적 경제라는 이름을 붙인 겁니다.

1900년이라는 시기는 그야말로 세기말적 상황이었습니다. 마르크스가 "제 발로 선 자본주의"라고 묘사했던 19세기 후반 대공장 기반의 자본주의는 세계를 집어삼키고 있었고, 동시에 거대한 모순이 터져 나오고 있었습니다. 샤를 지드는 그에 대한 대안, 시장경제를 더욱 사회적이고 공정한 경제 체제로 전환하기 위한 대안으로 사회적 경제에 주목해야 한다고 생각했죠. 그런데 명칭이 아니라 사상과 실제 흐름의 측면에서 본다면 이미 그 이전부터 사회적 경제의 흐름은 출현했습니다. 굳이 원조를 따지면 1800년대 중후반에 열심히 활동한 영국의 로버트 오언(Robert Owen) 같은 사람을 꼽을 수 있습니다.

김 아, 이른바 공상적 사회주의의 중요 인물이죠.

조 맞습니다만, 제가 한마디만 해야겠습니다. 지금 공상적 사회주의라고 자연스럽게 표현하셨는데, 마르크스와 엥겔스가 사회주의의 전통을 분류하면서 로버트 오언, 생시몽(Saint-Simon), 샤를 푸리에(Charles Fourier) 같은 사람들을 하나로 묶었죠.

김 꿈속을 헤매고 있는 사람들이라고요.

조 공상이라는 표현은 어감이 딱 그렇지 않습니까? 현실성이 전혀 없는 이야기라는 어감이요. 사실 원어로 보면 '유토피아적 사회주의'입니다. 그 말을 일본에서 공상적 사회주의라고 번역했고, 그게 한국에도 그대로 들어온 겁니다. 그런데 공상적 사회주의와 유토피아 사회주의는 어감이 꽤 다르지 않습니까?

김 그러네요.

조 스웨덴 모델을 다루면서 비그포르스의 잠정적 유토피아라는 개념을 통해 꿈의 중요성을 이야기했습니다. 유토피아의 꿈을 잃어서는 안 된다는 그의 주장에서 '유토피아'라는 단어를 '공상'으로 바꿔보지요. '우리는 공상의 꿈을 잃어서는 안 된다.' 웃기잖아요. 마르크스와 엥겔스, 그리고 마르크스주의자들이 이들을 비판한 것은 사실입니다만 그렇다고 해서 번역 자체가 초래한 문제를 간과해서도 안 되겠죠.

김 알겠습니다. 그럼 로버트 오언은 어떤 생각을 했고 구체적으로 무엇을 실험했던 겁니까? 오언이 공장을 운영했던 것으로 기억하는데요, 이른바 자본가 아니었습니까?

조 자본가 맞습니다. 오언은 원래 방직공장을 소유한 자본가였지요. 엥겔스처럼 말이죠. 그런데 엥겔스와는 달리 자본가와 노동자가 공생할 수 있다고 생각했습니다. 그래서 그는 자기 공장 노동자들에게 잘해주려는 착한 자본가의 모습으로 출발했습니다. 뉴라나크라는 자신의 공장을 실험 대상으로 삼았습니다. 노동자들에게 좋은 대우를 해주고 부조를 하는 실험을 해서 상당히 평판이 좋았다고 합니다. 노동자들에게 잘해주는 자본가 정도로 출발해서 문제의식이 점점 발전한 겁니다.

김 된 사람이네. 원래 돈이 주머니에 들어오면 욕심이 더 커지는 법인데요.

조 훌륭한 사람이지요. 오언은 당시 사람들에게 신세계였던 미국으로 근거지를 옮깁니다. 뉴라나크보다 더욱 큰 규모로 '뉴하모니'라는 새로운 실험을 합니다. 이때부터 문제의식이 근본적으로 바뀌어서 공동체를 지향하게 됩니다. 단순히 자기가 착한 자본가가 되는 것으로는 부족하고, 그것을 넘어서 자본가와 노동자가 하나의 경제 공동체이자 생활 공동체가 되어야 한다고 생각하게 됩니다.

김 그러니까 그전에는 공장 안에 들어오는 순간, 즉 생산 과정만 같이 했는데 이제 삶 전체를 같이하는 관계가 되었군요.

조 그렇지요. 또 노동화폐 교환소를 만들어서 화폐 없는 세상을 실험합니다. 화폐가 자본주의적 착취의 가장 중요한 수단이라는 문제의식이 있었습니다. 이것은 지금도 비판적 경제학자들 사이에서 크게 공유되는 문제의식이기도 합니다. 화폐에 착취의 비밀이 있다는 것이죠. 오언은 마르크스처럼 많이 공부한 사람은 아니지만 그런 생각에 이르게 된 겁니다. 그래서 노동한 가치에 따라서 노동한 만큼의 증서를 발행하고, 그 증서를 서로 교환하는 방식으로 화폐를 없애는 대안을 실험했습니다.

김 훌륭한 사람이군요. 자, 그러면 오언의 계보를 잇는 사람이 누가 있습니까?

조 시대순으로 본다면 러시아의 무정부주의 사상가 표트르 크로포트킨(Pyotr Kropotkin)이 나오면 되겠네요.

김 무정부주의자, 이건 번역 잘못된 거 아니지요?

조 잘못된 번역은 아니지만 무정부주의에 대해서도 널리 퍼진 오해가 있습니다. 무정부주의자들이 통치라는 행위 일반을 부정했다는 거죠. 무정부주의자들의 진의를 고려한다면 '자치주의자'라고 부르는 게 더 적합할 겁니다. 통치가 아예 없는 세상, 내 마음대로 해도 되는 세상이 아니라 인간이 스스로 자신을 통치하는 세상을 지향했습니다. 자치를 지향하기 때문에 통치의 단위는 커지기 어렵습니다. 그런 소규모 공동체들의 연대를 지향합니다.

김 무정부주의 사상을 따르자면 사회적 경제와 연결이 안 되려야 안 될 수가 없겠네요.

조 크로포트킨이 쓴 책 중 가장 중요한 책이『상호부조론』인데요, 만물은 서로 돕는다는 생각을 핵심으로 합니다. 특히 진화론과 관련한 내용이 중요합니다. 크로포트킨이 활동하던 19세기 말에서 20세기 초는 다윈의 진화론을 사회에 단순하게 적용한 사회진화론이 맹위를 떨치던 시기입니다. 특히 초기 사회학자들이 아주 큰 역할을 했습니다. 사회진화론은 사회 또한 자연과 마찬가지로 치열한 생존경쟁의 장이며 우승열패, 적자생존이라는 법칙이 작동한다고 주장합니다.

김 참 무서운 논리지요.

조 무엇보다 승자의 논리죠. 그런데 이 논리를 패자가 받아들이면 더 무서운 사태가 됩니다.

김 내가 못나서 당한 거라는 결론이 나오게 되니까요.

조 그렇죠. 저들이 잘못한 건 없다. 왜냐하면 원래 세상은 그런 거니까. 그것을 진리로 숭배하게 되면 어떻게 될까요? 영원히 강자의 노예가 될 뿐입니다. 당시 사회진화론의 대표자는 『멋진 신세계』라는 작품으로 유명한 올더스 헉슬리(Aldous Huxley)였습니다. 그는 「인간사회에서의 생존경쟁」이라는 논문에서 이런 논리를 강력히 주장했습니다. 크로포트킨은 헉슬리를 염두에 두고 오히려 협력이야말로 진화의 원동력이라는 주장을 펼쳤습니다.

김 크로포트킨도 원래 생물학자였나요?

조 1860년대부터 러시아군 장교였던, 부유한 귀족 출신입니다. 초기 군 복무 시절 시베리아와 만주 등지에서 지리학과 생물학 연구에 집중합니다. 독자적으로 연구한 거죠. 그는 자연계에서 심지어 종을 뛰어넘기도 하는 무수한 협력의 사례들을 관찰합니다. 이런 협력 없이 서로 무한경쟁을 했다면 진화는 가능하지 않았을 것이라는 결론에 이르게 되지요. 그러다 보니 협력에 주목하는 최신 진화생물학, 진화심리학, 진화경제학 등에서도 크로포트킨을 중요한 선구자로 언급합니다. 당시 크로포트킨의 이야기를 보면 참으로 선견지명이 탁월합니다. 그는 정통 마르크스주의에서 추구한 집합적인 국유화 같은 방식이 아니라 상호 부조할 수 있는 다양한 사회적 경제의 조직들을 통해서 충분히 잘살 수 있고 진화할 수 있다고 주장했습니다.

김 『사회를 구하는 경제학』에서 언급했던 칼 폴라니(Karl Polanyi)도 빼먹을 수는 없겠죠?

조 당연합니다. 오늘날 사회적 경제에 영감을 준 사상적 원천으로 가장 많이 언급되는 사람이 폴라니입니다. 사회로부터 벗어나버린 경제를 다시 사회 속으로 묻어야 한다는 유명한 명제를 주장했지요. 또 하나 간단히 언급하고 싶은 사람이 있습니다. 의외라고 여길 분도 있을 텐데요, 우리가 잘 아는 마하트마 간디입니다.

김 간디 하면 비폭력 평화주의, 무저항주의 같은 것만 떠오르는데 간디도 사회적 경제와 관련이 있습니까?

조 간디가 물레 잣는 사진 본 기억 있으시죠? 물레 잣는 간디야말로 대안 경제를 꿈꾸던 사람의 모습입니다. 간디는 인도가 영국에서 독립해서 영국 같은 자본주의 강대국이 되기를 꿈꾸지 않았습니다. 그런 꿈은 결국 또 다른 인도를 수탈해야만 가능한 꿈이니까요. 간디는 자급자족하면서 상호 부조하는 경제를 꿈꿨습니다. 잘살지는 못해도, 큰 경제적 부를 누리지는 못해도 서로 도와주는, 즉 호혜하는 경제가 우리의 대안이라고 생각했습니다.

간디의 경제 노선은 정치 노선과도 맞아 떨어집니다. 간디가 가장 강조했던 정치적 단위는 판차야트라고 불리는 촌락 정치 조직입니다. 즉 정치적 주체와 경제 조직은 함께 가야 한다는 겁니다. 정치적 주체는 촌락 단위인데 경제활동의 주체는 대기업으로 상정한다면 서로 대응이 안 됩니다. 양자 간에 모순과 충돌이 일어날 수밖에 없죠. 정치적 주체는 경제적 힘이 있어야 하잖아요.

김 실제로 독립 이후에는 어떻게 됩니까? 간디는 곧 암살당하고 네루가 집권하잖아요?

조 네루가 초대 총리에 오르면서 간디 노선을 승계합니다. 인도는 이른바 비자본주의적 발전 노선을 추진합니다. 그 내용은 거시적으로 보자면 사회주의라기보다는 국가자본주의에 가까웠습니다. 동시에 간디의 노선을 계승해서 사회적 경제, 특히 협동조합을 굉장히 중시했습니다. 그 결과 국가 전체 GDP 규모에서 협동조합을 포함한 사회적 경제가 차지하는 부문이 가장 큰 나라가 인도입니다.

주식회사 팀을 이긴 협동조합 팀

김 지금까지 사회적 경제의 개념과 사상적 흐름까지 짚어봤습니다. 너무 깊게 들어가지는 말고 어떤 사례들이 있는지 맛보기로 쇼윈도에 한번 올려볼까요?

조 스포츠, 특히 축구 좋아하시는 분들은 다 아실 만한 팀인데요, FC 바르셀로나라는 팀이 있죠.

김 메시의 팀이죠. 당연히 알지요.

조 10여 년 가까이 세계 최강으로 군림하고 있는, 축구 역사에 길이 남을 만한 팀으로 꼽힙니다. 유럽 챔피언스리그 결승전에서 박지성 선수가 활약했던 맨체스터 유나이티드를 두 번이나 이기고 우승한 팀이기도 하지요. 경제적 측면에서 두 팀을 비교해보면, 맨체스터 유나이티드는 주식회사입니다. 하지만 FC 바르셀로나는 협동조합입니다. 게다가 맨체스터 유나이티드는 미국 자본이 인수했지요.

김 원래는 노동자들이 만든 팀 아니었나요?

조 맞습니다. 맨체스터 유나이티드나 아스날, 리버풀, 웨스트햄 유나이티드, 블랙번 등은 모두 노동조합이 중심이 되어 출발했던 팀이죠. 원래 축구 자체가 노동자 문화 속에서 등장한 게임이었고요. 그러나 갈수록 상업화의 길을 걷게 되어 특히 1990년대 이후에 잉글랜드 프로축구가 프리미어리그로 전환하면서 본격적으로 상업화를 추구하게 됩니다. 그때 모두 주식회사로 전환합니다.

김 맨체스터 유나이티드 말고도 상당수 팀이 외국 자본에 인수됐습니다. 스폰서도 엄청나게 받고, 입장료도 엄청나게 올려서 팬들 사이에서 불만도 많다더군요.

조 새로 팀의 주인이 된 주주들의 참된 목적은 축구를 즐기는 것이 아니라 이윤을 내는 거니까요. 반면 FC 바르셀로나는 '소시오'라고 불리는 17만 명 정도의 조합원들로 이뤄진 협동조합입니다. 소시오들이 선거로 회장을 뽑고 팀의 운영 방침을 결정하지요. 주주들이 아니라 조합원들이 결정하는 겁니다.

　제가 축구 팬이라 바르셀로나에 갔을 때 FC 바르셀로나의 홈구장인 캄프 누에 가봤어요. 유럽의 유명 축구팀들은 대부분 축구장 투어 프로그램이 있습니다. 축구장 전체를 둘러볼 수 있고, 잔디도 밟아보게 하고, 선수들 로커 룸이나 인터뷰 룸도 가볼 수 있어요. 박물관도 있습니다. 그리고 투어 코스의 맨 마지막에는 언제나 숍이 있지요.

김 돈 풀라는 거지요.(웃음)

조 맞습니다. 경기장 곳곳에 FC 바르셀로나의 슬로건이 적혀 있더군요. 슬로건이 네 가지인데, 첫째는 바르셀로나가 위치한 지역인 '카탈루냐 정체성'입니다. 스페인으로부터 항상 독립하려 하는 곳이니까요. 둘째는 '민주주의', 셋째는 '사회적 연대', 마지막이 '사회적 공헌'입니다. 프로 축구팀의 슬로건 치고는 굉장하지요?

김 유니폼에 상업 광고도 안 달지 않았나요?

조 한 번도 달지 않았죠. 원래는 상업자본주의에 침식당하면 안 된다는 생각 속에서 오랫동안 원칙을 지켜왔던 것인데요. 그러다가 근년 들어 극도의 경쟁 속에서 결국 광고를 달고 있습니다. 이 사례에서 생각해볼 거리가 의외로 많습니다. 제가 왜 첫 사례로 FC 바르셀로나라는 프로축구팀을 들었을까요? 잉글랜드 프리미어리그와 맨체스터 유나이티드를 생각해보면, 맨체스터 유나이티드는 완전히 자본주의화된 기업이고 잉글랜드 프로축구는 세계에서 가장 자본주의화된 스포츠입니다. 그런데 적어도 지난 몇 년간은 협동조합 팀인 FC 바르셀로나가 더 좋은 성적을 냈습니다. 성적도 그렇지만 새로운 축구의 패러다임을 제시했다는 축구사적인 맥락에서도 FC 바르셀로나는 기념비적인 팀으로 여겨집니다.

김 그런데 그게 협동조합이기 때문이라는 건가요?

조 오해하시면 안 됩니다. 제가 말씀드리고 싶은 것은 오히려 협동조합임에도 불구하고 이렇게 거대한 자본주의적 기업과 경쟁할 수 있다는 겁니다.

김 아, 그 말은 성립이 되지요. 협동조합이기 때문에 맨유를 이겼다는 건 좀 아닐 것 같아요. 왜냐하면 메시가 있잖아요.

조 그것도 맞습니다.(웃음) 그런데 이 사례는 그 이상을 고민하게 해줍니다. FC 바르셀로나는 100년 넘는 역사 동안 지켜온 원칙을 버리고 유니폼 광고를 달게 되었습니다. 자본주의화라는 냉혹한 흐름 속에서 협동조합 기업이 과연 얼마나 원칙을 지킬 수 있을까라는 의문이 드는 것이죠. 원칙을 지키려다 보면 경쟁에서 뒤처지고 몰락하게 된다는 공포가 있는 겁니다. 거기다 점점 규모가 커지다 보니 협동조합 운영의 요체인 민주주의에도 균열이 일어납니다. 지금 FC 바르셀로나의 소시오 중 상당수는 외국에 있습니다. 글로벌 인기 팀이 되다 보니 이런 현상이 발생한 건데 이들에게는 투표권이 없어요. 그런데 생각해보면 카탈루냐 정체성에 기반을 둔 팀의 회장 선거에 한국이나 일본 사람이 투표하는 건 이상하잖아요? 팀이 지역적 기반을 벗어나 글로벌 시장으로 진출하게 되면서 나타난 불일치죠. 사회적 경제에는 이런 모순과 갈등이 무수히 존재합니다. 그래서 오히려 고민할 거리가 많죠.

김 너무 일찍부터 알짜를 다 내놓으시면 안 됩니다.(웃음) 다른 유명한 기업들은 뭐가 있나요?

조 『사회를 구하는 경제학』에서도 이미 언급한 스페인의 몬드라곤 협동조합은 워낙 유명하지요. 나중에 다시 다룰 기회가 있을 겁니다. 또 유명한 통신사인 AP통신도 협동조합입니다. 그리고 오렌지 주스 하면 딱 떠오르는 회사가 있죠?

김 썬키스트지요.

조 캘리포니아와 애리조나의 약 6000여 농가가 모인 협동조합입니다. 또 우리나라에도 몇 번 왔다 간, 세계적으로 유명한 태양의 서커스도 사회적 기업입니다. 캐나다 몬트리올에 있지요.

김 벌어들이는 돈이 어마어마하다던데요.

조 연간 1조 원 이상 매출을 올린다고 하더군요. 서커스를 예술로 승화시켰다는 평판을 듣는다고 합니다. 몬트리올이 있는 캐나다 퀘벡 지역이 사회적 경제로 굉장히 유명한 지역입니다. 그 지역에서 시작한 사회적 기업입니다. 출범할 때 노동조합총연맹의 기금에서 재정 지원을 받았습니다.

김 사회적 기업도 이렇게 클 수가 있군요. 한국은 워낙 걸음마 단계이다 보니 사회적 기업이 그냥 구멍가게 규모로 인식되어 있는데요. 이런 사례들을 보면 우리나라 협동조합 운동이나 사회적 기업 운동은 너무나 늦게 출발한 것 같습니다.

조 물론 서구보다는 늦었지만 우리나라도 1920년대부터 이미 협동조합 운동이 출범했습니다.

김 일제 시대 때 있었습니까?

조 물론이지요. 대표적인 조직으로 천도교에서 조직한 조선농민사가 있습니다. 쉽게 말해서 농민들의 협동조합, 생산자 협동조합이지요. 그리고 1920년대 하면 떠오르는 조선물산장려운동이 있지요? 조선물산장려운동 안에 노선 투쟁이 있었습니다. 간단히 말하면 한쪽은 자본가 중심주의였습니다. 조선의 자본을 키우자는 거죠. 조선 자본이 만든 물건을 팔아줘서 조선 자본가들의 실력을 키우고, 조선의 자본을 축적하자는 주장이었습니다.

김 일제와 매판자본을 배격하고 민족자본을 키우자, 이런 주장이네요.

조 맞습니다. 또 하나의 노선은 간디의 영향을 받은 자작주의입니다. 노동자와 농민이 스스로 자립 기반을 만드는 것, 나아가 그들 간의 공생 경제를 만드는 것이 더 올바른 방법이라는 노선이었죠. 조선농민사가 바로 그런 흐름 속에 있었던 겁니다. 직접 생산하는 농민들이 중심이 되어 공생 경제를 건설하려고 했죠. 천도교 기반이 강했던 평안도에서는 상당한 성공을 거둡니다.

김 결국 어떻게 됐나요?

조 조선농민사 내의 천도교 세력과 비천도교 세력 간의 대립과 분열이라는 문제도 있었고, 관제 농촌 운동으로 농촌 진흥 운동을 밀어붙이던 조선총독부의 탄압과 회유도 작용해서 결국 실패하고 맙니다. 천도교 지도부가 친일화한 것도 작용했죠. 대신 일제의 관변 조직들이 협동조합의 자리를 차지하게 됩니다. 소위 금융조합이 대표적입니다. 또 읍면 단위에는 식산계라는 것을 설치합니다. 이것들이 해방 후 몇 차례 우여곡절을 거치면서 오늘날 농협의 전신이 되지요.

김 농협, 축협, 수협이 전부 통합됐지요. 아무튼 이런저런 협동조합 따져보면 가입한 사람들이 엄청 많을 거예요.

조 사실 협동조합에 소속되어 있는 사람 숫자로 따지면 한국도 굉장히 많습니다. 물론 중복되는 사람들이 많은 걸 고려해야겠지만 연인원으로 따지면 3000만 명 남짓이거든요. 그런데 이 거대 협동조합들이 대체로 관변 조직의 성격을 띠고 있습니다. 일제 시대를 시작으로, 해방 후 이승만 독재 시기와 유신 독재를 거치면서 이렇게 된 거죠. 아래로부터의 자주적 조직이 아니라 권력의 동원 조직이 된 겁니다.

김 아주 원초적인 질문을 하나 하겠습니다. 협동조합을 하면 뭐가 좋습니까?

조 구체적 사례를 들어서 말씀드리겠습니다. 특정 브랜드를 말할 수는 없으니 특별시 우유라고만 부르겠습니다. 생산자 협동조합입니다. 그리고 한국에서 제일 큰, 또 다른 우유 회사가 있지요. 이 회사는 갑질로 유명하니 갑질 우유라고 부르기로 하지요. 아주 간단합니다. 생산자인 낙농가 입장에서는 원유 값을 잘 쳐주는 쪽이 제일입니다. 제가 아는 바로는 특별시 우유가 갑질 우유보다 농민들에게 더 비싸게 집유

해갑니다. 특별시 우유는 갑질 우유처럼 이윤을 크게 잡을 필요가 없으니까요. 물론 특별시 우유도 깊이 들어가면 여러 문제가 있을 겁니다. 요즘도 우유 가격으로 말이 많죠. 하지만 적어도 이런 면에서는 확실히 농민들에게 협동조합이 더 유리합니다.

김 기업화되어 있기는 하지만 그래도 100퍼센트 자본주의 기업으로 운영되는 우유 회사보다는 낫다는 거지요? 호혜라고 볼 수 있겠군요.
조 그렇죠. 축산 농민들이 만든 협동조합이니까요. 그런데 협동조합도 문제가 생길 수 있습니다. 1인 1표 제도라서 의사결정이 민주적이지만 조합원들이 조직 이기주의에 빠질 가능성도 있습니다. 그래서 이탈리아 같은 곳에서는 아예 제도적으로 사회적 협동조합이라는 범주를 만들었습니다. 협동조합의 설립과 활동의 목적 자체가 조합원들만의 이익이 아니라 지역사회에 대한 공헌이 되게끔 정한 협동조합이죠.

김 이윤의 일정 비율을 지역사회에 환원하도록 의무화한 것이군요.
조 맞습니다. 정관에 그 의무를 반영하는 사회적 협동조합은 별도의 법률에 의해서 보호받고 지원받도록 하는 것이죠. 한국에서도 2012년에 제정된 협동조합기본법에서 비영리 법인으로 사회적 협동조합을 설립할 수 있도록 했습니다. 협동조합이 심사를 통과하면 일정한 지원을 받게 되는 것이죠. 그런데 여기에도 문제가 있습니다. 자세한 내용은 다시 다루겠지만, 한마디로 말씀드리면 정부에 종속이 되는 문제가 있습니다.

우리의 사회적 경제는 어디까지 왔나

김 한국 사회에서 사회적 경제의 대안 모델이 사회적 기업이나 협동조합 등의 형태로 몇 년 전부터 본격적으로 논의되기 시작했어요. 실제로 움직임도 나타나고 있습니다. 그러면 지금 한국 사회의 논의 수준은 어디까지 와 있는지 궁금합니다. 며칠 전에 아파트 1층에 벽보가 하나 붙어 있는 걸 봤어요. 사회적 기업 강좌 홍보 벽보더라고요. '아, 사회적 기업의 논의가 이렇게까지 일반화되어 있구나.' 생각했습니다. 지금 논의되거나 실행되는 수준, 어느 정도 와 있다고 평가하세요?

조 일단 성장 추세로만 보면 조금 전에 말씀하신 사례가 시사하는 것처럼 급속도로 팽창하고 있습니다. 단적인 사례로 사회적 기업 육성법이 2007년 1월부터 발효가 되었는데, 그때 처음 사회적 기업으로 승인받은 기업이 50개 정도 되었습니다. 그런데 2015년 9월 현재 한국 사회적기업진흥원에 등록된 업체 수가 1380여 개에 달합니다. 거기에 예비 사회적 기업 제도도 있어요. 아직 사회적 기업으로서 요건이 충분하지는 않지만 성장할 만한 가능성이 있다고 판단되어 일정한 지원을 받는 기업들이죠. 그런 기업까지 따지면 훨씬 더 많아지겠죠.

김 사회적 기업이 늘어나고는 있는데 왜 전부 청소하는 업체입니까?

조 지금 말씀드리려던 주제입니다. 한국에서 사회적 경제라는 주제가 부상하게 된 맥락이 조금 복합적입니다. 열심히 사회적 경제를 강조하고 실천해온 활동가들이 노력한 성과라는 측면도 있지만, 다른 한편으로는 정부가 필요해서 띄운 측면도 있습니다.

김 그러니까 사회적으로 열악한 환경에 있는 분들의 고용을 창출하기 위해서라는 거죠? 정부가 세금으로 직접 돈을 주는 대신 사회적 기업이라는 매개를 이용해서 민간 부문으로 넘겨버렸다는 겁니까?

조 그럼은 그게 맞습니다만, 좀 더 구체적인 맥락이 있습니다. 한국이 1990년대 후반에 IMF 위기를 맞았죠. 얼마나 암울했습니까? 수많은 분들이 길거리로 나앉게 되고, 특히 취약계층의 타격은 정말 컸습니다. 그때 대책으로 등장한 게 무엇입니까?

김 공공근로였지요.

조 공공근로 사업을 했어요. 이것은 정부가 하는 겁니다. 실업자 구제 책이었죠. 당장 실업자들을 구할 제도적 방안이 없는데 그냥 돈을 줄 수는 없으니까 풀 뽑기처럼 무슨 일이라도 시키고 돈을 줬습니다. 당연히 문제가 됐습니다. 그래서 공공근로 사업이 자활 사업으로 전환하게 됩니다. 자활 사업은 말 그대로 스스로 자립 기반을 다지는 사업에 정부가 지원을 한다는 개념이지요. 하지만 역시 정부 각 기관이 주관한다는 점에서는 동일합니다. 관의 계획에 따르는 사업이라면 지속 가능성이 없습니다. 그래서 2000년대 전반 무렵에는 시민단체에 위탁 운영을 하는 방식도 많이 취했습니다. 하지만 시민단체 입장에서 보면 이건 원래 하던 일이 아닙니다. 전문성도 없고 자신들의 활동과 관련성이 없으니 비전도 없습니다. 결국 돈은 돈대로 드는데 성과는 별로 없는 상태가 지속된 겁니다. 정부 입장에서도 뭔가 탈출구가 필요했습니다. 그런데 외국 사례를 보니까 사회적 기업이라는 게 있거든요.

그렇다면 취약계층의 자활 문제는 아예 사회적 기업에 맡기고 정부는 그들에게 일정 부분 지원을 제공하는 편이 좋겠다는 생각이 든 겁니다. 정부 입장에서는 첫째, 비용 절감, 둘째, 책임으로부터의 해방이라는 일거양득의 방법이 될 수 있다는 것이죠. 국가가 책임져야 하는 취약계층에 대한 복지, 복지국가라면 사회적 안전망을 통해서 삶을 보장해야 하는 의무를 사회적 기업에 떠넘기는 측면이 있는 것입니다.

김 약간 폄하하는 듯 들릴 수도 있어서 걱정이 됩니다만, 외국에서는 사회적 기업이 민간 영역에서 자발적으로 만들어지고 확장되었으며 거기에 정부가 지원을 했다는 거죠? 반면 우리나라의 사회적 기업은 아직 걸음마 단계이니 관에 의해서 인큐베이팅되고 지원을 받아야만 자립 기반을 확보할 수 있는 상태가 아닌가 싶습니다. 그런데 이건 순서가 완전히 정반대 아닙니까?

조 그런 측면이 있습니다. 그리고 적어도 제가 아는 바로는 연구자들, 직접 사회적 기업을 하는 분들도 이게 문제라는 것 정도는 다 알고 있습니다. 하지만 일단 당장 활동을 해야 하는 분들에게 도움의 손길이 필요한 것 또한 사실입니다. 한편으로는 사회적 기업을 한다고 해서 복지국가를 하지 말자고 주장하는 건 아닙니다. 국가의 퇴각, 복지로부터의 철수를 환영하면서 "우리가 그거 할게." 하면서 달려드는 게 아닌 거죠. 복지도 강화하되, 복지와 사회적 경제를 결합해야 한다고 생각하는 것입니다. 그럼에도 불구하고 현실에서 양자가 충돌하는 경우가 있는 것도 사실입니다.

김 아, 역시 그렇군요. 이왕 사회적 경제의 한계에 대한 이야기가 나온 김에 냉철하게 한번 짚어보죠. 정부의 지원이 가져오는 문제는 결국 사회적 경제의 경쟁력이 약해서 발생하는 문제 아닙니까? 사회적 경제가 원래 경쟁력이 약하다면 그것도 문제 아닌가요?

조 원래 경쟁력이 약한 건 아니라는 걸 FC 바르셀로나 같은 사례를 들어서 이야기한 겁니다.

김 그런데 계속 국가의 지원 문제가 나오니까요. 외국도 지원을 해준다고요?

조 그렇습니다. 꽤 중요한 주제입니다만, 협동조합을 포함해서 사회적 기업, 나아가 모든 사회적 경제 활동에서 가장 심각한 문제 중 하나는 항상 금융 혹은 자본화의 문제입니다.

김 그렇지요. 쉽게 말해서 종잣돈이나 운영 자금을 어떻게 마련할 것인가가 늘 문제죠.

조 그렇습니다. 성공 사례도 많습니다만 자본화에 실패해서 사라지는 경우도 셀 수 없이 많습니다. 상당수의 사회적 경제 단위들이 자본주의 기업과 시장에서 경쟁해야 합니다. 치열한 경쟁 아래에서는 이 금융 문제가 훨씬 심각해집니다. 결국 사회적 기업과 협동조합이 이런 경쟁 압력을 이겨내려면 지속 가능한 안정적인 재원의 확보가 결정적 요인으로 떠오릅니다. 여기서 딜레마가 생기는 겁니다. 정부 지원을 받으면 좋지만 자꾸 지원을 받게 되면 자율성이 떨어지고, 사회적 경제로서 의미가 약화된다는 거죠.

김 그렇다고 완전한 자율성을 지향하자니 종잣돈이 없습니다.

조 그렇죠. 캐나다 퀘벡 같은 지역이 주목받는 이유가 여기 있습니다. 주 정부도 지원을 했습니다만 아주 큰 종잣돈이 퀘벡 주 최대의 노동조합총연맹에서 나왔습니다. 총연맹이 쌓아둔 노동기금이 당시에 70억 달러 정도가 있었다고 합니다. 한국의 노동운동에서 가장 취약한 부분이기도 합니다.

김 와, 70억 달러면 대충 7조 원쯤 되는 돈이네요.

조 예. 수십 년 동안 모아놓은 기금인 것이지요. 그 기금을 그동안은 어떻게 했겠습니까? 다른 펀드들과 마찬가지로 기업이나 채권 같은 곳에 투자했던 겁니다. 1990년대 중반 이후 퀘벡에서 사회적 경제가 본격화되면서 거의 절반 가까이를 사회적 경제 부문에 투자합니다.

김 태양의 서커스가 그런 지원 속에서 가능했던 것이군요.

조 그렇죠. 사실 없으면 없는 대로 스스로 해나가는 것이 원칙적으로 맞습니다. 반대로 자활을 위해서 정부의 재정 지원이 꼭 필요한 부분에는 지원하는 게 맞을 겁니다. 그럼 그 원칙은 어떻게 세워야 할까요? 사회적 경제 연구로 유명한 이탈리아의 스테파노 자마니(Stefano Zamagni) 교수가 굉장히 강조하는 지점이 있습니다. 정부는 사회적 경제가 자본주의 기업과의 경쟁에서 불리한 처지에 빠지지 않도록 제도적인 지원에 집중해야 한다는 겁니다. 예를 들면 세제 등의 부분에서 지원해야 한다는 것이죠. 반면 재원의 마련은 최대한 사회적 경제 부문 내부에서 상호 부조를 통해서 이루는 것이 맞다는 것입니다. 특히 이 경우에 힘이 있는 조직 노동자들의 역할이 무척 중요합니다.

한 발씩 적의 영토를 점령하는 평화의 군대

김 마지막으로 이 질문을 드리지 않을 수 없습니다. 사회적 경제의 취지는 좋지만 과연 자본주의 경제 체제의 근본적인 대안이 될 수 있느냐, 결국 국부적인 대안, 극히 제한된 범위 안에서 자족적인 노력에만 그치는 것은 아닌가 하는 비판에 대해서는 어떻게 생각하세요?

조 당연히 제기할 수 있는 의문이죠. 19세기 영국의 협동조합 운동가인 조지 제이컵 홀리요크(George Jacob Holyoake)가 이런 말을 했다고 합니다. "협동조합은 한 발씩 적의 영토를 점령하는 평화의 군대다." 온건해 보이지만 취지를 읽어보면 굉장히 강력한 주장이죠. 사회적 경제가 자본주의 시장경제를 그야말로 한 뼘씩 포위해서 대체하자는 주장이니까요.

김 단숨에 체제 변혁을 하는 게 아니라 조금씩 확장하면서 지배적 범주로 상승해야 한다는 취지로군요.

조 예, 그런 말이죠. 그런데 이런 발상도 문제가 있습니다. 비유하자면 이런 겁니다. 호랑이의 발톱이나 이빨이 얼마나 무섭습니까? 하지만 호랑이 발톱을 하나씩 하나씩 다 뽑고, 이빨도 차근차근 다 뽑으면 무섭지 않겠죠? 그래서 호랑이를 무장해제하겠다고 진짜로 발톱을 하나씩 뽑으려 하면 어떻게 될까요? 다 뽑기는커녕 바로 잡아먹히겠지요. 자본주의를 호랑이에 비유할 수 있다는 겁니다. 자본주의 시장이 가진 힘은 너무나 막강해서 협동조합이나 사회적 기업이 차곡차곡 점진적으로 점령하기는 불가능하다는 것이죠. 한 발 한 발 점령하는 대신 한 줌 한 줌 말라가는 과정이 될 수도 있다는 겁니다. 사회적 경제가 대안 경제의 관점에서 무의미하다는 말은 절대 아닙니다. 그렇다면 이런 이야기를 하고 있을 필요도 없죠. 사회적 경제 자체가 아니라 사회적 경제활동 사이의 연대와 국가라는 정치적 요인이 매우 중요하다는 겁니다.

김 역시 혼자서는 안 된다는 말씀입니까?

조 호랑이 발톱을 혼자서 뽑겠다고 달려들었다가는 호랑이 밥이 되겠지만 100명, 1000명이 달려들면 이야기가 달라집니다. 지금 성공적인 사회적 경제로 꼽히는 사례들을 살펴보면 한 지역 전체가 사회적 경제에 의해서 호혜하는 곳인 경우가 많습니다. 서로 연대해서 자본주의 기업의 공세에 맞설 수 있는 겁니다. 그런데 여기서 또 정치가 중요합니다. 그런 연대가 지속적으로 잘 이루어지려면 적어도 지역정부 차원의 지원이 뒷받침되어야 하거든요. 지역정부를 움직이는 힘은 역시 지역 주민들의 조직된 정치적 힘이죠.

김 생각해보면 사회적 경제는 원래 자생력이 없다는 흔한 편견도 문제가 있습니다. 자본주의 사회에서 돈 없고 힘없는 사람들이 자본주의 관점에서는 자생력이 없는 게 당연한 것 아니겠습니까? 자본이 힘인 세상이니까요. 힘을 만들어내려면 조금씩이나마 서로 도와야 한다는 게 연대의 정신이고, 자본은 없어도 뭉치면 정치를 바꿀 수 있으니 정치가 중요하다는 말씀으로 받아들이겠습니다. 혹시 못다 하신 이야기가 있습니까?

조 마지막으로 꼭 덧붙이고 싶은 이야기가 있습니다. 사회적 경제라고 해도 아직은 막연하게 느껴질 수 있을 거예요. 뭔가 좋은 듯하지만 뭐가 좋은지, 과연 경쟁력이 있을지 의문이 들 겁니다. 우리 생활의 사례를 생각해보시면 좋을 것 같아요. 지금 동네마다, 골목마다 재벌 계열의 대형 마트나 SSM 같은 유통업체가 들어와서 상권을 장악하고 있습니다. 보통 사람 입장에서는 그냥 이용하기 편리하면 그만이지 뭐가 문제냐 하고 생각할 수 있습니다. 지역의 소상공인들이 망하고 있다고 하지만 그게 내 일은 아니라는 거지요. 그런데 재벌, 대기업의 대형 마트가 아니라 지역 주민이 중심이 된 소비자조합의 매장이 들어와서 잘되는 상황하고 한번 비교해보면 어떨까요? 어떤 게 과연 실제로 그 지역에 사는 주민인 나에게, 또 우리 동네에 좋은 일일까요?

아까 인용했던 자마니 교수가 재미있는 비유를 들었기에 마지막으로 소개를 하고 싶습니다. 자본주의적 의미에서 이익 추구를 최우선시하는 공리주의적 사고방식과, 공동선을 추구하는 사회적 경제의 정신을 덧셈과 곱셈의 논리로 비유했습니다. 공리주의 혹은 자본주의적인 논리는 기본적으로 덧셈의 논리라는 겁니다.

김 어떤 점에서요?

조 공리주의는 흔히 최대 다수의 최대 행복을 추구한다고 하잖아요. 공리주의 입장에서는 사회 전체의 효용 극대화가 제일 목적입니다. 이 논리에서는 어떤 사람의 효용이 0이 되거나 심지어 마이너스가 되어도 괜찮아요. 다른 사람의 효용이 훨씬 커서 사회 전체의 효용만 커지면 그게 선이거든요.

김 총합만 중요한 거죠.

조 네. 쉽게 말하면 일부 소상공인들이 몰락해도 재벌의 이윤이 늘어나고 소비자들의 효용이 증가하면 이쪽이 더 좋다는 논리죠. 이것이 공리주의적 덧셈의 논리라면, 곱셈의 논리는 어떨까요? 곱셈의 논리에서는 누군가 1 미만의 효용을 얻는다면 전체 효용이 줄어듭니다. 심지어 누구 한 명이라도 효용이 0이 되면 어떻게 됩니까? 모두 0이 됩니다. 누군가 불행하다면 나 개인의 효용은 높아지더라도 사회적 행복의 총량은 오히려 줄어들 수 있는 겁니다. 사회적 경제의 기본 정신은 이런 겁니다.

그런데 곱셈의 논리는 여기에 그치지 않습니다. 곱셈이기 때문에 효용, 즉 만족이 증가하면 기하급수적으로 늘어납니다. 덧셈의 논리보다 훨씬 더 큰 만족을 서로 얻을 수 있게 되는 거지요. 물론 덧셈과 곱셈의 논리는 비유이기 때문에 현실과 그대로 맞아떨어지는 건 아닐 겁니다. 하지만 핵심을 잘 짚은 비유죠.

김 오늘은 사회적 경제의 총론을 살펴보았습니다. 여기서 마무리하죠. 수고하셨습니다.

조 예, 수고하셨습니다.

6

사회적 기업,
그 빛과
그림자

영리를 추구하지 않는
기업이 존재할 수 있을까?

어떤 기준을 충족해야
사회적 기업이라고
부를 수 있을까?

사회적 기업은
언제, 어떤 흐름에서
등장했을까?

한국의 사회적 기업은
어떻게 성장해왔을까?

정부의 사회적 기업 지원과
인증 제도에는
어떤 문제가 있을까?

'사회적 기업'은 지역사회와 공공의 이익과 같은 사회적 목적을 추구하는 기업을 뜻한다. 기업은 사적 영리를 추구하는 조직을 말하며 이윤을 내지 못하는 기업은 존재 가치가 없다는 생각이 널리 퍼져 있지만, 기업의 목적이 이윤 추구에만 한정되어 있는 것은 아니다. 영국의 동인도회사는 영리가 우선이 아니라 식민 지배를 위해 만들어진 조직이었다. 또 한국이 경제 개발을 하던 시절 사기업 상당수는 오랫동안 적자를 냈지만 당시 이윤 창출보다 국가경제 성장과 일자리 창출에 기여하는 바를 더 중요하게 생각했기에 정부는 각종 지원을 통해 이들의 적자를 보전했다.

사회적 기업은 크게 두 갈래의 요건, 경제적 요건과 사회적 요건을 갖추어야 한다. 지속적으로 수익을 창출하고 정부로부터 자율적이며 경제적인 위험이 있는 분야에서 활동해야 하고 유급 근로자를 고용해야 한다는 요건은 '기업'으로서 갖춰야 할 자격이다. 지역사회와 공공의 이익을 목표로 삼고 시민이 주도해야 하며 이해관계자 모두가 참여하는 의사결정 구조를 갖추어야 하고 이윤을 일부를 사회적 목적에 사용하도록 명시해야만 '사회적' 기업이라 불릴 수 있다.

세계적으로 사회적 기업이 법제화된 시기는 1990년대 이후다. 세계 경제의 구조가 바뀌기 시작하며 고용 없는 성장, 취약계층 증가, 고령화 문제 등으로 인한 정부의 재정 지출 압력이 가중된 환경이 그 계기였다. 한국에서도 IMF 경제위기 이후 유사한 문제의식에서 공공근로 사업, 자활 사업, 사회적 일자리 사업 등이 시도되다 독립적이고 지속 가능한 형식이 필요하다는 공감대가 형성되어 2006년 말 사회적 기업 육성법이 입법되었다.

한국에서 사회적 기업으로 인증받은 기업은 상당히 큰 폭의 정부 지원을 받을 수 있다. 그러나 반드시 노동부 장관의 인증을 받아야 하고 6개월마다 심사를 받아야 하며 정부가 지원할 분야를 지정하는 등 그 제도가 아직까지 정부에 종속적이다. 이처럼 정부의 재정 사업으로 출발한 탓에 시민사회의 주도성이 보장되지 못한다는 점은 한국의 사회적 기업이 풀어야 할 숙제다.

영리를 추구하지 않는 기업

김 지금부터는 사회적 경제를 구성하는 각종 모델을 하나하나 살펴보게 될 텐데요. 사회적 기업부터 시작합니다. 우리나라에서 사회적 기업이라는 단어가 등장한 지 몇 년 안 된 것 같은데, 얼마나 됐나요?

조 명시적으로 등장한 것은 2000년입니다. 그때를 기점으로 삼고 있습니다.

김 막연히 짐작한 것보다는 꽤 오래전 일이네요.

조 IMF 외환위기로 인한 고통이 여전할 때였습니다. 특히 실업 문제가 심각했는데, 시민단체들이 다양한 실업 대책을 토론하는 회의에서 처음으로 사회적 기업이라는 모델이 거론되었다고 합니다.

김 사회적 기업의 개념 정의 부탁드립니다.

조 어려울 건 없습니다. 한마디로 사회적 목적을 추구하는 기업이라는 뜻이죠. 그런데 우리는 흔히 기업이란 사회적 목적이 아니라 사적 영리를 추구하는 조직이라고 생각합니다. 그러다 보니 사회적 기업은 특이하다고 보거나 아니면 말도 안 되는 조직이라고 생각하기 쉽죠. 하지만 기업이 반드시 영리를 추구하는 조직은 아닙니다. 예를 들어 19세기 이전 영국에서 기업, 회사라 함은 정치나 자선 활동 같은 공익적 목적을 위해 창설된 조직을 뜻했습니다. 그 유명한 동인도회사를 떠올려 보면 됩니다. 동인도회사는 식민 지배를 위한 조직이었지 영리가 우선인 조직이 아니었습니다. 현대의 공기업도 마찬가지죠. 공기업이 이익을 내야 한다는 생각은 기업의 역사에서 보면 최근에 등장한, 신자유주의가 대세가 되면서 득세한 낯선 생각입니다.

김 사기업은 다르지 않습니까? 사기업은 이윤 못 내면 망하잖아요?

조 꼭 그렇다고 볼 수는 없습니다. 독일의 경우 회사법을 "공동 목적 달성을 위해 법률행위를 통해 결합한 인적 결합체에 관한 법"으로 정의합니다. 공동 목적에는 영리는 물론 비영리적인 것도 포함합니다. 그러니까 비영리 자선단체나 조합을 포함한 다양한 조직들이 회사로 이해되는 것이죠. 회사 또는 기업이 반드시 영리와 이윤을 추구하는 조직이라는 생각은 절대적인 진리가 아닙니다. 사실 먼 데서 찾을 필요도 없습니다. 우리나라가 경제 개발을 하던 시절, 지금 글로벌 기업이 된 사기업 중 상당수는 오랫동안 적자를 봤습니다. 지금은 이윤을 못 내는 기업은 존재 가치가 없다고 치부하지만 당시에는 그렇게 생각하지 않았죠. 정부는 정책금융을 포함한 각종 지원을 통해 이들의 적자를 보전해주었습니다. 국민의 세금으로 보조금을 주며 먹여 살린 겁니다. 반대급부로 기업의 존재 이유도 주주에게 돌아가는 이윤 창출보다는 성장에 대한 기여와 일자리 창출에 있다고 믿었죠.

김 맞아요. 국가와 국민의 지원 속에 성장한 재벌이 지금은 자기들 이윤 내는 게 최고라고 주장하는 걸 보면 적반하장이라는 생각이 듭니다. 그렇게 본다면 사회적 기업은 기업의 원래 목적에서 벗어난 것이 아니라 오히려 본연의 가치를 추구하는 것이라고 볼 수도 있겠네요?

조 본연의 가치라는 표현은 좀 부담스럽네요. 기업의 본질이 무엇인가를 따지다 보면 불필요한 논란을 불러일으킬 수도 있고요. 다만 기업의 목적이 무조건 이윤 추구라고 여기는 것은 협소한 생각이라는 정도로 정리하죠.

김 좀 더 구체적으로 설명해주시면 좋겠네요.

조 사회적 기업의 정의 가운데 가장 널리 쓰이는 것이 자크 드푸르니(Jacques Defourny)라는 벨기에 학자의 정의입니다. 드푸르니의 정의를 빌려서 이야기하겠습니다. 드푸르니는 사회적 기업의 기준을 크게 경제적 기준과 사회적 기준, 두 가지로 나눠서 봅니다. 경제적 기준으로는 지속적인 수익 창출, 높은 수준의 자율성, 상당한 정도의 경제적 위험이 있는 분야에서의 활동, 유급 근로자의 고용 등을 꼽습니다.

김 경제적 목적을 갖고 있으니 수익 창출을 해야 하고, 정부로부터는 자율적이어야 하며, 땅 짚고 헤엄칠 수 있는 분야에서 활동해서는 안 된다는 말일 테고요. 유급 근로자를 고용해야 된다는 말은, 자원봉사자로 운영된다면 기업이 아니라는 말이죠? 그건 시민단체지요.

조 정확합니다. 사실 시민단체도 활동가들에게 합당한 급료를 주는 게 당연합니다만……. 아무튼 이런 경제적 기준과 함께 사회적 기준도 충족해야 사회적 기업이라고 봅니다. 드푸르니가 언급하는 사회적 기준은 지역사회 및 공공의 이익을 명시적 목표로 삼을 것, 시민 주도성, 자본 소유에 기반하지 않은 의사결정 구조, 이해관계자의 의사결정 참여, 이윤의 제한적 분배 등입니다.

김 이익을 지역사회를 위해 써야 한다는 건 100퍼센트 공감이고요. 시민 주도성도 이해할 수 있습니다. 정부가 주도하면 아무래도 자율성이 약해질 테니까요. 그런데 그다음 항목부터는 기업이라는 조직의 특성상 따지고 들어가면 꽤 까다로워질 문제겠는데요?

조 맞습니다. 아시다시피 주식회사는 1원 1표, 자본 소유에 기반한 의사결정 구조를 갖고 있습니다. 지분 많은 사람이 갑입니다. 또 주주가 아닌 종업원들은 원리적으로 의사결정에 참여할 수 없습니다. 사회적 기업은 사회적, 공공적 목적을 추구하고자 하는 조직입니다. 그런데 이 기업의 조직 원리가 공적이지 못하다면 목적과 구조가 괴리되는 셈이죠. 조직의 의사결정 원리 자체가 공공성을 담보해야 한다는 겁니다. 또 이윤의 일부를 사회적 목적에 사용하도록 회사 정관에 명시하라는 겁니다.

그 많던 직업학교는 다 어디로 갔을까

김 그럼 세계적으로는 사회적 기업이 등장한 시점이 언제이며 어떤 시대적 흐름 속에서 등장했는지 설명해주세요.

조 연원을 따지고 올라가면 사회적 기업도 무척 오래되었습니다. 나중에 거론할 영국의 기업 같은 경우 1864년으로 거슬러 올라갑니다. 그런데 사회적 기업이 법제화된 것은 1990년대 이후입니다.

김 어, 그건 또 엄청 최근이네요.

조 그러니까 역사와 전통, 제도를 함께 살펴봐야 합니다. 협동조합을 생각해보죠. 협동조합은 1830~40년대에 출발하니까 역사가 굉장히 오래됐지요. 그런데 협동조합은 본질적으로는 조합원의 이익을 추구하는 조직이지 사회적인 목적을 추구하는 조직은 아닙니다. 물론 협동조합이 출발부터 지역사회에 대한 공헌을 고려한 것은 사실입니다만, 그래도 조합원 간의 호혜라는 측면이 본질입니다.

그러다가 협동조합 운동의 흐름 속에서 '사회적 협동조합'이 생겨납니다. 사회적 목적의 달성을 우선시하는 협동조합입니다. 이탈리아를 중심으로 한 흐름인데요, 이탈리아에서 1991년에 사회적 협동조합에 관한 법률이 생깁니다. 이것이 사회적 기업이라는 조직 형식이 명시적으로 법제화된 첫 사례라고 할 수 있습니다. 이후 벨기에가 1995년, 포르투갈이 1998년, 스페인이 1999년, 프랑스가 2001년, 영국이 2005년 이와 관련된 입법을 합니다. 이렇게 보면 서구에서도 1990년대 이후에 사회적 기업이 본격적으로 제도화된 겁니다. 이렇게 된 데는 여러 이유가 있겠지만 결정적인 변수가 하나 있다고 봐야죠.

김 그게 뭡니까?

조 거시적인 맥락에서 세계 경제의 환경 또는 구조가 바뀌고 있다는 겁니다. 고용 없는 성장이 구조화되고 있습니다. 나라마다 약간의 차이는 있지만, 부는 증대하는데 고용 창출은 안 되고, 실업을 포함해서 취약계층은 점점 증가하는 추세가 공통적으로 나타납니다. 또 한편으로는 인구 고령화 문제를 포함해서 정부의 재정 지출 압력은 점점 가중되는 상황이 나타납니다. 늘어나는 재정 적자 때문에 취약계층에 대한 복지를 감당하기 어려운 상황이 닥치기 시작한 겁니다. 시장은 문제를 해결하기는커녕 오히려 문제 유발자니 기대를 걸 수 없고, 복지 지출은 감당하기 어렵고, 이런 상황에서 사회적 기업이라는 대안이 모색된 겁니다.

김 우리나라하고 도입 배경이 비슷하네요.

조 비슷하지만 분명한 차이가 있습니다. 서구에서는 사회적 기업에 대한 논의가 기본적으로 시민사회에서 먼저 시작되었습니다만, 한국의 경우는 거의 정부가 논의를 주도했습니다. 그러다 보니 현재 제도의 운용 과정도 정부의 입김이 너무 세다는 문제점이 있습니다.

김 정부가 사회적 기업으로 인증을 해주고 그 인증에 따라 지원을 하는 시스템이죠?

조 그렇습니다. 드푸르니가 제시한 사회적 기업의 기준에서도 살펴보았듯 정부 주도의 과정에서 사회적 기업의 의의를 구현할 수 있겠는가 라는 의문이 드는 겁니다.

김 잠깐 무식한 질문 하나 하겠습니다. 요즘 바우처 제도를 통해 정부 지원이 많이 이루어지는데요. 그건 뭡니까?

조 아는 분들에게는 익숙한 단어겠지만 잘 모르는 분들은 바우처가 대체 무엇인지 고개를 갸웃거릴 수도 있을 겁니다. 바우처는 간단히 말하면 정부가 복지 급여를 위해 지급하는 상품권이라고 생각하시면 됩니다. 정부의 복지 지출은 현금 급여와 현물 급여로 나눌 수 있습니다. 각종 수당의 형태로 현금을 직접 줄 수도 있고 현물을 줄 수도 있습니다. 현물이라고 하면 쌀이나 라면처럼 구체적인 재화를 떠올리기 쉽지만, 직업교육 같은 서비스 제공 또한 현물 급여입니다.

바우처 제도는 두 방식의 문제를 해결하기 위해 나온 대안입니다. 현금으로 수당을 줬더니 안 쓰고 저축해버릴 수도 있고 지급 목적에 맞지 않는 용도로 쓸 가능성도 있습니다. 예를 들어 보육수당을 지급했더니 유흥비로 사용할 수도 있다는 의심이 든다는 거지요. 현물 급여도 문제가 있습니다. 정부가 주는 대로 받아야 하니 수급자에게 선택권이 없어요. 이 딜레마를 해결하려고 도입된 제도가 바우처 제도입니다. 상품권을 주니까 다른 용도로는 못 씁니다. 구두 상품권으로 가방은 못 사지 않습니까?

바우처가 현물 급여와 다른 점은 서비스를 제공하는 다양한 공급자 중에서 선택할 수 있다는 것입니다. 소비자 선택권을 존중하고 서비스 공급자 간의 경쟁을 유도할 수 있다는 아이디어입니다. 실제 사례를 살펴보지요. 아이 키우는 부모님들은 잘 아시는 '아이사랑 카드'라는 게 있습니다. 0세부터 5세까지 아이들에게 연령별로 바우처를 차등 지급하는 겁니다. 현금 수당이 아니라 바우처로 주기 때문에 다른 데는 못 써요. 하지만 이걸 가지고 어느 어린이집에 맡길 것인가는 자유입니다. 즉 소비자 선택권을 부여함으로써 복지 수급에 경쟁을 유도하겠다는 발상입니다.

그런데 김종배 선생님이 왜 바우처 제도를 사회적 기업하고 연결시켰을까 생각해보니, 수많은 사회적 기업이 공급하는 재화나 서비스가 있는데 이것을 바우처로 구매할 수 있도록 정부가 지원하는 개념 아니냐는 말씀이죠? 하지만 바우처 제도가 소비자에 대한 지원이라면 사회적 기업 지원은 공급자에 대한 것이라는 점에서 메커니즘은 다르다고 봅니다.

김 아, 그러네요. 뜬금없는 질문 죄송합니다.(웃음)

조 말이 나온 김에 조금 더 말씀을 드리겠습니다. 한국에서 사회적 기업이라는 제도가 본격적으로 실시된 게 2007년부터입니다. 그런데 거의 정확히 그 무렵부터 우리나라의 복지 급여 중 상당 부분이 바우처 제도로 바뀌고 있습니다. 문화 바우처, 스포츠 바우처 등 종류가 꽤 많습니다. 오비이락이라고 볼 수도 있지만, 발상을 보면 두 제도가 연동된 측면이 있다는 겁니다. 복지 수급에서 소비자 선택권의 확대와 시장 경쟁의 유도라는 발상이 확대되고 있는 겁니다. 바우처 제도의 창안자를 알게 되면 이 점이 더욱 분명해집니다.

김 누군데요?

조 경제학계의 대스타 밀턴 프리드먼입니다. 하이에크와 더불어서 오늘날 신자유주의 사조의 양대 거두로 꼽히는 사람이죠.

김 아, 저도 이름을 아는 양반이니 대단한 분 맞네요.

조 프리드먼이 1955년「교육에서 정부의 역할」이라는 논문에서 바우처 제도를 제안합니다. 지금도 미국에서 교육 제도는 심각한 문제죠. 오바마 대통령이 걸핏하면 한국 교육을 본받자고 해서 한국에서도 말이 많습니다.

김 전 이해를 못 하겠어요, 오바마 대통령이 왜 그러는지.

조 미국에서 특히 문제가 되는 게 공립학교입니다. 공립학교 교육의 질이 너무 떨어지고 학생들의 일탈이 심각해서 그야말로 엉망이라는 겁니다. 1950년대에 밀턴 프리드먼은 이런 문제가 발생하는 이유가 교육을 국가가 독점 공급하고 소비자에게 선택권이 없기 때문이라고 생각했습니다.

김 왜 바우처 제도를 제안했는지 이제 감이 좀 옵니다.

조 교육의 질을 높이겠다고 국가가 개입하고 감독하고 닦달해봐야 소용이 없다는 겁니다. 시장에 맡겨야 한다는 거죠. 그럼 어떻게 해야 될까요? 저소득층 학생들에게 사립학교는 너무 비쌉니다. 그러니 교육 바우처를 지급해서 일정 부분 학비 보조를 해주자는 겁니다. 나머지 학비는 자기 돈을 내고 사립학교를 선택할 수 있게 해야 한다는 발상이었죠. 이렇게 해서 아이들이 사립학교로 자꾸 가게 되면 공립학교도 위기의식을 느낄 수밖에 없다는 겁니다.

김 경쟁이 생기고 질이 올라간다는 말이군요. 역시 신자유주의자다운 발상입니다. 우리나라에도 비슷한 제도가 있지요. 저소득층 아이들한테 교육 바우처를 줘서 학원을 선택할 수 있게 하는 제도 말입니다.

조 맞습니다. 저소득층 자녀들은 물론이고 실업자나 비정규직 근로자들에게도 지급됩니다. 그런데 프리드먼이 1955년에 이 제도를 제안했는데 지금 바우처 제도를 실시하는 주가 두 개 주밖에 안 됩니다. 미국에서 공교육 붕괴, 교실 붕괴라는 말이 나온 지가 수십 년이 됐는데도 말입니다. 왜 이렇게 호응을 못 받았을까요?

김 진짜 이상하네요. 미국은 신자유주의의 원조 아닙니까?

조 비판이 워낙 많았기 때문인데요, 그 비판의 핵심은 이런 겁니다. 바우처라는 건 세금에서 나오는 겁니다. 세금으로 저소득층 학생들이 사립학교에 갈 학비를 지원하는 겁니다. 결국 이미 부유한 데다가 프리드먼 식으로 말하면 경쟁력도 충분한 사립학교에 세금을 지원하는 셈이 되는 겁니다.

김 차라리 그 돈으로 공교육을 강화하는 게 낫죠.

조 맞습니다. 공교육을 강화하면 되는 건데 정작 공립학교에 투자하지 않고 이미 돈 많은 집안 아이들이 다니는 학교에 더 많은 지원을 해주겠다는 발상인 겁니다. 세금은 한정된 세원에서 나옵니다. 바우처를 통해서 사립학교를 지원하면 공립학교는 그동안 받던 것마저 빼앗기게 됩니다. 게다가 미국의 사립학교는 개신교와 천주교를 포함해서 대부분 기독교 계통입니다. 결국 정부 세금으로 종교 단체를 지원하는 꼴이에요. 정교 분리 원칙에 위반된다는 비판까지 가능합니다.

　한국에서도 바우처 제도는 문제가 있습니다. 어떤 문제가 있을까요? 지금 직업 훈련 부문에서 바우처 제도가 광범위하게 활용되고 있습니다. 각종 1년제 직업학교가 많이 있었습니다. 그런 학교들 중 상당수가 문을 닫고 대신 사설 학원이 번성하고 있습니다. 좀 더 싸게, 단기에, 집중적으로 가르쳐주겠다는 학원들이죠. 왜 이렇게 됐을까요? 바우처 제도 아래에서 직업교육이 시장 경쟁 영역이 되었기 때문입니다. 시장 경쟁에서는 악화가 양화를 구축하는 일이 비일비재합니다. 미용 실기 과정, 조리사 과정 등을 3~4개월짜리로 만들어서 팝니다. 그럼 1년짜리 교육 프로그램을 가진 직업학교들은 경쟁이 안 되는 겁니다.

김 _ 제가 중학교 2학년 때부터 살던 동네에 이발 학원이 있었어요. 사설 학원이 아니라 직업학교였던 것으로 기억합니다. 두발 제한이 있던 때라 스포츠머리로 깎아야 했기 때문에 그곳에 종종 갔습니다. 제 기억으로는 이발비가 100원인가 200원인가 그랬는데, 우리 입장에서는 싸게 깎고 저쪽에서는 실습 대상이 알아서 찾아와준 셈이죠. 물론 가끔 땜통이 생깁니다.(웃음)

조 _ 대신 싸게 깎으셨잖아요.(웃음)

한국 사회적 기업의 역사

김 _ 잘 알겠습니다. 이제 사회적 기업으로 다시 넘어가서 우리나라에서 사회적 기업의 역사를 살펴보죠. 우리나라에서 사회적 기업이 최초로 언급된 게 2000년이라고 말씀하셨어요. 그런데 그건 사회적 논의가 시작된 시점이고, 법제화된 것은 2006년이라고 하셨나요?

조 _ 사회적 기업 육성법이 2006년 말에 입법이 되고 2007년 1월부터 발효되었습니다.

김 _ 그 과정이 어땠습니까?

조 _ 조금 더 거슬러 올라가야 됩니다. 한국전쟁 이후 최대 사건이라고 할 수 있는 IMF 때로 올라가야죠. 충격파가 어마어마해서 당시 김대중 정부에게 IMF 극복은 절체절명의 과제였습니다. 사실 정권 차원의 문제가 아니었지요. 당시 김대중 정부가 다양한 대응책을 만들었습니다만 크게는 두 가지입니다. 하나가 잘 아시는 국민기초생활보장제도로, 이 제도를 통해서 한국에서 처음으로 체계적인 사회복지 제도가 성립되었다고 볼 수 있습니다.

김 이른바 생산적 복지라는 개념이 등장하면서 나왔죠. 그리고 또 하나는 공공근로 사업 아닙니까?

조 맞습니다. 공공근로 사업이지요. 공공근로 사업이 오늘날 한국에서 사회적 기업의 기원이라고 생각하시면 될 것 같습니다.

김 청소하고 풀 뽑고 나무 베고, 주로 그런 일들이었다고 기억해요.

조 맞습니다. 경제위기를 맞아서 정부가 긴급 구제책으로 도입한 공공근로 사업이 기원이다 보니, 사회적 기업에서 매우 중요한 민간 주도성이 처음부터 약할 수밖에 없었습니다. 물론 정부가 전적으로 다 한 것은 아닙니다. 당시 공공근로 사업을 추진할 때 실제로 일을 잘할 수 있는 사람들에게 맡겨야 된다고 해서 민간 위탁으로 시행했습니다. 한국 사회 곳곳에는 풀뿌리 차원에서 빈민 운동을 벌이던 각종 조직이 있었잖아요. 정부가 위탁하면 이분들이 직접 실행하고 임금을 포함한 운영비를 지원하는 구조로 시작되었습니다.

　문제는 장기적으로 지속 가능하지 않다는 사실이 눈에 다 보였다는 겁니다. 맨날 풀 뽑는 일에 정부 재정을 대서 사람들을 먹여 살릴 수는 없으니까요. 이 일을 책임지고 실행한 주체도 원래 사회운동을 하던 사람들이니 전문적으로 이런 사업을 하던 사람이 아닙니다. 물론 돈을 벌겠다고 한 일도 아닙니다. 당장 실업자가 쏟아지고, 누군가는 해야 하는 일인데 그나마 현장에 가장 가까이, 오랫동안 있었으니까 한 겁니다. 그렇다고 해도 문제는 명약관화했던 거지요.

그래서 공공근로 사업이 2002년경에 자활 사업으로 바뀝니다. 지역에서 자활 센터를 만들고, 공공근로 사업을 국민기초생활보장제도와 연계해서 근로 연계 복지 사업으로 추진하게 된 겁니다. 기초생활보장 수급자 중에서 근로 능력이 있는 사람들에게는 일을 해야 준다는 방식으로 바뀐 겁니다. 긴급 구제에서 자활로 바뀐 거지요. 마찬가지로 풀뿌리 시민단체들에 위탁해서 진행됩니다. 그런데 이것 또한 근본적인 대안이 되지는 못했습니다.

김 시간만 때우면 돈이 나오는 격이니 그랬겠죠.

조 참여하신 분들이 쓴 글이나 인터뷰를 보면 군이 자활을 할 인센티브가 생기지 않는 제도였다고 평가합니다. 왜냐하면 자활을 해서 성공하면 수급자에서 제외되거든요. 그런데 2003년에 인식이 전환되는 계기가 발생합니다. 자활 사업 제도도 곤란하다는 인식이 퍼지던 중에 노무현 정부가 들어섰는데, 그해에 굉장히 충격적인 통계가 나옵니다.

김 어떤 통계였습니까?

조 한국 사회의 총고용 규모가 절대적으로 줄어버렸다는 통계가 나온 겁니다. 노동시장 자체가 축소된 거죠. 그런데 경제는 계속 성장하고 있었거든요. 경제가 성장하는데 고용 규모 자체가 줄어든다는 것은 그 전까지는 상상도 할 수 없는 놀라운 일이었습니다. 한국의 경제 구조에 근본적인 문제가 있다는 걸 깨닫게 됩니다. 말로만 떠돌던 고용 없는 성장이 실증이 된 겁니다. 결국 성장만으로는 일자리가 해결되지 않는다는 생각을 하게 된 거죠. 새로운 종류의 일자리 만들기가 필요했던 겁니다. 그래서 정부가 사회적 일자리 사업이라는 것을 공식적으로 추진하게 됩니다.

김 공공근로 사업으로 출발해서 자활 사업으로 바뀌었다가 사회적 일자리 사업으로 바뀐 것이군요.

조 그래서 다양한 종류의 취약계층 일자리를 만드는 사업으로 노동부 시범 사업이 2003년에 처음 시작됩니다. 첫 해에는 73억 원 예산으로 작게 시작했지만 다음 해인 2004년에는 6개 부처로 확대되면서 787억 원으로 늘어나고, 2008년이 되면 1조 5749억 원으로 엄청나게 확대됩니다. 참가 인원도 2004년 1만 5000명에서 2008년이면 22만 명으로 폭증하고요. 갈수록 거대 사업이 되어갔는데 여기에도 문제가 있었습니다. 근본적으로 재정 사업이라는 점은 마찬가지라는 거죠. 아무리 민간에서 위탁을 받아서 사업 형태로 일을 한다고는 해도 독립된 조직이 아닙니다. 법적 근거가 없는 임의 조직이며 장기 지속성이 없는 겁니다. 이런 인식 속에서 독립적이고 지속 가능한 형식이 필요하다는 공감대가 형성되어 결국 사회적 기업으로 발상이 모이게 된 겁니다.

김 진영 전 보건복지부 장관이 먼저 법안을 발의했죠?

조 맞습니다. 박근혜 대통령하고 갈등을 빚다가 장관직을 사퇴한 분이 죠. 당시 한나라당 의원이었는데 먼저 발의를 했습니다. 역시 보건복지 쪽에 관심이 많았기 때문일 겁니다. 열린우리당도 찬성해서 정부와 같이 안을 만들고 국회 환경노동위원회에서 합의로 통과시켰습니다.

김 그럼 법에 따른 정리를 좀 해주세요. 사회적 기업으로 인증을 받으면 정부로부터 어떤 지원을 받게 되는 겁니까?

조 최대 90퍼센트까지 임금 지원을 받을 수 있습니다. 전문 인력에 대한 임금 일부 지원도 가능합니다. 또 사업을 해보지 않은 사람들은 중요성을 잘 모르는 부분이기도 한데요, 전문 컨설팅 서비스를 제공합니다. 사회적 기업 하는 분들이 대부분 경영의 경험과 역량이 부족하니까요. 또 공공 기관에서 우선 구매를 하는 등 판로 지원 혜택도 있습니다. 법인세, 소득세 50퍼센트 감면 혜택이 주어지고요. 금융 지원도 있습니다.

김 상당히 지원 폭이 크네요, 일반 기업과 비교하면.

조 예, 그렇죠. 그래서 사회적 기업을 하는 분들 이야기를 들어보면 이런 지원이 고마운 것은 맞지만 오히려 독이 될 수 있다고도 합니다.

김 그런 지원이 오히려 자생력을 키우는 데 방해가 될 수도 있다?

조 그런 문제도 있지만, 그보다는 끊임없이 정부의 간섭과 통제가 있을 수 있다는 겁니다.

김 돈 가는 곳에는 간섭이 따르게 되어 있죠. 처음에 말씀하신 것처럼 사회적 기업의 조건 가운데 하나가 자율성인데 말입니다.

조 한국에서 사회적 기업을 하는 거의 모든 분들이 공감하는 문제가 인증 제도입니다. 예비 사회적 기업이든 사회적 기업이든 노동부 장관의 인증을 받아야 해요. 만약 예비 사회적 기업으로 인증을 받으면 1년간 지원을 받고, 조건을 충족하면 다시 1년간 지원을 받을 수 있습니다. 2년이 기한입니다. 사회적 기업으로 인증받으면 1년씩 최대 3년간 지원받게 됩니다. 1년마다 심사를 받는데 6개월마다 중간 심사를 또 해요. 심사받을 때가 되면 심사 포맷에 맞추기 위해 오만 쓸데없는 일을 하게 되지요. 상당히 피곤한 겁니다. 그리고 사회적 기업 지정 분야도 문제가 됩니다. 정부가 지원할 분야를 지정합니다. 그리고 지역별로도 나눕니다.

김 분야별, 지역별로 티오가 있는 셈이군요.

조 네, 하향식으로 내려오는 겁니다.

김 그러면 정부 부문으로 봐야 할지 사회 부문으로 봐야 할지 경계선이 모호한데요?

조 그게 딜레마인 겁니다. 다른 나라들의 경우 최소한의 기준만 충족하면 사회적 기업으로 인정합니다. 간섭은 최소화하고요. 시민사회의 주도성을 최대한 보장하려는 취지인데 그게 한국은 잘 안 되는 겁니다. 애초에 정부의 재정 사업으로 시작하다 보니 사회적 기업가들이 이런 문제를 인식해도 잘 해결되지 않고 있습니다.

성과와 의미를 다 잡은 기업들

김 그 문제는 말미에 종합해서 다시 이야기하기로 하고요, 사회적 기업의 좋은 사례를 알려주세요. 외국부터 가보지요.

조 아까 앞에서 스치듯 말씀드렸던 영국 기업입니다. 1864년에 창립한 존 루이스 파트너십이라는 회사입니다. 영국 최대의 백화점 체인입니다. 2014년 현재 영국에 존 루이스라는 이름으로 31개의 백화점 체인을 갖고 있습니다. 그 외에도 슈퍼마켓과 마트를 310개 이상 거느린 회사입니다. 원래는 사기업으로 출발했어요. 창업자의 아들이 1900년대 초에 과감한 결정을 내려서 종업원 지주회사로 바뀌었습니다. 모든 종업원이 주주인 회사가 된 겁니다. 현재 9만 1000명 이상의 종업원이 일하는 거대 기업인데요, 전원이 정규직입니다.

김 와, 대단한데요.

조 또 직장 평의회가 있어서 종업원들이 함께 경영을 합니다. 종업원들이 주주지만 노동조합이 별도로 존재합니다. 주주면서 동시에 노동조합원인 거죠. 그런데 노동조합이 굉장히 강력하대요. 그래서 창업자 후손인 경영진들에 대한 가장 강력한 비판 세력으로서 견제하면서 윤리 경영을 실현하려고 애쓰고 있는 기업입니다.

김 창업자 가족이 훌륭해서 종업원들한테 잘해줬다는 정도와는 차원이 다른 이야기군요.

조 조금 덧붙여서 영국의 사회적 기업에 해당하는 종업원 지주회사 현황이 어떤지 조금만 살펴보죠. 현재 영국 기업의 약 2퍼센트 정도가 종업원 지주회사로 GDP에서 차지하는 규모로는 4퍼센트에 달합니다. 정부 조사에 따르면 종업원 지주회사가 다른 기업들보다 종업원 참여도나 만족도가 높은 것은 물론, 성장률도 높고 고용 기여율도 높다고 합니다. 그래서 영국 정부는 각종 세제 지원을 통해서 2050년까지 종업원 지주회사 비율을 GDP 대비 10퍼센트까지 늘리겠다는 목표를 세우고 있습니다.

김 흥미로운 사례네요. 한국 기업도 소개 부탁드립니다.

조 한국은 역사가 워낙 짧다 보니 큰 기업은 없습니다. 다들 열심히 하는 좋은 기업들이라 어느 하나를 콕 짚어서 말하기가 곤란하네요. 그중 여러분도 잘 아시는 전태일 열사의 동생인 전순옥 씨가 동료들과 함께 창업한 기업이 있습니다. 이분도 시다 출신인데 옷 만드는 회사를 세웠습니다. 천연 염색 의류를 생산하고 판매하는 회사죠. 모든 직원이 정규직이고 임금도 상대적으로 높다고 합니다. 대개 사회적 기업들의 평균 임금 수준이 낮습니다. 통계를 보면 최저임금보다 조금 높은 수준이죠. 그럴 수밖에 없는 것이, 대부분 구매자가 소득이 낮거나 거의 없는 사람들이거든요. 그런데 이 회사는 꽤 높은 임금을 줄 수 있는 이유가 있습니다. 천연 염색 옷이라서 좀 비싸지만 디자인이나 품질이 상당히 좋아서 공임을 20퍼센트로 일정하게 설정하고 잘 팔리는 만큼 더 받을 수 있게 한 거죠.

김 성과도 있고 의미도 깊은 회사네요.

조 또 하나 성공 사례로 꼽히는 회사 중에 수원의 청소 용역 업체가 있습니다. 청소 용역이니까 사회적 기업의 전형적인 사례라고 할 수 있겠죠? 게다가 2000년 자활 사업부터 시작한 기업입니다. 한국에서 사회적 기업의 경로를 그대로 보여주죠. 사장님 한 분하고 형편이 어려운 50대 여성 세 분이 같이 시작한 기업입니다. 자활 사업을 하면서 3년간 지원을 받다가 지원이 끊겼대요. 독립해야 하는 상황이 되었지만 기업을 만들려고 해도 전문 기술이 없잖아요. 그래서 청소 용역 사업을 시작하게 된 거죠. 아파트 입주청소부터 시작했는데, 입주청소라는 게 참 쉽지 않더라는 겁니다. 일은 정말 많은데 이윤은 거의 없고, 이사철이 아닌 겨울이면 매출이 0원에 수렴했습니다. 그러다가 반전의 계기를 맞이합니다. 관공서 건물을 새로 지었을 때 사장이 무작정 찾아갔대요. 맨땅에 헤딩을 한 거죠. "청소 용역 무조건 우리가 하게 해주세요." 하고 매달렸답니다. 관공서 측에서는 경험이 없으니 안 된다고 거절했습니다. 그래서 제안을 하나 합니다. 건물을 다 짓고 테이프 끊는 개소식 날 청소를 공짜로 해주겠다고 제안합니다. 결국 관공서 기관장이 승낙합니다. 기관장의 회고에 따르면 '그냥 대걸레 정도 가져와서 마대질이나 하겠지.' 하고 생각했대요. 그런데 각종 전문 장비를 들고 와서 그야말로 파리가 낙상할 수준으로 깨끗하게 해줬답니다. 그래서 계약을 맺게 되고, 이어서 병원과 기업체하고도 계약을 맺어 점차 커지면서 지금은 인원이 170여 명, 연 매출은 40억 원대가 됐습니다.

김 우와, 정말 성공 케이스네요.

조 사회적 기업 실증 연구에 이런 주제가 있습니다. 사회적 기업가에게도 그에 걸맞은 기업가 정신이 필요하다는 겁니다. 혁신성, 위험 감수성이 굉장히 중요하다는 거죠. 사회적 기업가 중 상당수가 사회운동을 하던 사람이라 이런 부분이 약합니다. 앞서 본 사례에서는 이 점을 극복한 거지요. 물론 사회적 기업가가 일반 기업의 기업가와 똑같이 행동하면 안 되겠지만요.

사회적 기업이 대안이 되려면

김 알겠습니다. 종합 정리를 해보죠. 사회적 기업은 과연 대안이 될 수 있을까요?

조 두 가지로 나누어서 생각해볼 필요가 있습니다. 하나는 과연 자본주의 경쟁 체제에서 사회적 기업이 별도의 지원 없이 계속 생존할 수 있는가? 다른 하나는, 한국 사회에서 사회적 기업이 현재 대안으로서 얼마나 유의미한가?

전자부터 보지요. 서두에서 말씀드렸지만 사회적 기업이 먼저 시작된 유럽과 미국의 경우를 보면, 정부가 세제 등을 통해서 지원을 하지만 동시에 시민사회가 자체적으로 기금을 마련하는 경우가 많습니다. 캐나다 퀘벡의 사례는 대표적입니다. 사회적 기업이 장기 존속하려면 사회적인 신용, 사회적 자본의 확보가 반드시 필요하다는 것이죠.

또 하나, 개별 사회적 기업의 성공과 실패보다는 사회적 기업들의 네트워크를 만드는 것이 중요합니다. 상호 협력적 네트워크가 만들어지지 않으면 사회적 기업들은 자본주의 기업과 경쟁하기 이전에 자기들끼리 경쟁하게 됩니다. 그 안에서 다시 약육강식이 벌어지는 것이죠.

김 그렇게 되면 자본주의 기업과 본질적으로 차이가 없어지겠죠. 어떤 사회적 기업이 성공했다고 해도 다른 사회적 기업 몫을 빼앗은 것이라면 제로섬 게임이니까요.

조 그렇습니다. 두 번째 질문을 생각해보죠. 이 문제는 역시 말씀드린 정부 주도성이라는 문제를 어떻게 해결하는가에 달려 있다고 봐야 할 겁니다. 현재의 정부 인증제를 벗어나야 한다고 계속 요구하고 있습니다만, 잘 아시다시피 정부가 이런 권한을 한번 가지면 내놓지 않으려 합니다.

여기서 정체성 문제가 발생합니다. 사회적 기업을 하는 사람들이 대부분 사회운동 출신입니다. 물론 지금은 새로운 구성원들이 계속 합류하면서 일반 기업에서 일하다 좀 더 의미 있는 일을 하고 싶어서 오는 사람들도 있습니다만. 사회적 기업의 좋은 점 중 하나는 종업원들의 자부심이 굉장히 높아진다는 겁니다. "야, 우리가 인증받았대. 우리가 하는 일은 뭔가 달라." 하고 느끼게 되는 거죠.

김 그런 자부심은 참 중요해요. 사람은 동물과는 다르니까요.

조 그렇죠. 우리가 그냥 잘 먹고 잘살기 위해 회사를 만든 게 아니라 사회적으로 의미 있고 가치 있는 일을 하고 있다는 자부심이 생긴다는 겁니다. 이런 자부심이 만족도에 상당히 영향을 미칩니다. 문제는 이 자부심이 기업으로서 성과를 내야 한다는 현실적인 압력과 충돌하게 마련이라는 것이지요.

김 아까 6개월마다 한 번씩 평가받는다고 하셨죠?

조 그렇죠. 그래서 사회적 기업가들은 날마다 스트레스에 시달린다고 합니다. 담당 부처나 지자체에 가서 설명해야 하고, 설혹 공무원 말이 틀려도 지원이 끊기면 안 되기 때문에 어쨌든 듣는 시늉이라도 해야 하거든요. 잘못하면 탈락하게 되니까요.

김 그게 바로 정부에 종속되는 것이군요.

조 다행히 사회적 기업에 종사하는 사람들 대부분이 정부에 종속된 현재의 상황이 문제라고 자각하고 있고 벗어나려고 애쓰고 있습니다. 그러나 개별 사회적 기업의 노력만으로는 극복되지 않는 문제가 있죠.

김 알겠습니다. 이제 걸음마 단계니까 좀 더 길게 보고, 일단 평가는 유보할 필요가 있겠습니다. 단순하게 이야기하면 돈 많은 사장님 하나가 출자해서 운용하는 기업보다는 훨씬 좋은 거 아닙니까?

조 당연하지요.

김 상대평가로 가요, 우리.

조 상대평가, 이럴 땐 좋은 말입니다.(웃음)

김 좀 더 긴 안목에서 앞으로 발전할 여지를 찾아내는 것이 더 중요할 것 같습니다.

조 마지막으로 덧붙이고 싶은 말이 있어요. 사회적 기업이든 협동조합이든 사회적 경제를 구성하는 많은 대안들은 그 자체로는 완벽하거나 깔끔한 대안이 될 수 없습니다. 그런데 한계도 분명하지만, 그 한계를 평계로 어차피 안 된다고 생각하는 것도 금물이라는 거죠. 사회적 경제를 구성하는 여러 요소들을 고려해야 합니다. 나아가 궁극적으로는 정치적 변화까지 염두에 둘 때만 제대로 그림을 그릴 수 있습니다.

김 알겠습니다. 지금까지 사회적 기업에 대해서 다뤄보았습니다. 마무리하겠습니다. 조 교수님, 수고하셨습니다.

조 네, 고맙습니다.

7

협동조합끼리
협동한다면

조합원의 이익을 위한
조직이 어떻게 사회적
목적을 띨까?

협동조합에도 원칙이
있다고?

배당과 투자, 어느 쪽을
선택해야 할까?

한국의 협동조합 운동은
아직도 초창기라고?

세계적인 협동조합 파고르는
왜 파산했을까?

자본주의 기업은 자본이 노동을 고용하고 이윤을 자본가가 가져가는 사업 조직이라면, 협동조합은 노동이 자본을 고용해 잉여를 조합원이 가져가는 사업 조직이다. 협동조합의 정의가 자본가 대신 조합원이 이윤을 가져가는 조직이라고 할 때, 조합원만의 이익을 위한 조직인 협동조합은 어떻게 해서 사회적 목적을 띠는 것일까?

국제협동조합연맹은 협동조합의 7대 원칙을 규정하고 있다. 자발적인 개방, 민주적 통제, 경제적인 참여, 자율과 독립, 교육·훈련과 정보 제공, 조합 간 협동, 지역사회에 대한 기여가 그 원칙들이다. 최초의 협동조합으로 알려진 로치데일 공정선구자 조합은 이익의 2.5퍼센트를 지역사회에 환원해 도서관과 육아 시설 등을 만드는 데 사용했다. 또 현재 협동조합법에서는 이윤의 배당을 제한해 어떤 식으로든 사회에 환원하도록 강제한다.

한국에서는 2012년 협동조합기본법이 발효되며 비로소 진정한 협동조합 설립의 자유가 열렸다. 이전에는 극히 제한적인 업종에서 여덟 개 특별법에 의해 규율되던, 자율성과 독립성이 충분히 확보되지 않은 협동조합뿐이었다. UN과 국제협동조합연맹이 협동조합 설립의 자유화를 위해 법제를 정비하라고 권고하면서 이 법이 제정되며 설립 기준이 대폭 완화되었다. 이후 폭발적으로 협동조합이 설립되어 현재 약 7500개 이상의 협동조합이 활동하고 있다. 한국에서 협동조합 운동은 이제 막 시작되었다고 할 수 있다.

세계적으로 유명한 스페인 몬드라곤 협동조합 산하의 파고르가 2014년에 파산했다. 무리한 확장 전략을 펴다가 경제위기를 감당하지 못한 것이다. 그 과정에서 협동조합의 기본을 지키지 않은 것도 문제가 되었다. 5600명의 종업원 중 해외 부문 3000명은 비조합원으로, 일반 자본주의 기업과 다르지 않은 형태를 띠게 되었다. 이런 문제들을 해결하는 것은 더 심화된 민주주의와 자발적 참여, 토론과 교육이다.

노동이 자본을 고용하는 사업 조직

김 협동조합에 관해서는 우리가 많이 안다고 생각하지만, 막상 뭘 아느냐 하면 잘 모르는 것도 같습니다. 요즈음 한참 이야기되고 있는 협동조합은 또 다르게 봐야 할 부분도 있는 것 같아요.

조 맞습니다. 한국 사회에서 협동조합이라는 조직의 운명이 참 얄궂죠. 아무튼 2012년 말을 기점으로 한국 사회에서 협동조합에 대한 논의의 지평이 달라진 건 사실입니다.

김 그동안 우리가 알던 협동조합하고는 좀 다른 협동조합이 등장한 거죠? 협동조합의 개념 정리부터 해주세요.

조 정말 교과서적으로 이야기하자면 재화나 용역의 생산, 판매 등을 협동으로 영위함으로써 조합원의 권익을 향상시키고 지역사회에 공헌하고자 하는 사업 조직이라고 말할 수 있습니다.

김 진짜 교과서적으로 정리하시네. 그러면 재미가 없잖아요.(웃음)

조 이게 우리나라 법에 있는 설명이에요. 법은 정말 재미없죠?(웃음) 적절한 비유가 있습니다. 협동조합을 자본주의 기업하고 비교하면 특징이 딱 드러나요. 자본주의 기업은 자본이 노동을 고용해서 시장가격으로 판매하고 이윤을 자본가가 가져가는 사업 조직입니다. 그 반대라고 생각하시면 됩니다. 협동조합은 노동이 자본을 고용해서 시장가격으로 판매하고 잉여를 조합원이 가져가는 사업 조직입니다.

김 어, 그렇게 정리하니까 확 감이 오네요.

조 제가 한 이야기겠습니까? 유명한 협동조합 이론가인 스테파노 자마니 교수가 이렇게 비유한 겁니다.(웃음)

김 그런데 의문이 듭니다. 협동조합은 결국 조합원들의 이익을 실현하려는 조직인데, 그것이 어떻게 사회적 목적과 연결될 수 있습니까?

조 아주 쉬운 사례 하나를 들어보겠습니다. 자전거 많이들 타시죠? 자전거를 만들어서 50만 원에 판다고 생각해보죠. 계산이 복잡해지니까 임금 말고 다른 모든 비용은 0원이라고 가정합시다. 임금이 35만 원이라면 자본주의 기업은 노동자에게 임금을 지급하고 15만 원을 자본가 몫으로 가져갈 겁니다. 협동조합도 노동자에게 임금 35만 원을 줍니다. 그러고 나서 남는 15만 원을 가져갈 자본가가 없어요. 대신 조합원들이 있죠. 물론 조합원들이 남은 몫을 전부 배당으로 가져가겠다고 할 수도 있습니다. 그러나 협동조합법에서 배당을 제한하고 있어요.

김 법에 제한을 둔다고요?

조 예. 안 그러면 일반 기업과 차이가 없거든요. 전부 배당받는다면 그냥 주주인 겁니다. 그럼 상법상의 회사죠. 그렇기 때문에 협동조합은 이윤의 일부를 어떤 방식으로든 사회로 환원할 수밖에 없습니다.

김 사회성이 어느 정도는 법에 강제되어 있군요. 그러면 나머지 15만 원은 어떻게 사용됩니까?

조 협동조합도 기업이기 때문에 당연히 조합원에게 일부 배당하고 투자를 위해서 내부 유보도 할 겁니다. 하지만 장애인이나 고령자, 장기 실업자 같은 사회적 약자와 취약계층을 추가 고용하거나 지역사회에 지원하는 등 사회적 목적을 위해 이익을 지출할 수도 있습니다. 이런 사회적 목적의 기여는 협동조합의 태동부터 이미 시작되었습니다.

최초의 협동조합으로 알려져 있는 로치데일 공정선구자 조합은 실업자 다섯 명이 1844년에 영국에서 시작했습니다. 지금 실업 중인 분들은 새겨들으셔도 좋을 텐데, 나중에 굉장히 성공한 협동조합이 됩니다. 이전에도 비슷한 시도들은 있었지만 다 실패했거든요. 로치데일 협동조합이 어려운 고비를 넘기고 자리를 조금 잡자마자 바로 시작한 일이 이익의 2.5퍼센트를 지역사회에 환원하는 것이었습니다. 아주 가난한 동네였는데 도서관도 짓고 육아 시설도 만들었습니다. 그래서 협동조합에서는 사회적 기여를 기본 요건으로 생각합니다.

김 2012년이 UN이 정한 협동조합의 해였습니다. 왜 그해를 협동조합의 해로 지정했을까요?

조 2008년 세계 금융위기로 인류가 대재앙을 맞았습니다. 프랑스의 석학 자크 아탈리(Jacques Attali)는 2008년 금융위기를 자본주의가 사라질 뻔한 위기라고 평가했을 정도입니다. 상위 1퍼센트의 탐욕이 인류를 어떻게 파멸로 몰아가는지 절감한 많은 사람들이 몸서리를 쳤습니다. 인류의 미래를 진지하게 고민하는 사람들이라면 누구나 지금 세계 경제가 막다른 골목에 도달했다고 느끼고 있습니다. 이런 위기 속에서 사회적 경제를 하나의 대안으로 검토하게 되면서 UN이 협동조합의 해를 지정한 것이라고 봐야겠죠.

김 UN이 지정할 정도면 협동조합의 국제적 연합체도 있을 법한데요.

조 당연히 있지요. 국제협동조합연맹(ICA, International Co-operative alliance)이 있습니다. 1895년에 창립되었으니 역사가 이미 오래되었습니다. 이런 조직이 낯설게 여겨진다면, 그건 한국이 협동조합과 관련해서는 세계적인 후진국이기 때문이죠.

김 100년 넘게 뒤처진 것 아닙니까?

조 엄청나게 뒤처져 있지요. 그런데 5장에서 말씀드렸지만 자주적인 움직임이 일제에 의해 좌절된 역사가 있습니다. 해방 이후에도 한국 정부가 자발적인 협동조합 운동을 가로막았고요.

김 갑자기 궁금해지는데요, 협동조합과 노동조합의 차이는 뭡니까?

조 노동자 협동조합이라는 게 있습니다. 우리나라에는 그동안 존재하지 않았죠. 노동조합은 제법 많잖아요. 둘이 어떻게 다른지 감이 전혀 안 잡힐 겁니다. 노동조합은 개별 기업 단위든 산별 단위든 노동자들이 단결해서 자신들을 고용하고 있는 자본가에 대해 노동력 판매 조건과 근로 조건을 협상하는 조합이지요. 반면 노동자 협동조합이란 노동자들이 협동조합의 방식으로 기업을 운영하는 겁니다.

김 그렇습니까? 그러면 노동자 협동조합과 오늘 이야기할 협동조합은 어떤 차이가 있는 겁니까?

조 노동자 협동조합은 협동조합의 한 종류입니다. 우리나라는 그동안 노동자 협동조합에 관해서는 아예 법률이 없었어요. 만들 수가 없었으니까 사람들이 모르는 게 당연합니다.

2012년 12월 1일부로 발효된 협동조합기본법이 한국 협동조합 운동의 역사에서 왜 중요한가 하면, 그 이전에는 각각 따로 제정된 여덟 개의 협동조합특별법에 의해서 설립된 협동조합만 인정됐거든요. 농업협동조합법, 수산업협동조합법, 엽연초생산협동조합법, 산림조합법, 중소기업협동조합법, 신용협동조합법, 새마을금고법, 소비자생활협동조합법 등이죠. 다른 협동조합은 만들 수 없었습니다. 자발성을 근본적으로 부정했던 겁니다. 그러니까 노동자 협동조합이라는 것은 당연히 불가능했죠. 물론 이제는 일반법인 협동조합기본법에 의해 자유롭게 협동조합을 설립할 수 있습니다.

협동조합의 7대 원칙

김 잘 알겠습니다. 신자유주의 시대가 되면서 '글로벌 스탠더드'라는 표현을 많이 듣지 않습니까? 협동조합은 이러해야 한다는 국제적 표준이나 협동조합의 국제적 원칙 같은 게 있지 않을까요?

조 '국제적 표준'이라는 말보다는 '국제적 공감'이라고 표현합시다. 표준이라는 말은 생래적으로 거부감이 들어서.(웃음) 국제협동조합연맹이 규정하고 있는 협동조합의 7대 원칙이 있습니다. 역사가 아주 오래되었습니다. 아까 말씀드린 로치데일 협동조합이 초기에 이미 견지했던 원칙들이 발전된 것이거든요. 첫째, 자발적인 개방의 원칙, 둘째, 민주적 통제의 원칙, 셋째, 경제적인 참여의 원칙.

김 자발적 개방이란 누구든 조합원으로 가입할 수 있다는 뜻이죠? 경제적 참여란 협동조합원이 되기 위해서는 출자금과 조합비를 내야 한다는 말이고요.

조 맞습니다. 그런데 돈만 내면 안 됩니다. 협동조합은 이용하거나 참여해야 합니다. "저는 바빠서 후원만 할게요." 하는 태도는 안 됩니다. 넷째가 자율과 독립의 원칙입니다. 특히 정치 권력으로부터 자율성과 독립성을 지키는 게 무척 중요합니다. 다섯째는 교육·훈련과 정보 제공의 원칙입니다. 협동조합이라면 반드시 조합원들에게 정보를 제공하고 교육과 훈련을 해야 한다는 겁니다. 현재 한국의 협동조합법에서도 중요한 의무로 규정하고 있습니다.

김 왜 그렇습니까?

조 협동조합에서는 자발성과 민주적 통제가 굉장히 중요한 요소잖아요. 이런 원칙이 실제로 관철되려면 조합원들이 그럴 만한 실제적인 관심과 역량을 가져야 합니다. 안 그러면 자발적으로 참여하는 조직인데도 조합의 운영진들에게로 권력이 이전될 수 있다는 거지요.

김 중요한 원칙이군요.

조 투표권이 있다고 해서 모두 다 투표하는 게 아니고 무관심한 사람도 많죠. 잘 모르고 투표하는 경우도 부지기수고요. 그 결과는 민주주의의 후퇴입니다. 이런 현상을 막기 위해서 반드시 필요한 원칙입니다.

김 잘 알겠습니다. 나머지 원칙은 뭡니까?

조 여섯째는 조합 간 협동입니다. 앞서 사회적 기업을 다룰 때도 언급했지만, 협동조합끼리 경쟁 상대가 될 수도 있잖아요? 업종이 겹치거나 대체재를 취급하는 경우라면 얼마든지 경쟁 상대가 될 수 있습니다. 협동조합이 상호 경쟁을 배제하지는 않습니다. 시장 안에서 활동하니까요. 그렇다고 해서 죽기 살기로 무한 경쟁한다면 협동조합의 의미가 사라집니다. 협동조합 이론가 자마니는 협동조합이 '경쟁적 협력'이라는 특수한 협력 형태를 취한다고 표현했습니다. 영어로 경쟁이 competition이죠? 그런데 이 단어는 원래 라틴어 cum petere란 단어에서 나왔습니다. 비슷하게 생겼지요? 이 단어는 공동의 목표를 향해 함께 나아간다는 뜻이랍니다. 협동조합의 경쟁적 협력이란, 서로 경쟁하더라도 같은 목표를 향해 나아가도록 조정되는 상황을 가리킵니다.

김 같은 목표를 지향한다는 점에서는 협력인데, 나란히 걸어가면서도 누가 반보 앞설 수도 있고 누군가는 조금 뒤처질 수도 있는 점이 경쟁이 되겠군요.

조 그래서 협동조합 사이에는 연합회가 구성됩니다. 비록 부분적으로는 경쟁하더라도 연합회라는 틀 안에서 전체적으로는 함께 이익을 도모하고자 합니다. 또 이탈리아의 사회적 협동조합 같은 경우 이익의 일부를 아예 동종 협동조합의 창립을 위한 출자금으로 내도록 법에 규정되어 있어요. 쉽게 말하면 자기 돈 내서 경쟁자를 초청하도록 법에 강제한 겁니다.

김 그거 재미있네요. 아마 오랫동안 쌓인 신뢰가 있어서 그렇겠죠. 마지막 일곱째 원칙은 뭡니까?

조 지역사회에 대한 기여입니다. 앞의 여섯 항목은 초기부터 있던 100년 넘은 항목들인데 이 항목은 1990년대 후반에 새로 추가되었습니다. 그런데 문제의식 자체가 애초에 없다가 이때 생긴 건 아닙니다. 로치데일 때부터 있었던 것은 이미 말씀드렸죠. 그런데 1990년대 이후 고용 없는 성장이 본격화되고 신자유주의의 폐해가 두드러지면서 이 조항이 명시되었다고 볼 수 있습니다.

김 알겠습니다. 그런데 이탈리아의 사회적 협동조합도 언급하셨습니다만, '사회적'이라는 표현을 들으면 왠지 사회주의가 떠오릅니다. 협동조합에는 사회주의적 요소도 스며 있습니까?

조 그렇습니다. 하지만 이때 말하는 사회주의는 마르크스주의와는 다릅니다. 사회주의의 전통은 굉장히 다양하니까요. 마르크스주의도 그중 한 갈래지요. 19세기 초중반에 시작된 초기 협동조합 운동은 마르크스의 분류를 빌리자면 유토피아 사회주의의 지향에 기반해서 출발했습니다.

김 사회적 경제 개괄할 때 언급한 로버트 오언 같은 갈래군요.

조 네, 이런 유토피아 사회주의의 지향 속에서 협동조합 운동을 시작했습니다. 그러니까 그냥 잘 먹고 잘살려고 한 게 아니라 사회를 근본적으로 바꾸고자 한 사회운동의 일환이었던 겁니다. 협동조합 운동의 흐름은 나라마다 일어나고 있던 다양한 자발적인 운동과 겹치기도 하고 갈등을 겪기도 하면서 성장했습니다. 그러다가 1890년대를 넘어가면 마르크스주의가 사회주의 운동의 주도권을 갖게 되거든요. 그러면서 양자 간에 갈등이 생깁니다.

김 그렇죠. 갈등이 안 생길 수 없었을 겁니다. 생각하는 방식이 많이 다르잖아요.

조 맞습니다. 노선 차이가 컸죠. 협동조합 운동에서는 조합원의 이익 추구가 일차적으로 중요합니다. 그것이 바로 사회 변혁의 방법이죠. 하지만 마르크스주의의 관점에서 그것은 필요조건일 뿐이고, 근본적인 사회 변혁을 위해서는 전면적인 정치 투쟁에 나서야 하는 겁니다. 협동조합도 이 투쟁에 동참해야 하죠. 이런 노선 차이 때문에 협동조합 안에서 서로 갈등이 일어나고 갈라지기도 했습니다.

우리나라에서도 마찬가지였습니다. 일제 시대 때 협동조합, 특히 농민조합 중 일부는 마르크스주의적인 입장을 받아들였습니다. 적색농민조합, 줄여서 적색농조라고 불렀죠. 특히 함경도에 많았습니다. 농민들이 굉장히 급진화된 결과 농민조합 자체가 이익단체를 넘어서 혁명에 기여하려는 조직으로 바뀌었습니다. 이 과정에서 그렇지 않은 조합들과 갈등이 빚어졌습니다.

김 굉장하네요. 조합이 혁명에 기여한다라……. 그럴 수도 있기는 할 텐데, 그게 꼭 좋은 일일까요?

조 혁명이라고 하니까 너무 어감이 센데, 정치 투쟁이라고 생각해보죠. 경제적 이해관계에 기반한 조합이라고 해서 정치 투쟁을 하지 말라고 해서는 안 됩니다. 경제와 정치는 애초에 분리된 것이 아닙니다.

잘못 받아들이면 노조는 정치에 개입하면 안 된다는 유신이나 5공 시절 논리가 될 수도 있습니다.

김 그건 또 그렇군요.

조 그래서 협동조합이 정치에 개입하는 게 맞냐 틀리냐가 아니라 정치, 나아가 국가와 어떤 관계를 맺어야 하는가가 더 중요하다고 봅니다. 마르크스주의 이야기가 나왔으니 말하자면, 혁명의 성공으로 사회주의 국가들이 체제로서 성립하게 됐죠. 협동조합의 기본 원칙 중 하나가 자율과 독립이었잖아요. 사회주의 국가에서 이 원칙이 지켜졌을까요?

김 아니요. 절대 그렇지 않았을 겁니다.

조 맞습니다. 사회주의 국가들에서 협동조합이 자율성을 잃고 그에 대한 비판적 인식이 높아지자 협동조합 운동에서 마르크스주의의 영향력은 퇴보하게 되었습니다.

협동조합에는 정치에는 개입하되 정당이나 국가로부터는 자율성을 지켜야 한다는 좁은 길이 놓여 있습니다. 그래도 그 길을 가야죠. 아무튼 오늘날에도 협동조합 운동이 자본주의에 비판적인 시각을 갖고 있는 것은 사실입니다. 그래도 협동조합 운동 자체는 자본주의 시장경제 안에 있습니다. 자본주의 밖에서 대안을 찾는 것이 아니라 그 안에서 대안을 만드는 시도라고 볼 수 있습니다.

김 협동조합의 역사를 보면 협동조합이 생기고 발전하던 시기가 마르크스가 자본주의를 통렬히 비판하고 『자본론』을 집필하던 시기하고 겹칩니다. 아까 영국의 로치데일 이야기를 해주셨는데, 다른 사례들도 있겠죠?

조 사실은 로치데일과 앞서거니 뒤서거니 하면서 여러 나라에서 많은 시도가 있었습니다. 노동자 협동조합은 프랑스의 기독교 사회주의자 필리프 뷔셰(Philippe Buchez)에 의해 1834년에 처음 생겼습니다. 로치데일보다 더 빠릅니다. 독일에서는 신용협동조합 운동이 1849년에 시작됐고요. 덴마크에서는 유명한 농민사상가이자 운동가인 니콜라이 그룬트비(Nikolai Grundtvig)의 영향 속에서 농민협동조합이 1880년대부터 발전했습니다. 덴마크는 세계에서 가장 유명한 낙농 국가죠. 낙농업 매출의 90퍼센트가 협동조합에 의해서 발생하고 있으니 협동조합의 나라라고 봐도 좋습니다.

배당이냐 투자냐

김 짚어봐야 할 문제들이 있습니다. 조합원의 권익을 추구한다는 이상이 조금만 과하면 이기주의가 창궐할 수 있다는 문제가 있습니다. 그리고 협동조합의 7대 원칙 중 하나인 민주적 통제가 실현되지 못하면 형태는 조합이지만 한 개인이나 소수가 과실을 독점하는 결과를 빚을 수 있습니다. 이 점, 어떻게 보십니까?

조 충분히 제기할 수 있는 문제입니다. 협동조합 운동가나 연구자 들도 많이 고민하고 있습니다. 협동조합은 완벽한 조직이 아닙니다. 불완전한 사람들이 이익을 위해 모여 있는 곳이죠. 게다가 자본주의의 무한 경쟁이라는 환경 안에 놓여 있습니다. 1장에서 다룬 주제입니다만 인간은 이타적인 속성과 이기적인 속성을 동시에 가지고 있습니다.

첫째로 조합원의 이기심 때문에 생기는 문제에 대해 생각해보죠. 조합에 가입하면 출자하고 조합비를 내면서 활동을 하게 됩니다. 조합 활동의 결과로 이익이 생길 수 있습니다. 기업 회계 용어로는 당기순이익, 협동조합에서는 잉여금이라고 부릅니다. 잉여금이 생기면 협동조합은 우선 손실 보전을 해야 하고, 다음으로 법정적립금 적립, 그다음에 임의적립금 적립, 끝으로 배당을 하게 됩니다.

김 법정적립금과 임의적립금이 무슨 뜻입니까?

조 법정적립금은 협동조합이 무조건 적립해야 하는 돈입니다. 한국의 경우 잉여금이 생기면 그중 10퍼센트 이상은 출자금 납입 총액의 세 배가 될 때까지 의무적으로 적립하게 되어 있습니다. 나라마다 비율은 다르지요. 이 적립금은 손실 보전에 충당하거나 해산할 때 이외에는 사용하지 못합니다. 협동조합 운영의 지속성을 위한 제도입니다. 법적 강제 사항이라 조합원의 이기심이 작용할 여지가 없는 부분입니다. 해산할 때는 문제가 달라지지만, 그건 나중에 다시 다루죠. 문제는 임의적립금과 배당의 비율을 어떻게 정할 것인가입니다.

김 그럼 임의적립금은 내부 유보 같은 건가요?

조 맞습니다. 임의적립금은 미래 투자를 위한 조합의 내부 유보분입니다. 이제 조합원의 입장에서 미래를 위한 투자와 당장의 배당 사이에서 선택을 해야 하는 상황이 옵니다. 양자의 관계는 좀 거칠게 말하면

제로섬 게임이죠. 투자를 많이 할수록 내 배당은 줄어들고, 배당을 많이 받을수록 투자가 줄어듭니다. 여기서 시간에 따른 태도 변화의 문제가 발생합니다.

김 대충 그림이 그려지는데, 마지막 말은 어렵네요.

조 하나도 어렵지 않습니다. 쉽게 말해서 제가 지금 나이가 서른이라고 칩시다. 협동조합 활동을 막 시작했습니다. 그런데 이 조합은 역사도 깊고 앞으로도 오랫동안 계속될 것 같거든요. 그러면 이 사람 입장에서는 투자가 더 중요하다고 생각하게 되는 겁니다. 자기는 앞으로도 30년 정도는 조합 활동으로 먹고살아야 하니까 당장의 배당보다는 투자가 더 중요하다고 생각하게 됩니다. 그런데 이를테면 쉰여덟이나 쉰아홉쯤 된 조합원이 있어요. 곧 은퇴가 다가옵니다. 이런 분들 입장에서는 투자보다 배당을 많이 받고 싶은 겁니다.

김 박근혜 정부가 노인기초연금도 줄였는데, 그게 당연하죠.(웃음)

조 다른 나라도 마찬가지지요. 나이 많은 쪽이 문제가 있다고 볼 수 없습니다. 자연스러운 태도거든요. 여기서 협동조합이 원리상 가지고 있는 특징이 문제가 됩니다. 조합원들이 출자를 통해 갖는 권리는 탈퇴와 동시에 사라지게 되는데요, 문제는 이 권리를 팔 수가 없습니다.

김 양도를 못 하는 건가요?

조 안 됩니다. 주식회사라면 주식을 팔면 됩니다. 나이가 많이 들었다든지, 여러 가지 이유로 나의 이윤 회수 기간보다 투자 기간이 더 길 것 같다 싶으면 미래 가치를 할인해서 팔면 됩니다. 그런데 협동조합은 그게 안 되는 거예요. 그래서 조합원은 자신이 생각하는 잔여 활동 기간에 비춰서 투자와 배당에 대한 태도가 달라지게 되고 이것이 갈등 요소가 됩니다. 그리고 짐작하실 수 있겠지만 배당을 요구하는 목소리를 내는 쪽이 고참 조합원들입니다. 아무래도 목소리가 크기 마련이겠죠. 그래서 조합원 권리를 거래할 수 있는 시장을 만들어야 한다고 주장하는 연구자도 있습니다.

김 조합의 지분을 사고파는 시장을 만들자는 말인가요? 그럼 어떻게 운영됩니까? 상장회사는 주식 지분을 가지고 있으면 액면가보다 높게 팔 수도 있잖아요.

조 시장을 만들자는 말은 시장가격으로 하자는 말이지요.

김 조합원의 권리를 사고팔 수 있게 되면 이런 경우도 생길 수 있겠군요. 제가 돈이 좀 있고, 아주 잘나가는 조합이 있어요. 그 조합을 먹기 위해서 조합원의 권리를 시장에서 하나둘 사들입니다. 이런 그림도 얼마든지 가능하잖아요?

조 물론 그럴 수는 있는데요, 나라마다 다르지만 협동조합에서는 개인이 가질 수 있는 출자 지분이 제한되어 있습니다. 그리고 어차피 1인 1표가 원칙이니 지분이 아무리 많아봐야 표는 한 표입니다.

김 명의신탁으로 지분을 장악하고 암묵적인 영향력을 행사하는 게 가능할 수도 있죠. 이 이야기를 왜 하느냐 하면 아까 말씀드린 두 번째 문제 제기를 환기시키기 위해서입니다. 협동조합은 1인 1표주의이기 때문에 동등한 권리를 가지고 모두가 참여하는 구조지만, 경영진의 힘이 세진다거나 소수에 의한 지배가 나타나는 현상은 얼마든지 있을 수 있잖아요?

조 예, 그 문제는 협동조합 운동가와 이론가 들이 가장 고민하는 문제가 맞습니다. 『사회를 구하는 경제학』의 마르셀 모스(Marcel Mauss) 편에서 제법 심도 있게 다룬 사례입니다만, 실제로 협동조합 운동의 대표 사례라고 할 수 있는 스페인 몬드라곤의 산하 사업장에서도 1974년에 그런 문제가 있었습니다. 노동자들에 대한 직무 수행 평가 문제로 이사회와 노동자들 사이에 갈등이 생겨 비공식 파업이 일어나고 노동자들이 해고되는 사태가 벌어졌죠. 몇 년 후 봉합되긴 했습니다만. 조합을 지배하려는 누군가의 음모가 아니더라도 규모가 커지면 관료화라는 문제는 거의 필연적으로 발생하게 됩니다. 경영적 판단과 조합원으로서의 정체성이나 자부심 사이에도 갈등이 빚어질 수 있고, 소통의 문제는 더욱 커지죠. 몬드라곤이 이 문제에 대처했던 방식은 결국 더욱 철저한 민주성의 강화였습니다. 노동자 조합원의 대표 조직인 조합 평의회의 권한을 강화했죠.

김 역시 대안은 더욱 철저한 민주주의군요.

조 그런데 세상 일이 그렇게 간단하지는 않아서 민주주의를 강화한다고 해서 무조건 문제가 해결되는 건 아닙니다. 자본주의 기업과 협동조합을 비교해보면 의사결정 과정의 효율성이라는 측면에서는 협동조합이 더 문제가 클 수 있습니다. 주식회사는 의견이 대립할 때 결국 지분으로 싸워서 승부를 가리면 됩니다. 51 대 49로 이겨도 독재를 할 수 있고, 그 꼴 보기 싫으면 지분 팔고 나가면 됩니다. 현실은 더 복잡하지만 원리적으로는 그렇습니다. 반면 협동조합에서는 이런 대립 문제가 다른 양상으로 나타나게 됩니다. 정규분포곡선 아시죠? 양극단은 낮고 가운데는 높은 볼록 곡선이죠. 조합원들의 의견이 이런 식으로 형성되면 참 좋습니다. 가운데 의견이 압도적 다수를 차지하게 되니까요. 그런데 항상 그렇게 되는 게 아닙니다. 오히려 정반대 경우도 꽤 많습니다. 중간값이 두터운 게 아니라 양극단이 두터울 수 있습니다.

김 대립과 갈등이 더 심해질수록 중간층은 얇아지게 되지요.

조 주식회사는 지분 대결로 해결하면 되는데, 협동조합의 경우는 이렇게 의견이 양극화돼서 대립이 심해지면 투표를 하면 안 됩니다. 이론적으로야 투표해서 51 대 49가 나오면 이긴 쪽 의견대로 하면 되죠. 지금 각하께서 하는 대로 하면 되거든요. 하지만 협동조합이라는 조직은 사람들이 다들 자기 말을 하고 싶어 하는 곳입니다. 투표를 강행하면 조합이 깨집니다. 그래서 자연스럽게 많은 조합들이 갈등을 피하려고 자꾸 운영진에게 권한을 위임하는 경향이 생깁니다. 그러다 보면 자연스럽게 관료화가 심화되고 조합원들은 수동적으로 바뀌게 되죠.

김 대개는 조합의 덩치가 커졌을 때 나타나는 현상이군요. 떡이 커졌을 때가 문제가 되는 것 아닙니까?

조 사실 지금 말씀하신 문제들은 보통의 협동조합보다는 자발적으로 만들어지지 않은 일부 관변 협동조합에서 전형적으로 나타나는 문제들이긴 합니다. 민주주의가 제대로 작동하지 못하는 조직들이죠. 걸핏하면 선거 운동 비리가 폭로되고 처벌받는 뉴스 많이 보셨을 겁니다. 반면 자주적, 자발적 협동조합의 경우 아직은 큰돈이 안 되니까 배당 때문에 큰 문제가 생기지는 않죠.

김 배당을 기대할 여지가 거의 없지요.

조 제도적으로 배당을 엄격히 제한해놓았습니다. 지금 우리나라 협동조합기본법에 따르면 배당은 잉여금의 10퍼센트 이하로 제한하게 되어 있어요.

김 그것밖에 안 됩니까?

조 예, 그렇습니다. 그러니까 주식 투자해서 떼돈을 버는 것과는 애초에 개념이 좀 다릅니다. 그리고 좀 더 원론적이지만 중요한 이야기를 하고 싶은데요, 협동조합에 참여할 때는 목적과 동기가 다르죠. 좀 더 호혜적인 관점에 서게 됩니다. 그래도 이기심의 문제가 사라지지는 않는다는 이야기를 지금까지 해왔습니다. 그것을 해결하는 방법 역시 민주주의, 나아가 제도이고 역사의 누적입니다.

김 무슨 말씀인가요?

조 앞서 협동조합의 적립금과 배당의 비율 결정 시에 발생하는 문제를 다뤘습니다. 그런데 협동조합이 아예 해산하는 경우를 생각해보죠. 당연하지만 실제로 많이 해산합니다. 지금 한국의 기본법에서는 해산 시 남은 적립금의 처분은 정관에 따르게 되어 있습니다. 그런데 유럽,

특히 이탈리아, 스페인, 프랑스 등에서는 분배 불가능했던 적립금을 공익 용도로, 예컨대 협동조합 운동 지원에 사용하게 되어 있습니다. 물론 한국에서도 사회적 협동조합은 마찬가지입니다.

김 잠깐만요, 적립금은 결국 조합원들이 일해서 쌓은 돈인데요. 해산하면 돌려줘야 되는 것 아닙니까?

조 이기적 인간의 관점에서 보면 당연히 그렇습니다. 내가 일해서 적립한 돈인데 왜 남한테 주느냐고 생각할 수 있습니다. 그런데 법으로 정해놓고 세월이 흐르면 제도화의 효과가 나타납니다. 당연하게 여기게된다는 뜻입니다. 이 나라들은 협동조합의 역사가 상당히 긴 나라들입니다. 그 적립금이 꼭 내가 번 돈만은 아니라는 것이죠. 이미 은퇴한수많은 앞 세대 사람들이 쌓아놓은 돈이기도 합니다. 공동체가 역사적으로 축적한 자본인 것입니다. 이것을 해산 시점의 조합원들이 독차지할 권리가 없다는 생각이 당연해지는 겁니다.

김 듣고 보니 정말 그러네요. 이기적 인간이 어느 순간 갑자기 이타적인간으로 바뀌는 게 아니고, 제도와 역사적 경험 속에서 서서히 바뀌어가게 된다는 말씀이군요.

조 맞습니다. 그래서 성급하게 인간에게 실망하지 말고, 조바심 내지말고 꾸준히 버티는 끈기가 필요합니다.

세상에서 가장 어리석은 아이디어

김 끈질기게 버티는 것, 정말 동의합니다. 자본주의가 사실 얼마나 끈질깁니까?(웃음)

조 자본주의 기업의 문제도 심각하죠. 한 가지 예를 들겠습니다. 주주가치 경영이라는 말, 잘 아시죠? 제너럴 일렉트릭의 잭 웰치 회장이 1980년대부터 주주가치 경영의 전도사로 전 세계를 휩쓸었습니다. 기업의 목적은 주인인 주주의 이익을 극대화하는 것이라는 논리죠.

김 이른바 주주 자본주의죠. 앞에서 이 사람 이야기를 했죠.

조 예, 잭 웰치가 제너럴 일렉트릭 CEO가 된 것이 1981년입니다. 그때부터 2001년까지 일했습니다. 구조조정의 대명사 같은 사람인데, 근로자 등급제를 실시해서 해마다 하위 10퍼센트를 잘랐어요. 해마다.

김 유명한 이야기죠.

조 주주가치 경영이 확산되면서 노동자들과 CEO의 연봉 격차가 엄청나게 확대됐습니다. 미국의 경우 1970년대에 약 25배 정도였습니다. 2000년대가 되면 500배가 됩니다. 주주가치 경영하고 이 현상이 어떻게 관련이 될까요?

미국 같은 경우 대부분 전문 경영인 체제입니다. '주인-대리인 문제'라는 게 있습니다. 기업의 주인은 주주인데 소유와 경영이 분리된 전문 경영인 체제의 주식회사에서 주주들이 실제로 경영을 할 수는 없습니다. 주주의 이익을 위해서 일하는 임직원들이 대리인이 됩니다. 주류 경제학의 관점에서 볼 때 사람은 누구나 이기적입니다. 대리인은 원래 주주의 이익을 위해서 일해야 하지만 실제로는 자기 이익을 위해서 일을 하게 된다는 겁니다. 기회만 되면 땡땡이치려 한다는 거지요. 컴퓨터 앞에서 열심히 일하고 있는 것 같지만 사실은 채팅을 하고 있다든지, 아니면 주식 시세를 보고 있게 되어 있다는 겁니다. 이 문제를 해결하기 위해 기업이라는 위계 구조 속에서 감시해야 한다고 합니다.

김 CCTV 설치, 특정 사이트 차단, 근태 평가 등이 그런 감시군요.

조 문제는 CEO를 포함한 경영진은 누가 감시하냐는 겁니다. 주주들이 매일 회사에 와서 CEO 뒷자리에 앉아서 감시할 수는 없잖아요. 1990년대 초에 경제학자 마이클 젠슨(Michael C. Jensen)과 케빈 머피(Kevin J. Murphy)가 해법을 제시합니다. 바로 인센티브로 스톡옵션을 지급하는 것입니다.

김 당근을 준다는 거군요.

조 그렇죠. 대리인인 전문 경영인의 이해관계를 주주들의 이해관계와 일치시키면 된다는 발상이죠. 보수의 상당 부분을 주식으로 주면 자신의 이익을 위해서 주가를 올리려고 열심히 일할 것이라는 생각입니다. 주주가치 경영론의 핵심 중 하나입니다. CEO들이 스톡옵션으로 대박을 치는 세상이 왔죠. 이들의 보수가 엄청나게 상승하고 노동자들과의 격차가 극적으로 커졌습니다. 하지만 그 결과는 비참했죠. CEO들은 이제 기업의 장기 존속이나 발전 전망에 집중하기보다는 당장의 주가 부양에 올인하게 됐습니다. 재직하는 동안에 주가를 띄우는 게 제일 중요한 목표가 되었죠. 온갖 금융 기법과 편법이 동원되었습니다. 주주들은 환호했죠. 미국 경제의 버블 형성에 중요한 원인이 됩니다. 그리고 잭 웰치는 2008년 금융위기 이후에 공개적으로 이렇게 말했습니다. 주주가치 경영은 세상에서 가장 어리석은 아이디어였다고.

김 뒤늦게나마 반성하는 것만 해도 어디입니까? 한국에서는 그런 사람도 찾아보기 힘듭니다.

조 그러게 말입니다. 지금 협동조합을 다루다가 이 이야기가 나왔습니다. 주주가치 경영론의 근본에는 인간은 이기적인 동물이라는 신념이 자리 잡고 있습니다. 그러니까 이기심을 잘 반영한 제도를 설계하면 최적의 결과를 낳을 것이라고 믿었죠. 하지만 이론적으로는 그럴 듯해도 실제로는 파탄이 났습니다. 반대로 협동조합에서는 참여의 목적이 다르다는 사실에 주목하는 겁니다. 공동체적인 동기, 이타적인 동기가 있다는 것이죠. 참여 동기가 경제적 이익의 극대화가 아닌 한 적절한 제도화를 통한 이기심 억제가 오히려 용이합니다.

협동조합의 성공과 실패

김 잘 알겠습니다. 그럼 이제 구체적인 실례로 들어가보죠. 대표적인 협동조합의 사례, 무엇이 있습니까?

조 스페인의 몬드라곤은 워낙 유명하지만 그래도 안 할 수는 없으니 아주 간단하게만 짚어볼게요. 몬드라곤은 1956년에 스페인 바스크 지방의 노동자 다섯 명으로 출발한 협동조합입니다. 오늘날에는 한국의 현대자동차하고 비슷한 규모로 성장했습니다. 2010년 기준으로 몬드라곤의 자산 규모가 51조, 현대가 41조거든요. 매출은 몬드라곤이 22조, 현대가 36조니까 현대가 더 크네요. 그런데 두 기업 사이에는 결정적인 차이가 있습니다. 몬드라곤의 주인은 종업원 중 70퍼센트를 차지하는 3만 5000명의 조합원입니다. 반면 현대의 주인은 외국인 40퍼센트, 특수관계인 25퍼센트, 소액주주 35퍼센트로 이루어져 있습니다. 그러나 특수 관계인 정씨 일가가 이 기업의 주인 노릇을 하고 있다는 사실은 모두가 다 압니다. 몬드라곤은 동일 직급인 경우에 조합원과 비조합원 사이에 임금 차이가 없습니다.

김 현대는 정규직과 비정규직 간 임금 차이가 두 배가 넘을 거예요.

조 몬드라곤이 고용하는 비율을 보면 비슷한 규모의 기업들에 비해서 1.5배 정도 더 많습니다.

김 그것 자체가 사회 공헌이네요.

조 협동조합들의 공통적인 특징입니다. 동일 매출 규모의 일반 기업보다 고용률이 최소한 20퍼센트 이상 높습니다. 스위스는 유통업체 1, 2위가 전부 소매협동조합입니다. 1위가 미그로, 2위가 협동조합의 줄임말을 그대로 쓰는 '코프(COOP)'입니다. 저도 미그로는 가본 적이 있어요. 워낙 많으니까요. 그만큼 일상화되어 있습니다. 원래는 개인 기업이었습니다. 창업자가 1940년대에 자기 소유 주식을 전부 협동조합 출자금으로 전환하면서 협동조합으로 바뀌었습니다. 스위스 인구가 800만 명 정도인데 미그로 조합원이 250만 명입니다. 연 매출이 30조가 넘고

상시 고용 인력이 8만 명에 달해요. 코프도 조합원이 200만 명에 달합니다. 유럽의 경우 은행 영업의 20퍼센트가 협동조합 부문입니다. 프랑스와 네덜란드의 최대 은행은 전부 다 협동조합입니다.

김 우리나라 농협도 협동조합이기는 하지요.

조 예, 농협도 따지고 보면 협동조합이 맞습니다. 체감을 못 해서 그렇지요. 이왕 있는 것이니까 무조건 부정하지는 말고 좀 더 적극적으로 협동조합의 원칙을 살릴 방안을 생각해봤으면 좋겠습니다. 『사회를 구하는 경제학』에서도 다뤘던 것처럼 이탈리아의 에밀리아로마냐 지방이나 캐나다의 퀘벡 지방, 또 프랑스의 릴 지역 등 지역사회 차원에서 사회적 경제가 뿌리박은 곳에서는 대규모 협동조합, 사회적 기업부터 작은 소규모 협동조합까지 그물망이 형성됩니다. 에밀리아로마냐 지방은 경제생활의 70퍼센트를 협동조합이 담당하고 있죠. 그리고 이탈리아에서 가장 가난하던 지역에서 지금은 유럽에서도 가장 잘사는 지역 중 하나가 되었다는 스토리도 있습니다.

김 실패 사례도 있겠지요?

조 왜 없겠습니까? 무수히 많습니다. 당장 몬드라곤만 해도 산하의 가전 브랜드 파고르가 2014년에 파산했습니다. 전체 매출의 8퍼센트를 차지하던 제법 큰 부문이었죠.

김 왜 파산했나요?

조 이유를 따지자면 많겠지만 근본 원인은 협동조합이 협동조합답지 않게 사업을 벌인 데 있었다는 것이 중론입니다. 파고르는 무리한 확장 전략, 나아가 세계화 전략을 폈습니다. 프랑스 가전업체를 인수하고 해외 공장을 건설했습니다. 그러다가 남유럽 경제위기가 닥치니까 감당을 못하게 됐죠. 경영 측면에서 보면 이런 확장 전략이 문제가 됐지만, 협동조합의 기본을 지키지 않은 면도 문제가 됐습니다. 해외 부문의 노동자들은 조합원으로 받지 않았어요. 5600명의 종업원 중 해외 부문 3000명은 비조합원이었습니다. 바깥에서는 일반 자본주의 기업하고 다를 바 없었던 겁니다. 협동조합의 본연을 망각한 것이죠.

1872년에 출범한 영국의 유서 깊은 협동조합 은행인 코오퍼러티브 은행이 위기에 처한 과정도 시사점이 많습니다. 대출 과정에서 인권, 환경, 기업의 사회적 책임 등을 엄격하게 심사하는 윤리 경영으로 유명했어요. 문제는 역시 공격적 확장 전략이었습니다. 부동산 시장이 좋으니까 2009년에 주택금융조합을 합병하고 정보통신기술에도 투자를 확대했지만 거품이 꺼지면서 큰 타격을 입었어요. 그 와중에 노동당 지방 정치인이자 감리교 목사인 전 은행장이 마약 거래를 하다 체포되면서 심각한 도덕적 타격을 입게 되었습니다. 경영진의 무리한 확장 전략을 견제할 수 없었던 거버넌스의 문제가 중요한 원인으로 지목되고 있습니다.

김 기본에 충실해야 한다는 말을 다시 떠올리게 되는군요. 이제 우리나라의 현황과 사례를 살펴보도록 하죠.
조 2011년 12월에 협동조합기본법이 제정되어 2012년 12월부터 발효됐습니다. 그러니까 아직도 한국은 협동조합 운동의 초창기라고 할 수 있습니다. 그 전에는 여덟 개 특별법에 의해서 규율되던 협동조합만 있었고 당연히 업종도 극히 제한되어 있었죠. 자율성과 독립성이라는 면에서도 일부 협동조합들은 문제가 있었고요. 협동조합기본법 제정의 취지는 한마디로 말하면 설립의 자유입니다. 그리고 정부 개입의 축소와 사업 영역의 개방도 중요하죠.

김 이전에는 결사의 자유 자체를 무력화했던 거죠. 그런데 어떻게 해서 이때 기본법을 제정하게 된 겁니까?

조 2012년이 UN이 정한 세계협동조합의 해였지요. UN과 국제협동조합연맹이 한국 정부에 권고한 겁니다.

김 알아서 한 건 아니군요. 아무튼 그래도 잘한 건 잘했다고 해줘야죠. 그럼 이 법 아래에서는 어떻게 협동조합을 설립하게 됩니까?

조 협동조합 설립 기준이 대폭 완화됐습니다. 발기인 다섯 명 이상이면 출자금 규모와 상관없이, 보험과 금융 등 일부 부문만 빼면 어떤 업종이라도 승인 없이 등록만으로 협동조합을 설립할 수 있게 됐습니다. 2015년 현재 약 7500개 이상의 협동조합이 이 기본법에 따라 설립되어 활동하고 있습니다.

김 와, 굉장히 많이 생겼네요.

조 그동안 너무 억눌렀으니 반작용도 있고, 낙관주의가 퍼진 탓도 있을 겁니다.

김 협동조합 하면 무조건 좋다는 식의 낙관주의입니까?

조 아무래도 초창기니까 시행착오를 거치는 건 불가피하죠. 차차 나아지리라고 봅니다. 그리고 모든 협동조합이 인가 없이 그냥 등록만 하면 되는 건 아닙니다. 사회적 협동조합은 별도로 인가를 받아야 합니다.

김 어, 그래요?

조 사회적 협동조합은 세제상의 특혜가 있어서 그렇습니다. 배당이 금지되어 있거든요. 그러니까 아예 비영리 조직입니다. 또 잉여금도 30퍼센트 이상 적립하도록 했어요. 지속 가능성을 높이기 위해서죠. 일반적인 협동조합은 영리 조직이지요. 기본법에 영리 조직이라는 표현은 없습니다만 실제로는 영리 법인으로 간주합니다. 그래서 세금을 다 내야 합니다. 물론 사회적 기업과 마찬가지로 사회적 협동조합도 주무 관청이 감독을 합니다만.

김 그것도 6개월마다 들여다봅니까?

조 주무 관청에 관리감독권을 주고 개입할 수 있게 해놓았습니다. 다시 말하면 사회적 기업과 마찬가지로 자유가 제한되어 있는 것입니다. 일단 설립하고 이후에 심사를 거쳐 사회적 협동조합이 되는 게 아니라 등록할 때부터 인증을 받아야 하는 문제가 있습니다.

김 그렇군요. 약간 다른 이야기지만 생활협동조합이 언제부턴가 많이 활성화되었습니다.

조 예. 생협은 1999년에 법이 제정되었습니다. 몇몇 생협은 성장세가 굉장히 가파릅니다. 아무래도 도시 소비자들이 접하기에 편리한 면이 있지요.

김 생활협동조합의 실정도 좀 알려주세요.

조 지금 대표적인 생협으로 다섯 곳 정도를 꼽습니다. 최근에 매출이 연 30퍼센트 이상씩 계속 성장하는 곳들도 있습니다. 2014년 연간 매출액이 5000억 원에 육박하는 곳도 있습니다. 조합원은 22만 명에 달하고요. 생협의 경우는 특히 도시 소비자에게는 명분과 실리를 동시에 챙길 수 있다는 점이 매력적이죠. 무엇보다도 안심하고 농산물을 소비할 수 있다는 믿음이 크고요. 그러면서도 생산자 농민에게 혜택이 돌아간다는 점이 생협 성장의 밑바탕일 겁니다. 물론 생협 활동가들이 열심히 노력해온 결실이기도 합니다. 약간의 걸림돌이라면 소비자생협 역시 협동조합이기 때문에 교육을 받고 참여를 해야 하는데 그 점이 사람들에게 부담스럽고 낯설 수 있습니다.

김 그냥 안심하고 농산물을 사고 싶을 뿐인데 자꾸 귀찮게 교육받으라고 하고요.

조 예, 결국 협동조합은 그저 경제적 이익과 효용만 추구하는 조직이 아니라는 인식이 확산되어야죠.

김 협동조합의 7대 원칙 중에 조합 간 협동의 원칙이 있었지요. 그럼 생협들 간에도 서로 협동이 잘됩니까? 서로 영역을 나눈다든가…….

조 앞서 경쟁적 협력이라는 표현을 인용했습니다만, 실제로는 쉬운 일이 아니죠. 우리나라도 지금 생협들이 급성장하며 경쟁이 일어나고 있습니다. 기존 생협 매장 가까이 다른 생협 매장이 들어선다든지, 경쟁이 치열해지다 보니 수입 농산물을 늘린다든지…….

김 그런 문제는 어떻게 해결해야 합니까?

조 정답은 없죠. 생협 운동은 기본적으로 자본주의 경쟁의 룰 안에 들어와 있고 자율성을 원칙으로 하니까요. 만약 경쟁을 배제하면 반대로 선점한 생협의 독점을 인정하게 된다는 문제도 생깁니다. 큰 틀에서 함께한다는 정신을 공유하려는 노력도 필요하지만, 선언적인 것 이상으로 지역 실정에 맞는 협약이나 룰이 필요합니다. 구체적인 실정은 다다르기 때문에 이것을 무시하고 일반화된 규칙을 만들기는 어려울 겁니다.

유유상종, 상생하는 경제

김 그렇군요. 이런 그림도 그릴 수 있겠어요. 단순한 그림이지만, 소비자생협과 농산물을 생산하는 농민의 협동조합이 제휴를 맺고 협력하며 연결망을 만들어나가는 그림이죠.

조 그렇습니다. 또 노동자 협동조합도 생각해봐야 합니다. 지금도 우리나라에 노동자 자주관리 기업들이 있지 않습니까? 부도난 기업을 노동자들이 인수해서 주식회사 형태로 경영하는 기업이지요. 그동안은 노동자 협동조합을 아예 만들 수 없었기 때문에 협동조합이 아니라 주식회사였던 것이죠. 노동자 협동조합이 성장하게 되면 농민은 생산자이고 도시민은 소비자라는 일방적인 구도에서 벗어나 서로 생산한 것을 교환하는 그림을 그릴 수 있게 됩니다.

김 제대로 두 바퀴로 굴러가게 되겠군요.

조 거기에 더해 굉장히 중요한 요소가 금융입니다. 협동조합이나 사회적 기업은 금융의 확보가 매우 중요합니다. 어느 기업이든 마찬가지지만 특히 사회적 경제 부문에서 활동하는 경우 영리성이 낮으니까 자리를 잡게 될 때까지는 금융 지원이 꼭 필요하거든요. 그런데 시중 은행들은 돈을 안 빌려줍니다. 사업성이 낮다고 보니까요. 협동조합의 원칙상 정부 지원에 자꾸 의존할 수도 없고요. 그래서 기본법 제정과 함께 현재 사회적 협동조합은 소액 대출 사업을 할 수 있게 허용이 됐습니다. 원래 금융과 보험 분야는 협동조합이 못 하는 분야지만 소액 대출은 허용한 거죠. 금융의 사회적 해결 역시 중요한 과제입니다.

김 쓰러지기 쉬운 두 바퀴에서, 좀 더 안정적인 세 다리로 받치게 되겠군요.

조 큰 틀에서는 그렇게 볼 수 있겠죠? 생산과 소비, 그것을 연결하는 유통, 그리고 금융까지 협력의 네트워크를 이뤄야 한다는 겁니다.

김 그런 게 상생이지요.

조 이럴 때 쓰는 전문 용어가 있는데요, 유유상종이라고요.(웃음) 그냥 우스갯소리가 아닙니다. 착한 사람이 상대방을 등쳐먹고 사는 나쁜 사람을 만나면 100퍼센트 털리죠. 그런데 좋은 사람들끼리 만나면 협력을 하게 되어 시너지 효과가 일어납니다. 경제학자들이 다양한 이론과 실험을 통해서 입증한 결론이기도 합니다. 실제 사례를 봐도 마찬가지입니다. 협동조합이든 사회적 기업이든 성공한 경우는 대부분 지역 차원에서 네트워크를 광범위하게 이뤘습니다.

김 화물 운송 분야의 택배나 지입 차주 분들이 협동조합을 만들어도 참 좋을 것 같은데요.

조 맞습니다. 필요성이 무척 높은 분야죠. 택시 같은 경우는 2015년에 협동조합 한 곳이 출범했고요. 전세 버스 쪽에서도 필요성이 논의되고 있는 것으로 압니다. 더 확대되어야죠.

김 알겠습니다. 한 사례만 더 알려주실래요?

조 국수, 냉면 등을 판매하는 외식 프랜차이즈 업체 중에 협동조합으로 유명한 곳이 있습니다. 원래 이 업체는 외식업계에서 나름대로 잘나가던 주식회사였거든요. 가맹점이 전국적으로 꽤 많아서 이름만 들어도 아는 분이 많을 겁니다. 대주주 여섯 명의 뜻이 맞아 주식회사 시절에도 종업원들에게 주식을 나눠주는 등 노력을 하고 있었죠. 회사 정관에 협동조합적 운영 원리를 반영한 조항을 넣었다가 기획재정부에서 반려한 적도 있다고 합니다. 상법상 맞지 않다는 이유였죠. 또 신규 직원들은 주주가 아니니까 회사에 대한 생각이 다른 문제도 발생했다고 해요. 결국 2013년 초에 대주주들이 자신들의 주식을 모두 내놓으면서 노동자 협동조합으로 전환했습니다. 1인 1표의 조합원으로 변신한 것이지요. 현재 130여 명의 직원이 있는데 절반 이상이 조합원입니다. 신입 직원은 3년이 지나면 조합원이 될 자격을 얻는다고 합니다.

김 좋은 곳이군요. 지분을 포기하는 게 결코 쉽지 않았을 텐데요.
조 제가 이곳에 교육을 간 적이 있어요. 교육 끝나고 저녁을 같이 먹는
데 조합원들이 저한테 막 하소연을 하는 거예요. 걸핏하면 교육 받으
라고 해서 너무 힘들다고요. 그렇게 하소연을 하면서도 환하게 웃으면
서 말해요. 예전 대주주가 있는 자리에서요. 격의 없는 분위기가 참 좋
았던 기억이 납니다.

김 역시 뭐가 달라도 다르군요. 아직은 협동조합 운동이 아장아장 걸
음마를 시작하는 단계라고 봐야겠지요. 평가는 좀 이르고, 가능성이
열려 있다는 것만은 분명한 거 아닙니까?
조 예, 그렇습니다.

김 실업 문제, 비정규직 문제, 양극화 문제 등등 여러 가지 문제들이 쌓
여 있는데, 당연히 정부가 책임지고 풀어야 할 측면도 있지만 한편으
로는 목마른 사람이 우물을 판다고 스스로 활로를 찾아가는 것도 필
요하겠죠. 협동조합이 중요한 통로가 될 수 있을 테고요.
조 맞습니다. 정부와 권력에 대한 문제 제기는 여전히 필요하지만 동시
에 국가로부터 자율성이라는 문제의식 또한 견지해야 한다고 생각합
니다. 덧붙여서 한 가지만 더 말씀드리고 싶습니다. 좁게는 협동조합,
크게는 사회적 경제가 요즘 화두가 되고 있습니다만 이것이 절대 만병
통치약은 아닙니다. 특히 협동조합이 발전한 외국 사례를 언급할 때마

다 느끼지만, 저도 주로 좋은 쪽으로 언급하게 되거든요. 하지만 파고르나 코오퍼러티브 은행 사례에서 보듯 문제도 많아요. 사회적 경제 자체의 문제도 있지만 여전히 자본주의 틀 안에 있다 보니 그 폐해를 곧잘 답습하기도 합니다. 균형감 있게 전달하려고 애를 썼습니다만.

김 인정합니다. 문제점도 많이 짚어주셨어요.

조 문제점이 있다고 해서 사회적 경제가 아무 소용없다는 말씀은 절대 아니라는 점, 강조하고 싶습니다.

김 알겠습니다. 여기서 마무리하겠습니다. 수고하셨습니다.

조 예, 수고하셨습니다.

8

사람의
얼굴을 한
금융

돈이 없어도 경제활동을
할 수 있을까?

지역화폐 운동은 지역을
넘어설 수 있을까?

무담보, 무보증 대출이
어떻게 98퍼센트의 상환율을
달성했을까?

마이크로크레디트가 정부와
기업으로부터 자립하려면
어떻게 해야 할까?

개인이 직접 대안 금융 운동에
참여할 수도 있을까?

지역화폐는 돈이 없어도 경제생활을 할 수 있는 모델을 만들어보자는 취지에서 탄생했다. 우리는 흔히 경제생활을 물질과 서비스가 돈과 결합된 제도로 이해하지만, 지역화폐 운동은 그것을 인간 중심으로 다시 제도화하자는 취지의 운동이다. 물건이나 노동력을 기존의 화폐가 아니라 서로 합의한 약속을 통해 교환하는 것이다.

하나의 지역 공동체 안에서만 통용된다는 점은 지역화폐 운동의 한계인 동시에 취지이기도 하다. 일상적으로 얼굴을 마주칠 수 있는 친밀한 면대면 관계가 가능한 범위를 핵심으로 하기 때문이다. 규모가 작기 때문에 하나의 지역화폐 공동체에 소속되어 있는 사람들이 필요로 하는 재화나 서비스가 충분히 공급되기 어렵다는 문제가 있지만, 인접한 여러 지역화폐 운동이 생겨나고 생활권이 중첩된다면 이 문제를 해결할 가능성이 열릴 수 있다.

방글라데시 그라민 은행의 유누스 총재가 노벨경제학상을 수상하며 한국에도 알려진 마이크로크레디트는 제도 금융권에 접근할 길이 차단된 소외계층에게 무담보, 무보증으로 자활 자금을 대출해주는 사업이다. 그라민 은행의 마이크로크레디트는 98퍼센트에 달하는 높은 상환율을 자랑한다. 이웃과 지역의 힘이 그 비결이다. 이웃으로 구성된 한 조를 단위로 대출하는 연대 책임 제도이기 때문이다. 혼자 성공해서는 안 되고 이웃과 더불어 살아야 한다는 규범이 대출 원리에 내재한 것이다.

대안 금융의 종잣돈은 흔히 기존 은행이나 기업, 국가의 출자를 받는다. 이런 금전적 지원의 규모가 커지면 자본과 국가의 간섭도 그만큼 뒤따른다. 따라서 자본금을 지역사회에서, 또 다른 사회적 경제 조직에서 스스로 만들어낼 방안을 고민해야 한다. 한편 인터넷이 발달하며 개인들이 직접 대안 금융 운동에 참여하는 새로운 방식의 운동도 등장하고 있다. 각 개인이 내는 소액을 모아 소외계층이 자활 사업 자금을 빌릴 수 있도록 전 세계 어디에서나 참여할 수 있는 인터넷 기반의 NGO 단체들이다.

돈이 없어도 되는 마을

김 오늘은 어떤 모델입니까?

조 돈 문제를 다루려고 합니다. 지역화폐, 영어로는 약자를 써서 '레츠 (LETS, Local Exchange and Trading System)'라고 부르는 지역화폐 운동과 대안 금융 운동인 마이크로크레디트를 살펴보겠습니다.

김 알겠습니다. 마이크로크레디트는 요즈음 많이 익숙한 느낌이에요. 유누스 총재인가요, 노벨 평화상을 받은 분이?

조 예, 그렇죠. 노벨 평화상을 받으면서 널리 알려졌죠.

김 또 예전 MB 각하 때문에 좀 이상하게 왜곡되어 퍼졌죠.

조 웃음금융이라고.(웃음)

김 그런데 지역화폐는 마이크로크레디트보다 상대적으로 생소합니다. 지역화폐라는 게 뭡니까?

조 보통 화폐는 한 나라 안에서 통용됩니다. 국가가 강제력을 동원해서 통용시키죠. 그리고 환율에 따라 국가 간에도 통용됩니다. 지역화폐는 말 그대로 지역 안에서, 가입한 회원들 사이에서만 약속에 따라서 사용되는 화폐죠.

김 혹시 교수님 어릴 때 딱지치기 많이 해보셨어요?

조 많이 하지는 않았습니다. 실력이 모자라서 주로 졌기 때문에.(웃음)

소질이 없었습니다.

김 제 고향에는 두 종류가 있었어요. 딱지, 빠치.

조 예? 빠치요?

김 서울 오니까 그걸 딱지라고 부르던데요, 종이 접어서 치는 것.

조 아, 종이 접어서 치면 뒤집어지는 거요.

김 그걸 빠치라고 불렀고, 만화 캐릭터와 별이나 숫자가 그려져 있어서 따먹기 하는 게 딱지였어요. 아이들에게는 그 딱지가 자체 화폐였죠.

조 아, 맞습니다. 별과 숫자가 다 달라서 화폐가 되지요.

김 그걸로 물건 교환도 했거든요. 어린 아이들 사이에 통용되던 딱지처럼 한 지역에서 통용되는 것이 지역화폐라고 이해하면 됩니까?

조 네, 그런데 차이가 있습니다. 딱지 따먹기는 사실 제로섬 게임이잖아요.

김 내가 따려면 누군가 잃어야 하죠.

조 지역화폐는 전혀 그런 개념이 아닙니다. 윈윈 개념입니다.

김 어떻게요?

조 지역화폐라고 하니까 일반적인 화폐를 연상하게 되지만 우리가 알고 있는 통상적인 돈과는 다르다고 생각하셔야 합니다. 서로에게 봉사를 했다는 증표에 더 가깝습니다. 지역화폐는 돈이 없어도 경제생활을 할 수 있는 모델을 만들어보자는 취지에서 시작된 겁니다. 다른 방식으로 이야기를 풀어보면, 우리는 경제생활을 물질과 서비스, 그리고 돈이 결합된 제도로 흔히 이해합니다. 지역화폐는 경제생활을 인간 중심으로 제도화하자는 취지의 운동입니다. 물론 지역화폐를 써도 통상적인 경제활동처럼 물건이나 노동력을 다 교환합니다. 거기에는 내가 만든 물건도 있고, 가지고 있는데 더 이상 쓰지 않는 물건도 있어요. 노동력에도 집을 고치는 기술이나 전기 기술처럼 전문적인 기술부터 아이 돌보기나 청소, 설거지, 빨래처럼 전문 기술이 필요하지는 않지만 막상 시장에서 구매하려면 반드시 돈을 지불해야 되는 일들도 있습니다. 이런 재화와 서비스를 기존의 화폐가 아니라 서로 합의한 약속을 통해 교환하는 겁니다.

김 감이 좀 옵니다. 특히 당장 현금이 없는 사람들한테는 꽤 유용할 것 같다는 생각이 들어요.

조 맞습니다. 현대의 지역화폐 운동은 1983년에 캐나다 브리티시컬럼비아 주에 있는 커먹스밸리라는 지역의 마을 코트니에서 시작되었습니다. 원래 미군 기지가 있던 곳인데 철수를 하면서 지역 경제가 심각한 타격을 입게 됐죠. 그래서 시작된 겁니다.

김 제가 어릴 때 살던 마을도 미군 부대 때문에 조성된 마을이었다가 미군 부대가 철수하면서 마을 주민들이 서울로 전부 떠나버렸습니다. 그래서 마을이 한꺼번에 쑥대밭이 됐거든요.

조 실감하실 수 있겠네요. 이 마을에 마이클 린턴이라는 컴퓨터 기술자가 있었습니다. 상황이 너무 답답한 거예요. 마을 사람들이 대부분 실업자가 되고 돈도 없는데 그래도 먹고는 살아야 하잖아요. 하지만 자본주의 사회에서는 화폐가 없으면 아무것도 할 수 없거든요. 그런데 린턴이 가만히 생각해보니 돈만 없지 다 있단 말이에요. 그래서 돈 없이 가진 물건과 능력을 서로 나누면 어떨까 하고 시작한 겁니다. 차가 있는 사람은 100레츠에 운전을 한 시간 해주겠다고 인터넷 게시판에 올려요. 다른 사람은 아이를 세 시간 돌봐주는 데 100레츠를 받겠다고 올립니다. 또 몸이 힘들어서 가사노동을 할 수 없는 사람은 "빨래 좀 해주세요, 100레츠 드릴게요." 하고 올릴 수 있어요. "우리 아이가 첫돌입니다. 사진 잘 찍는 분 있으면 좀 찍어주세요. 200레츠 드릴게요." "김치 담갔는데 너무 많네요. 3킬로그램에 100레츠로 드릴게요." "텃밭에서 딴 상추하고 깻잎 3킬로그램, 50레츠에 드릴게요." 이런 식으로 게시판의 공동 계정에 올리는 겁니다. 거기서 서로 흥정하고 조건이 맞으면 교환을 합니다.

김 노동과 물자의 교환이네요. 그렇다고 물리적 형태의 화폐가 있는 건 아니지요?

조 예, 제가 아는 사례들은 대부분 인터넷을 통해 실행하고 있습니다. 계정이 투명하게 공개돼요. 물론 미국 이타카 시에서 아워스(Hours)라는 이름으로 실행되는 운동처럼 실제로 화폐를 찍는 경우도 있지만 예외적이죠. 그리고 또 다른 형태로는 영국을 중심으로 진행되고 있는 타임달러 운동도 있어요. 재화의 교환이 아니라 노동의 교환을 추구하는 운동입니다. 경제적 의미보다는 상호 봉사의 개념이 좀 더 강조된 경우죠.

김 '달러'라고 하니 오히려 경제적 개념이 훨씬 강한 것처럼 들리는데요.

조 '타임달러'라는 말은 1시간을 1달러로 간주한다는 뜻에서 나왔습니다. 타임달러 운동에서는 아무리 쓸모없어 보이는 사람이라도 누군가에게 도움을 줄 수 있는 능력이 있다고 생각해요. 다자간 교환을 통해 서로의 노력과 능력을 교환할 때는 언제나 교환의 척도가 문제가 되죠. 수학을 가르쳐주는 능력과 잔디를 깎아주는 능력의 가치를 어떻게 비교할까요? 자본주의 시장이라면 수요와 공급에 따라 능력의 시장가격이 매겨지고 그것을 화폐를 통해서 교환합니다. 타임달러 운동에서는 모든 능력이 동일하다고 봅니다. 수학 교습 1시간과 잔디 깎기 1시간은 동등한 가치를 갖습니다. 주고받은 노력의 정도는 타임뱅크의 계정에서 증감됩니다.

김 능력자들 입장에서는 싫겠네요.(웃음) 마르크스주의 가치론에서도 같은 시간을 일해도 복잡노동은 단순노동보다 더 많은 가치를 생산한다고 하지 않나요?

조 정통 마르크스주의는 그렇게 주장합니다만 그렇게 보지 않는 시각도 있습니다. 복잡노동이든 단순노동이든 같은 시간의 노동은 같은 가치를 생산한다고 보는 마르크스주의 이론도 있지요.

사람의 얼굴을 한 화폐

김 알겠습니다. 아무튼 노동이나 물건을 교환하면서 적립 금액이 증감
되는 형태네요. 품앗이와 유사합니다.

조 차이가 좀 있습니다. 품앗이에서는 내가 누군가에게 노력을 제공받
았다면 다시 그 사람에게 갚아야 합니다. 그런데 레츠는 다자간 교환
입니다. 특정인에게 도움을 받았다고 해서 꼭 그 사람에게 돌려줄 필
요는 없습니다.

김 품앗이는 일대일 관계, 철저히 기브 앤 테이크 법칙을 따르죠. 김 서
방네 모내기 할 때 가서 도와줬는데 김 서방이 우리 집 모내기에 안 오
고 박 서방네 가서 도와주면 싸움 납니다. 그런데 레츠에서는 내가 저
사람에게 뭔가 줬다고 해서 저 사람이 꼭 나한테 돌려줘야 하는 건 아
니라는 거죠?

조 만약 그렇다면 서로 교환할 수 있는 폭이 너무 줍아집니다. 굉장히
한정되지요. 나는 저 사람에게 도움을 받았지만 내가 가진 물건이나
능력이 지금 저 사람에게 꼭 필요하지 않을 수 있습니다. 그러면 계속
채무자가 되는 거잖아요. 농업경제에서 품앗이 같은 관습이 가능한 것
은 서로 주고받을 노력의 종류가 제한되어 있는 덕분입니다. 필요한 시
기가 다를 뿐이죠. 그러니까 일대일 교환이 용이합니다. 하지만 현대
사회에서는 그렇지 않아요. 서로 줄 수 있는 것과 각자 필요한 것들이
정말 다양합니다. 그래서 다자간 교환이 가능하도록 화폐 형태가 필요
한 겁니다. 화폐는 구체적인 재화나 서비스의 내용과는 상관이 없습니

다. 그저 양을 표시하고 측정하는 일반적인 단위일 뿐입니다.

김　일리가 있습니다. 하지만 한 지역, 하나의 공동체 안에서만 통용된다는 지리적이고 물리적인 한계도 있습니다.

조　한계인 동시에 레츠 운동의 취지이기도 합니다. 우리나라의 사례 중 가장 유명한 사례가 대전의 한밭레츠입니다. 관계자들의 회고를 보면 초기에 잘되면서 소문이 나니까 대전 말고 다른 지역에서도 참여하고 싶다는 사람이 상당히 많았다고 해요. 정말 고맙지만 죄송하게도 불가하다고 말씀드렸다는 거죠.

김　왜 광역화하면 안 되나요?

조　레츠의 핵심은 공동체성입니다. 일상적으로 얼굴을 마주칠 수 있는 관계, 즉 면대면 관계가 가능해야 한다는 것입니다. 그래서 레츠를 '사람의 얼굴을 한 화폐'라고도 부릅니다. 광역화되면 이런 친밀한 관계를 유지하기가 힘들어집니다.

김　지역 공동체 건설이 주된 목적이고 그 매개로서 지역화폐를 사용하는 것이군요.

조　그렇죠. 물론 그런 선후 관계가 항상 명시적인 것은 아닙니다. 많은 경우에 레츠는 경제적인 어려움, 이를테면 공황이나 실업 등에 대한 대응으로 출발하니까요. 캐나다 사례도 출발은 그랬고요. 하지만 그런 경우에도 지역 공동체를 중시한다는 관점은 기본으로 깔려 있다고 보아야 합니다. 그래서 광역화되면 곤란해지는 거지요.

그런데 바로 이런 지역성 때문에 레츠에는 한계가 있습니다. 규모가 작기 때문에 레츠에 소속되어 있는 사람들이 필요로 하는 재화나 서비스가 충분히 공급되기 어렵죠. 예를 들어 아이에게 피아노를 가르치고 싶은데 우리 레츠에는 피아노를 가르쳐줄 만한 사람이 없을 수도 있습니다. 돌 사진, 환갑 사진 같은 기념사진을 찍고 싶은데 취미로 카메라를 들고 다니는 사람은 있어도 그럴 듯하게 기념사진을 찍어줄 사람은 없을 수도 있죠. 사진관에서 찍으면 돈이 꽤 들거든요.

김 아, 비싸요.

조 예, 저도 취미로 사진을 찍어서 압니다만 서민들에겐 부담이 될 정도로 상당히 비쌉니다. 이런 경우 만약 레츠가 많이 구성되어 있어서 인접한 레츠끼리 교환이 가능하다면 어떨까요? 경제지리학에서 다루는 주제로 시장권이라는 개념이 있습니다. 하나의 시장이 커버하는 공간적 범위라고 생각하시면 됩니다. 시장권의 외곽에 사는 사람의 경우에는 옆 동네 시장이 더 가까울 수도 있습니다. 중첩 효과가 발생하는 거죠. 인접한 레츠가 동서남북에 자리 잡고 있다면 이런 효과는 상당수에게 미치게 될 겁니다. 레츠를 통해서 생활에 필요한 상당 부분을 해결할 가능성이 열리게 되죠.

김 좋은 말씀입니다. 레츠가 활성화되면 그렇게 될 수도 있겠네요. 그런데 제가 왜 이런 말씀을 드리냐 하면, 사회적 경제라는 큰 주제를 살펴보면서 새로운 시도라고는 해도 역시 자본주의 체제의 범위 안에서 이뤄지는 국부적인 시도라는 느낌이 든다는 겁니다. 지역에 밀착하려는 문제의식은 이해하지만 근본적인 치유책이 아니라고 느껴집니다. 대안이 되려면 더 넓고 더 근본적이어야 하는 것 아닐까요?

조 마땅한 지적입니다. 레츠 운동이 한 지역에서 잘된다면 그 자체로는 의미가 있습니다만 현재의 경제가 지닌 체제적 문제점이나 모순을 극복하는 근본적 해결책이 될 수는 없을 겁니다. 몇 차례 언급한 내용이지만 레츠 운동에 대한 비판 가운데에도 역시 이런 비판이 있습니다. 지역 경제의 어려움을 극복하는, 데 책임이 있는 국가와 자본에 요구하지 않고 문제를 자신에게로 돌리게 하는, 일종의 책임 회피 전략에 이용될 수 있다는 것입니다. 이런 비판을 극복하려면 뭐니뭐니해도 레츠가 많아져야 합니다. 눈을 안으로만 향할 것이 아니라 밖으로 돌리면서 증식의 비전을 가져야 하죠. 서로 네트워킹하면서 자본주의의 상품경제에서 발생하는 착취 관계에서 벗어날 수 있는 네트워크를 구축할 때에만 대안으로서 의미를 갖겠죠.

역사를 살펴봐도 이 점은 분명합니다. 대안적인 지역화폐 운동은 이미 1930년대에 서구에서 꽤 널리 확산되었습니다. 1930년대라면 대공황 시절이죠. 자연스럽게 대안 화폐 운동이 퍼져나간 겁니다. 국지적인 움직임을 넘어서 널리 확산되니까 국가들이 나서서 금지했습니다. 위험하다는 걸 깨달은 거죠. 그러니까 레츠 운동 자체보다는 그것이 국지적 움직임에만 머무는 것이 문제가 됩니다. 물론 국가의 금지를 넘어설 수 있는 정치적 비전까지 필요하겠죠.

김 역시 자신에게 위협이 되면 막는 건 국가 권력의 본성이군요. 지역화폐가 처음 시도된 곳이 캐나다라고 하셨는데, 그러면 세계적으로는 얼마나 많이 퍼져 있습니까?

조 지금 막 논의한 레츠의 분산성 때문에 발생하는 문제입니다만 레츠는 국제적 연맹체는 물론 국가 단위의 연맹체도 없어서 정확하게 몇 개쯤 있는지는 알 수가 없습니다. 자료마다 조금씩 달라요. 여러 자료들을 검토하면 세계적으로 2500종류 이상의 지역화폐가 있을 것으로 추정됩니다.

김 특히 발전한 나라가 있나요?

조 500개 이상 있다고 알려진 영국이 가장 많고, 그 외에 미국이나 오스트레일리아, 독일 같은 곳도 활성화되어 있습니다. 아시아는 아무래도 아직 덜 활발하지만 그중 일본이 가장 많고 한국이 그 뒤를 잇고 있어요.

김 한국에도 통, 반, 동, 구 등 여러 지역 단위가 있어 기준이 불분명한데요, 여기서 '지역'이라는 단위를 어느 정도로 생각하면 됩니까?

조 정말로 어려운 이야기인데요, 결론은 천차만별입니다. 한국어로는 다 지역이라고 쓰지만 영어로 하면 region과 locality가 다릅니다. region도 맥락에 따라 다르지만 locality보다 훨씬 넓습니다. 예를 들면 경남 지역이라고 할 때도 region이고, 동아시아 지역이라고 할 때도 region입니다. 그래서 구별하려고 locality를 지방이라고도 번역하지만 원래 지방이라는 말은 서울에 대한 상대어라서 locality와 정확히 대응하지는 않습니다. 서울도 하나의 locality가 될 수 있으니까요. 아무튼 지역통화의 기반이 되는 locality는 대면 접촉이 일상적으로 가능한 범위여야 한다는 것입니다.

김 그럼 마을 개념으로 봐야 하겠네요.

조 교통수단이나 도로 환경, 정보통신기술 또는 생활양식의 차이에
따라 그 크기는 달라질 수 있습니다. 전통 사회라면 부락이나 마을 수
준일 텐데 지금은 그보다는 넓겠죠. 예를 들어 한밭레츠는 대전과 약
간의 교외 지역까지 포함하고 있습니다. 광역시 하나가 locality를 구성
하고 있는 셈이죠. 안산이나 과천에도 레츠가 있고, 서울 송파구나 관
악구에도 있습니다. 이 경우는 기초자치단체가 하나의 레츠를 구성하
고 있는 셈입니다. 어디서나 통용되는 일관된 기준은 존재할 수 없습
니다. 그 범위 안에서 공동체성을 형성할 수 있는 상호작용이 일상적
으로 일어날 수 있다면 locality로서의 지역이라고 볼 수 있다고 생각합
니다.

먼저 쓰고 빨리 빚을 져라?

김 한밭레츠 이야기가 계속 나왔으니 바로 우리나라 사례로 넘어가겠
습니다. 한밭레츠가 가장 활성화되어 있고 잘된 케이스라고 꼽기 때문
에 이렇게 거론하시는 거겠죠?

조 아무래도 그렇죠. 한밭레츠는 2000년에 발족했는데 성공한 협동조
합이나 사회적 기업과 비교해보면 규모가 무척 작습니다. 지역성을 지
향하는 운동이니 당연한 거지요. 2015년 현재 680여 가구가 참여하고
있고 거래 규모는 2013년에 2억 두루를 넘었습니다. 두루는 한밭레츠

의 통화 단위입니다. 1두루는 1원의 가치를 전제하고 만든 단위입니다. 물론 가격을 매기는 것은 회원의 자유입니다.

김 2억 원이 좀 넘는다고 보면 되겠네요. 역시 규모가 크지는 않군요.

조 그렇습니다. 그럼에도 불구하고 왜 좋은 모델로 꼽힐까요? 우선 규모가 생각보다 작은 이유 중 하나는 중간에 분리를 해서 그렇습니다. 잘되다 보면 더 키우려 하기 마련인데 여기는 레츠의 취지에 맞춰서 오히려 분리했습니다. 그것도 훨씬 큰 덩치를 분리해냈어요. 한밭레츠가 초기에 성공한 이유 중 하나가 민들레의료생협이 함께해서라고 해요. 의료보험 혜택을 받더라도 치료비를 감당하기 어려운 분들이 참 많습니다. 그래서 레츠 초기에 의료인들이 의료생협을 만들어서 함께 참여했습니다. 그런데 의료생협이 굉장히 잘되었고, 그러자 분리를 하게 된 겁니다. 그러다 보니 오히려 이쪽이 더 큽니다. 조합원이 3000가구에 달하고 의원, 한의원, 치과, 건강검진센터, 노인복지·가정간호센터, 심리상담센터 등을 운영하고 있습니다. 둔산에 제2진료소도 운영하고 있고요. 협동조합기본법이 제정되고 나서 사회적 협동조합으로 전환해서 지금은 정식 명칭이 민들레 의료복지 사회적 협동조합입니다.

김 의원이 아니라 거의 병원급이네요.

조 그렇습니다. 큰 덩치를 분리하고 나니 한밭레츠 자체는 상대적으로 작아 보이는 겁니다. 작다고 무시할 수 없는 또 하나의 이유가 있습니다. 2억 두루면 2억 원이니 규모가 작다고 생각하게 됩니다만 사실은 사람들이 가격을 굉장히 싸게 매깁니다. 레츠에서는 물가가 낮아지는 효과가 있습니다. 거꾸로 말하면 실제로는 두루의 가치가 꽤 높다는 거죠. 이런 사례도 있어요. 헌 옷이 나왔는데 판매자가 가격을 500두루로 매긴 겁니다. 너무 낮게 매겨도 문제가 될 수 있습니다. 비상식적으로 낮은 가격이 기준이 되면 다른 참여자들에게 부담이 되니까요. 그래서 운영진이 나서서 1000두루로 올리도록 했대요.

김 재미있네요. 그러니까 실제 화폐 가치로 따지면 2억 원보다 많을 거라고 봐야겠군요. 좋습니다. 그럼 가격 책정은 당사자들이 합니까?
조 예, 스스로 매기는 겁니다.

김 일종의 흥정도 생기겠군요.
조 밑에 댓글이 달립니다. 어떻게 좀 깎아주시면 안 되나요?(웃음)

김 1두루만 깎아주세요. 아, 1두루는 너무 적구나.(웃음)
조 아주 정상적인 과정입니다. 그런 과정을 거치면서 서로 공정하다고 공감하는 가격이 만들어지는 겁니다. 이것이 가능한 핵심적인 이유는 레츠에서는 개인의 계정이 다 공개되기 때문입니다. 거래 내역이 다 공개됩니다. 어떤 사람은 특별히 비싸게 내놓더라, 어떤 사람은 맨날 후려치더라, 이러면 좋은 평판이 형성되지 못하겠죠.

김 장사꾼이 들어올 수도 있을 텐데요?
조 들어오는 것은 자유지만 못 견디는 거지요. 공동체 성격이 있기 때문에 그런 사람이 들어와서 분탕질을 하면 퇴출 압력을 받게 되겠죠.

면대면 관계가 가능한 지역 공동체에 기반하기 때문에 그렇게 되기가 어렵습니다.

김 한밭레츠에서는 노동의 교환이 더 많습니까, 물건의 교환이 더 많습니까?

조 물건의 교환이 더 많은 것 같아요. 집에 쓰다 남은 물건을 내놓는 경우가 참 많아요. 필요한 물건을 구하기도 하고요.

김 애들 동화책 같은 물건을 주고받으면 참 좋겠네요.

조 아이들 키워보셔서 잘 아시네요. 실제로 아주 많이 거래되는 아이템입니다. 아이들이 금방 크니 오래 못 쓰고 새 걸 사기도 아까운 품목이죠. 레츠 운동의 여러 좋은 취지 가운데 하나로 생태적으로 바람직하다는 점도 꼽을 수 있습니다. 아나바다 운동을 따로 하지 않아도 일상의 공동체인 레츠 안에서 자연스럽게 이루어집니다.

김 한밭레츠라는 공동체에 가입하면 적립금이 나오는 겁니까?

조 아뇨, 처음에는 모두 0두루로 출발합니다. 0으로 출발해서 뭔가 제공하면 플러스가 되고 받으면 마이너스가 되는 개념입니다.

김 제가 항상 못된 쪽으로 생각이 들다 보니 떠오르는 생각인데요, 너무 바빠서 의도치 않게 제 노동이나 물건을 공동체에 내놓지 않고 계속 쓰기만 했어요. 그럼 마이너스가 자꾸 커질 거 아닙니까?

조 한밭레츠를 포함해서 레츠 운동에서는 오히려 권장하는 바입니다.

김 먼저 쓰고 빨리 빚을 져라?

조 마이너스 적립이 가능합니다. 레츠 운동에서 중요한 포인트입니다. 가급적 빨리 빚을 지라고 이야기합니다. 시장경제, 자본주의의 규범과는 다른 겁니다. 왜 그럴까요? 경험에 따르면 빨리 빚을 지는 사람일수록 결국 더 열심히 참여하게 된다는 겁니다.

김 못된 사람이 빚을 져놓고 안 갚겠다고 하면 어떻게 합니까? 그럴 수 있잖아요? 은행처럼 차압이 들어오는 것도 아니고요.

조 평판이 나빠지고 뒤통수가 따가워지겠죠. 은행에서 독촉하는 것보다 더 힘들어질 수 있습니다.

김 맞아요. 인정해요.(웃음) 동네에서 살다 보면 그렇겠군요.

조 비현실적으로 들릴지 몰라도 한편 진실을 담고 있는 것이 사람들의 건전한 선의입니다. 반복해서 말씀드리지만 사람들에게는 이기적인 면과 이타적인 면이 다 있습니다. 남들에게 나쁜 평판을 얻기 싫은 것은 이기심의 발로라고 해석할 수도 있습니다. 결국 자기에게 손해가 되는 거니까요.

하지만 또 한편으로는 빚을 지면 미안해지는 게 인지상정입니다. 평범한 사람이라면 자기도 공동체에 기여하고 싶어지기 마련이죠. 사람들이 레츠에 처음에 들어올 때에는 다들 기여할 생각으로 들어옵니다. 강제 가입도 아니고 자발적 가입이잖아요. 좋은 취지에 공감해서 빚을 지기보다는 도움을 주고 싶다는 생각으로 들어온다는 겁니다. 문제는 그렇게 되면 레츠가 안 굴러가요. 모두 주려고만 하면 레츠는 실패하는 겁니다. 개인의 계정은 플러스이기도 하고 마이너스이기도 하지만 계정 전체는 항상 플러스마이너스 제로입니다. 시스템상 그렇게 될 수밖에 없어요. 그런데 모두가 플러스를 만들겠다고 선의로 뭉쳐 있으면 그 레츠는 굴러가지 않습니다.

김 아, 정말 듣고 보니 그러네요.

조 실제로는 이런 일은 벌어지지 않겠죠.(웃음) 선의로 가득 차서 레츠에 참여해도 사는 게 바쁘잖아요. 바쁘다 보면 마음이 있어도 잘 안 되거든요. 반면 아쉬운 건 찾게 되어 있어요. 그래서 레츠가 생활화되지 않은 초보자들은 마이너스가 되는 게 오히려 자연스럽습니다. 그렇게 마이너스가 쌓이다 보면 처음 들어올 때의 선의가 되살아나는 거지요. '으아, 나 큰일 났다. 원래 이러려고 들어온 게 아닌데.' 그때부터 열심히 주기 시작합니다. 그걸 또 신참자들이 받게 되는 거지요.

김 자, 그럼 또 한 번 삐딱선을 타서 질문 하나를 더 드릴게요. 한국 사람들은 전세 만기 때문에 2년마다 이사를 가는 경우가 많습니다. 지역에서 붙박이로 산다면 아무 상관이 없지만 2년마다 다른 동네로 가버리면 '먹튀'가 발생하잖아요.

조 충분히 가능한 일입니다. 그런 경우 공동체의 계정에서 함께 차감합니다. 함께 부담을 지는 거죠. 달리 방법이 없습니다.

김 회사에도 대손충당금이 있으니까요.

조 물론 한국 사회의 이 엄청난 이동을 낮추지는 것을 장기적으로 대안이라고 말할 수 있지만, 레츠 운동의 문제점을 해결하는 방안으로 제시한다면 맥락에 안 맞죠. 하지만 실제로는 먹튀하는 사람이 그렇게 많지 않을 겁니다. 왜 그럴까요? 정말 못된 사람의 비율은 낮을 거라는 겁니다. 이런 사람은 어떤 유형일까요? 평소에 열심히 플러스 계정을 만들어놔요. 그래야 신용을 얻으니까요. 그러다가 남몰래 이사를 준비하면서 막 마이너스를 만들고 튀는 사람이죠. 이런 사람이 얼마나 될 것 같습니까?

김 있을 수야 있겠죠. 제가 하도 험한 사람들을 많이 봐서.(웃음)

조 당연히 있을 수 있습니다. 그런데 그 사람들이 먹튀해서 얻는 이익이 뭡니까? 이미 발생한 몇 두루의 지불 의무일 뿐입니다. 새로운 무언가를 들고 갈 수는 없어요. 그런 사람은 극소수이고, 더 큰 것을 얻기 위해서 지불해야 할 비용입니다. 마이너스가 되는 사람은 대부분 용의주도하게 이기적인 사람이 아니라 게으르거나 바쁘거나 다른 불가피한 사정이 있는 사람들일 겁니다. 개인의 계정 상태가 공동체에 공개되기 때문에 각자의 신용이 사람들에게 평판으로 형성됩니다. 마이너스가 지나치게 많은 사람은 점차 거래하기가 어려워지겠죠. 낮아진 평판을 회복하려면 무언가 내놓아야만 할 겁니다.

김 왜 지역화폐와 지역 공동체를 묶는지 알겠습니다. 평판이 공유되는 곳이라는 점이군요.

조 예, 아주 중요한 포인트입니다. 지역화폐 운동은 경제적 측면의 목적과 더불어 지역사회라는 범위 안에서 연대 의식을 높인다는 취지가 있거든요. 대면적인 경제적 거래를 계기 삼아 서로 알아가고 신뢰가 높아지는 겁니다. 한밭레츠도 초기에는 잘 안 되었답니다. 아무래도 익숙하지 않으니까요. 활성화 방안을 고민하다가 두 달에 한 번씩 오프라인에서 품앗이 장터를 열었대요. 원래 장터는 잔치와 유사합니다. 그래서 이렇게 부탁했다고 합니다. "가능하면 올 때 한두 사람 몫의 먹을거리를 가지고 와주세요. 아이들도 데리고 오세요." 그런데 이 장터가 의외로 큰 성공을 거두었답니다.

사람들이 모여서 함께 먹는 행위는 공동체에서 굉장히 중요한 의례입니다. 서로 좀 더 깊이 알아가는 계기가 되는 거죠. 아이들은 품앗이 학교를 열어서 함께 가르치고요. 한밭레츠 활성화의 중요한 계기로 품앗이 장터를 꼽습니다.

전임 대통령 각하를 흉내 내는 것 같아서 좀 그렇습니다만, 이건 저도 해봐서 압니다.(웃음) 제가 최근 이사 온 동네에서는 몇 년 전부터 마을 축제가 열리고 있어요. 지역의 자영업자들 중심으로 제법 활성화되어 있습니다. 다양한 프로그램이 있지만 여기서도 핵심은 장터입니다. 같은 마을 사람이라도 마을에 대한 관심의 수위는 많이 다릅니다. 무관심하게 사는 사람들이 더 많죠. 축제를 해도 나와 상관없는 일이라고 지나치게 됩니다. 하지만 장터는 달라요. 뭐가 나와 있나 관심이 생기거든요. 안 사더라도 들르게 됩니다. 한번 팔아볼까 하고 신청하기도 쉽습니다. 다른 프로그램들은 진입 장벽이 있지만 장터는 달라요. 그러다가 말도 섞게 되고, 조금씩 서로를 알아가게 되는 거죠.

김 아파트 부녀회가 주도하는 주민 장터를 떠올려보면 되겠군요. 사실

씨앗은 이미 충분합니다. 아파트 1층 입구에 보면 종종 "유모차 쓰실 분 갖다 쓰세요." 하는 벽보가 있죠. 이런 행위가 확대되고 조직화되는 셈이니까요.

조 맞습니다. 그런데 그 이상입니다. 지역화폐 운동에 참가한 사람들을 만나보면 공통적인 반응이 있습니다. 자신의 편리를 위해 참여한 건데 보람이 느껴진다는 겁니다. 우리 지역이 마치 친정처럼 느껴진다, 지역에 대한 애착심이 강해졌다는 반응도 많습니다.

김 듣다 보니 아이들 키우면서 가장 예민하고 어렵고 돈도 많이 들어가는 문제인 자녀 교육도 레츠를 통해서 해소할 수 있을 것 같습니다.

조 좋은 지적입니다. 실제로 우리나라 레츠에서는 자녀 교육도 중요한 교환 품목입니다. 과천처럼 아예 교육을 중심으로 출범한 레츠도 있습니다. 과천도 교육열이 대단한 곳이죠. 사교육에 지친 부모님들이 많습니다. 아예 안 할 수도 없지만 남들 다 하는 방식으로 시키기는 싫은 사람들이죠. 그런데 이웃 중에 충분히 아이들을 가르칠 수 있는 능력자들이 많은 겁니다. 원래 제 자식은 못 가르치지 않습니까?

김 절대로 안 되지요.(웃음)

조 "그럼 우리가 교육을 품앗이 해보자." 하고 교육을 중심으로 시작한 레츠입니다. 얼마든지 가능한 사례입니다.

금융은 인권이다

김 이제 대안 금융, 마이크로크레디트에 관해 살펴봅시다. 방글라데시 그라민 은행의 유누스 총재가 노벨 평화상을 받으면서 우리나라에서도 확 떴죠?

조 그라민 은행과 공동 수상했습니다.

김 그다음에는 전임 각하까지 나서서 무슨 웃음금융인지를 만들었습니다.

조 사정을 아는 분들은 냉소금융이라고 부르죠.(웃음)

김 마이크로크레디트의 시조는 그라민 은행입니까?

조 예, 그렇습니다. 그라민 은행은 1983년에 설립되었지만 그 출발은 1973년으로 꼽습니다. 유누스 총재는 원래 경제학 교수였습니다. 부유한 집안에서 태어나 미국에서 학위를 받고 조국에 돌아와서 경제학 교수를 하고 있었죠. 쉽게 말하면 잘나가던, 빈곤층과는 별 상관이 없는 삶을 살고 있던 사람입니다.

김 혼자 잘 먹고 잘살 수 있었던 분이네요.

조 예, 그렇죠. 그렇지만 또 그런 사람들 중 적지 않은 수가 삶의 울타리를 깨고 나옵니다. 방글라데시는 최빈국 중 하나입니다. 유누스 총재는 인간이 달에 가는 시대에 가난은 사라지지 않는 세상이 부조리하다고 생각했습니다. 달에 가기 위해 수조 원을 쓰는 한편, 어딘가에서는 수많은 사람이 굶어 죽어가는 세상이죠. 그래서 이런 모토를 세웁니다. "금융은 인권이다!" 금융에 대한 보편적 접근권을 주장한 겁니다. 우리가 교통 소외 지역이나 텔레비전 난시청 지역, 인터넷 접근성 확대 등의 주제를 다루면서 보편적 접근권을 주장하듯, 금융도 보편적인 권리라는 것이죠.

김 지당하신 말씀이지만 현실과는 너무 먼 이야기입니다. 막상 필요한 사람들한테 금융의 문턱이 얼마나 높습니까?

조 마크 트웨인이 이런 말을 했습니다. "은행가는 해가 날 때 우산을 빌려주고 비가 내리면 우산을 뺏어가는 자들이다." 은행이 가장 필요한 사람은 가난한 사람이지만 정작 은행이 돈을 빌려주는 사람은 부유한 사람이라는 아이러니를 비유한 말입니다. 지금 한국에서 금융을 전혀 이용할 수 없는, 금융 사각지대에 있는 사람들이 경제활동 인구의 15퍼센트 이상이라고 추정합니다. 유누스 총재가 마이크로크레디트 운동을 하게 된 계기도 자기가 근무하던 대학 근처 동네 사람들 때문이라고 합니다. 극도로 가난한데, 결코 이 사람들이 게을러서 그런 것은 아니더라는 겁니다. 뼈 빠지게 일을 하는데도 계속 빚을 지더라는 거예요. 은행에서 돈을 못 빌리니까 사채를 쓰는데 엄청난 고금리 때문에 결국 노예 신세가 된다는 거죠. 아무리 열심히 일해도 도저히 가난을 벗어날 수 없는 거예요.

처음 계기는 우연이었다고 합니다. 유누스 총재가 우연히 자기 돈 27달러를 이웃 마흔두 명에게 빌려주게 되었습니다. 은행에 들렀는데 동네 어민들이 대출을 받으러 왔던 거죠. 낡은 어망 수리하는 기계를 구입할 자금 27달러를 빌리려고요. 그런데 은행이 담보가 없다고 대출을 거절하더랍니다. 황당한 거죠. 그래서 그 자리에서 자기가 보증을 섭니다. 그런데 놀라운 일이 벌어집니다. 돈을 빌린 어민들이 수리한 어망으로 어획량을 올려 전부 상환한 겁니다. 사실 보증을 설 때 속으로는 거의 포기했다고 합니다. 그런데 자신도 편견을 갖고 있었다는 사실을 알게 된 겁니다. 빈곤에 대한 태도와 접근 방식을 바꾸어야겠다, 기회가 주어진다면 얼마든지 이 참혹한 가난을 극복할 수 있지 않을까 하는 생각으로 일을 키웁니다. 제도 금융권에 접근할 수 없는 빈민들에게 무담보, 무보증으로 자활 자금을 대출해주는 사업을 시작합니다. 이것이 1983년에 그라민 은행 설립으로 이어집니다. 지금은 직원이 약 2만 명 가까이 되는 규모로 커졌습니다.

김 대출자가 아니라 은행 직원만 2만 명이요?

조 직원이 2만여 명, 지점이 2000개 이상, 총누적 대출액이 60억 달러 이상, 대출받은 사람이 총 1700만여 명입니다. 자체 평가에 따르면 그동안 대출받은 1700만여 명 중에서 58퍼센트가 자활에 성공했다고 합니다. 상환율은 98퍼센트를 넘고요.

김 그 점이 놀랍습니다. 무담보, 무보증이면 떼어먹어도 괜찮을 텐데, 98퍼센트 넘는 사람들이 다 갚았다면 비결이 있을 법한데요.

조 물론 이유가 있습니다. 이런 높은 상환율이 가능한 것은 '규범을 따르는 동료들의 압력'이 있기 때문이라는 겁니다. 그라민 은행은 한 명에게 대출을 해주는 게 아니라 5인 1조로 해줍니다. 그리고 순서가 있어요. 먼저 빌린 사람이 갚지 않으면 다음 순번의 사람이 빌릴 수 없습니다. 이 조는 당연히 이웃들로 구성되지요. 내가 돈을 갚지 않으면 내 이웃이 돈을 빌릴 수 없어요. 연대 책임을 지우는 겁니다. 그러니 누군가 이런저런 사정으로 돈을 갚지 못하고 있으면 이웃들이 힘을 모아 도와줍니다. 물론 돈을 갚지 않는다고 해도 이웃이 대신 갚아야 하는 건 아니니 연대 보증과는 다릅니다. 무보증은 맞습니다. 하지만 도덕적 압력을 느끼게 되는 거죠. 혼자 성공해서는 소용없고 이웃과 더불어 살아야 한다는 규범이 대출 원리에 내재한 겁니다.

김 역시 이웃과 지역의 힘이 비결이었군요. 레츠도, 마이크로크레디트도 공동체의 힘에 기반한 모델이 분명하군요. 그런데 마이크로크레디트는 서민들에게 생활 자금을 빌려준다기보다는 창업 자금, 자활 자금을 빌려주는 성격의 대출인데, 그라민 은행은 특히 여성에게만 대출해준다고 알려져 있어요. 왜 그렇습니까?

조 방글라데시 지역사회의 특수성을 감안한 제도라고 봐야겠죠. 남성들이 가계에 대한 책임감이 약하다고 해요. 아마도 불행한 역사의 반영이겠지만 빈곤 남성 상당수가 알코올과 도박에 빠져 있다고 합니다. 반면 여성들은 자녀에 대한 애정이 강하고 자활 의지도 높다고 해요. 남성에게 대출해주면 돈을 떼일 뿐만 아니라 그 돈이 술판이나 도박판 자금으로 들어가게 된다는 거죠. 반면 여성들은 어떻게 해서든 갚을 뿐만 아니라 자활까지 해내니, 여성에게 대출할 수밖에 없다는 겁니다.

김 한국에는 대표적으로 사회연대은행이 있습니다. 사회연대은행에서 일하는 분들하고 이야기해보니 돈을 빌려주는 것뿐만 아니라 컨설팅까지 해준다고 해요.

조 그렇게 하는 게 맞지요. 생활 자금이 아니라 자활 자금이니 컨설팅이 필요합니다.

김 사례를 모아서 책을 펴냈어요. 사연이 참 감동적이더라고요. 창업에서부터 생활이 점점 안정되는 과정이 인상적이더군요.

조 특히 마이크로크레디트를 통해 창업 자금을 받는 경우 개인파산 같은 이유로 제도 금융권에서는 도저히 대출을 받을 수 없는 분들이 많지요. 인생에서 더 이상 떨어질 곳이 없다고 생각하던 분들이 재기할 수 있도록 돕는다는 취지가 훌륭합니다.

자선도 투자도 아닌 인내자본

김 다시 그라민 은행으로 돌아가보죠. 대출해주려면 종잣돈이 있어야 합니다. 27달러는 개인이 어떻게 해줄 수 있지만 은행 수준이 되면 불가능하잖아요?

조 맞습니다. 종잣돈은 기부를 받는 한편 기존 은행이나 국가로부터 출자도 받고 있습니다. 그라민 은행의 취지는 반정부적이거나 계급 투쟁적이지 않습니다. 그러니까 기존의 국가 권력이나 자본과 척을 질 이유가 없죠.

김 재벌들이 사회공헌 사업 한답시고 내놓는 돈을 종잣돈 삼아서 할 수도 있다는 거군요.

조 실제로 그렇게 하고 있지요. 2000년에 출범한 그라민 은행의 한국 지부인 신나는조합은 시티은행이 후원했고, 방금 언급하신 사회연대 은행은 삼성복지재단이 사회복지공동모금회에 10억 원을 지정기탁하면서 2002년에 출범할 수 있었습니다. 출범 이후에도 여러 재벌 기업과 은행의 후원이 가장 큰 종잣돈이 되고 있어요. 정부도 관여하고 있습니다. 기업과 은행을 끌어들여서 미소금융재단을 설립했고, 보건복지부나 여성부 등이 운용하는 창업 자금을 이런 곳에 위탁 운용하기도 합니다.

김 취지는 좋은데 현실적으로 거기서 자금을 얼마나 조달할 수 있느냐가 문제가 되죠. 필요한 사람들한테 충분하게 창업 자금을 제공할 만큼 넉넉합니까?

조 삼성이 처음 사회연대은행에 기탁한 돈이 10억 원입니다. 시티은행이 신나는조합에 출자한 돈은 6000만 원이고요.

김 그건 생색내는 수준도 못 되네요. 이왕 하는 거 순이익의 10퍼센트 정도로 확대해주면 안 될까요?(웃음)

조 물론 이후에도 꾸준히 지원하고 있으니 무조건 비난할 일은 아닙니다만, 그렇다고 해도 충분한 액수는 절대 아니죠. 순이익 10퍼센트 정도면 진정성을 믿어줄 수는 있겠죠. 그럴 것 같지는 않지만.(웃음)

　재벌이나 기존의 금융 기업, 그리고 정부의 지원을 어떻게 봐야 할까요? 이런 지원을 받는 게 불가피하기는 하지만 흔쾌하지도 않습니다.

사회적 경제의 기본 취지는 지역사회에서의 자활이죠. 정부나 기업이 도움을 줄 수는 있지만 기본적으로는 시민사회 스스로 자활할 수 있어야 한다는 것입니다. 정부와 기업의 기원이 생색내기 수준에 그칠 때는 아마 간섭하지 않을 겁니다. 대신 큰 의미가 없죠. 거꾸로 지원이 커지면 필연적으로 간섭이 들어올 수밖에 없습니다.

김 그렇다면 대안은 뭡니까?

조 결국 시민사회 스스로 사회적 경제의 자본화라는 과제를 해결하는 주체가 되는 길밖에 없다고 봅니다. 앞서 사회적 경제를 개괄하면서 이미 언급했습니다만, 이 문제는 사회적 경제가 지속 가능성을 얻기 위해서는 반드시 해결해야 할 과제죠. 실제로 사회적 경제를 좀 더 성공적으로 꾸려가고 있는 외국 사례들을 보면 이 문제가 중심 과제로 부상합니다. 해결의 전망도 제시되고 있고요.

김 좀 더 자세히 말씀해주세요.

조 사회적 경제를 개괄할 때도 캐나다 퀘벡 주 사례를 들었습니다만, 이런 측면에서 좀 더 다뤄볼까 합니다. 퀘벡의 사회적 경제 활성화에는 퀘벡 주 노동조합총연맹이 수십 년간 축적한 기금 70억 달러가 큰 역할을 했죠. 퀘벡에서는 1995년에 사회적 경제 조직들의 연합체인 '샹티에'라는 조직이 출범했습니다. 1997년에 사회적 경제 기업을 대상으로 하는 투자 기금인 '퀘벡 사회투자 네트워크'를 설립합니다. 그리고 2007년에는 장기투자를 지원하는 기금인 '샹티에 신탁'을 설립했어요. 여기서 주목할 개념이 '인내자본'입니다.

김 인내자본이요? 뭘 참는다는 말인가요?

조 투자 수익이 나기까지 참고 기다려준다는 말입니다. 협동조합이나 사회적 기업 같은 사회적 경제 조직이 설립되고 활동할 때 가장 어려운 문제가 바로 자본 확보라는 사실은 누누이 확인했습니다. 정부나 마이크로크레디트에서 좋은 조건으로 대출을 받는다고 해도 금액도 적고 여전히 이자와 원금 상환 압력도 있습니다. 반면 퀘벡 사회투자 네트워크와 샹티에 신탁에서 제공하는 자금은 최장 15년 동안 원금 상환 유예 혜택을 받습니다. 15년 동안은 낮은 고정이자만 내면서 생존과 안정을 도모할 수 있는 겁니다.

김 15년 정도면 부채가 아니라 자본이라고 볼 만도 하겠네요.

김 경우에 따라서는 아예 부채가 아니라 출자 형식으로 지원하기도 합니다. 그만큼 사회적 경제 조직의 지속성이 높아지고 사회적 목적을 달성하기도 쉬워지겠죠. 사회적 경제의 조직들 하나하나는 사실 그 자체만으로는 한계가 많습니다. 마이크로크레디트도 마찬가지입니다. 재원상의 의존성 같은 문제는 차치하더라도 마이크로크레디트는 기본적으로 소규모 창업 자금 지원에 중심을 두고 있습니다. 빈곤층, 경제적 취약계층이 소규모 창업을 통해 생존을 도모하는 것이 바람직한 면도 있지만, 그 자체로는 한계가 뚜렷합니다.

김 그렇죠. 골목상권에서 다 같이 어려운 사람들끼리 경쟁하는 셈이 되니까요. 게다가 지금 한국은 자영업 포화 상태 아닙니까? 윗돌 빼서 아랫돌 괴기가 될 수도 있겠군요. 역시 거시적 시각이 중요하겠군요.

조 그렇습니다. 사회적 경제의 취지를 널리 알리는 자리에서 할 말은 아니지만, 이런 한계가 있기 때문에 자본이나 국가 권력도 통제 범위 안에만 가둘 수 있다면 사회적 경제의 성장을 굳이 적대시하지 않습니다. 오히려 조장하는 측면도 있죠. 실제로 자선과 투자라는 양극단을 지양하고, 양자를 결합해서 인내자본이라는 형태로 사회적 경제를 지원하려는 흐름이 이미 월스트리트의 새로운 투자 흐름으로 등장한 지 여러 해입니다. 높지는 않지만 일정한 수익률도 보장되고, 무엇보다 월스트리트 금융자본에 대한 비판을 약화하는 효과도 있거든요.

김 지금 열심히 사회적 경제 활동을 하시는 분들에 대한 비판은 아닐 거라고 믿습니다. 그런 점을 경계하자는 취지로 받아들이고요.

조 당연한 말씀입니다. 그저 비판이라면 이렇게 여러 번 사회적 경제를 다룰 리도 없습니다. 다만 거시적 시각과 정치적 비전을 강조하는 겁니다. 그렇지 않으면 자칫 장밋빛 환상만 심어주게 됩니다. 세상이 그렇게 녹록치 않다는 사실은 다 아시잖아요?

당신 인생에 투자를 할게요

김 더 구체적으로 지금 당장 할 수 있는 일은 없을까요? 거시적 접근과 정치적 비전으로 끝내자니 비장해지기는 해도 좀 허전하네요.(웃음)
조 우리가 당장 할 수 있는 일로 키바(KIVA)라는 곳을 소개하겠습니다. 인터넷에 접속하셔서 www.kiva.org라고 치면 바로 연결됩니다. 제3세계 빈곤층의 자활 사업을 돕기 위한 소액대출 연결 사이트인데요,

그라민 은행을 포함한 마이크로크레디트와는 달리 어떤 정부나 은행, 자본으로부터도 자금 지원을 받지 않습니다.

김 그럼 종잣돈을 어떻게 마련합니까?
조 우리가 직접 내는 겁니다. 말 그대로 십시일반입니다. 한 번 지원에 25달러를 내시면 됩니다. 두 번 내면 50달러가 되겠죠.

김 어떤 식으로 운영되는 건가요?
조 자금이 필요한 사람들이 자신의 사진과 함께 현재의 사정과 계획, 필요한 자금을 같이 올립니다. 400~500달러 수준이 제일 많고요, 아주 많으면 4000~5000달러도 있습니다.

김 그렇게 빌려서 자활에 성공하면 다시 갚아야 하지 않습니까? 어떻게 돌려줍니까?
조 키바에서 돌려받아 다시 그 돈을 빌려준 사람에게 돌려줍니다. 키바 시스템의 특징은 자신이 기부한 돈이 어떻게 사용되고 있는지 계속 추적이 된다는 겁니다. 빌린 사람이 그 돈을 어떻게 사용하고 있고, 어떤 성과가 나왔으며, 그래서 당신에게 얼마를 돌려주는지가 계속 이메일로 옵니다.

김 여기서 또 삐딱선을 타보면, 인터넷에 자기 스토리를 거짓으로 올리고서 소위 '인터넷 앵벌이' 하는 사람들이 종종 있지 않습니까? 그럴 가능성도 얼마든지 있잖아요?

조 필드 파트너라고 불리는 현지 스태프와 상의해서 올리게 되어 있으니 염려하지 않으셔도 됩니다. 스태프가 직접 방문해서 현황을 점검한 뒤 올립니다.

김 필드 파트너가 게이트 키핑을 하고 올리는 거네요?
조 게이트 키핑보다도, 대부분 영어를 못 하는 분들이니 사정을 확인하고 그 내용을 영어로 번역해서 올리는 데에 도움을 주는 사람들이라고 봐야겠죠.

김 한국 사연도 있나요?
조 우리나라 사연은 못 봤습니다. 키바에 글을 올리는 사람들은 대부분 저소득 국가 사람들이거든요. 그런데 사연을 읽어보면 눈물샘을 자극하는 식으로는 안 써놓았어요. 그렇게 쓰면 오히려 문제가 있을 수 있습니다. 상환 가능성이 낮아 보이는 거죠. 그래서 대부분 이 사람이 현재 얼마나 열심히 살고 있으며 어떤 일에 얼마 정도의 돈이 필요한지 보여주는 식입니다.

김 지원이 아니라 투자라는 개념으로 접근해야 하는 거군요.
조 엄밀히 투자는 아니라고 명시되어 있습니다. 이자를 주지 않으니까요. 그러니까 앞서 본 마이크로크레디트나 인내자본의 개념과는 다른 접근입니다.

김 그렇다면 당신 인생에 투자를 해보겠다, 그런 겁니까?

조 그렇게는 볼 수 있지요. 2005년에 설립됐는데 2015년 현재 상환율이 98.59퍼센트입니다. 그동안 대출에 참여한 사람이 130만 명이 넘고 금액은 7억 6000만 달러를 넘었습니다. 한 번 대출해주고 원금 회수한 다음에 그만둘 수도 있을 텐데, 평균적으로 대출해주는 횟수가 1인당 8회라고 합니다.

김 25달러로 여덟 번의 기쁨을 느끼는 거네요.

조 내가 돈을 빌려준 사람이 그 덕에 사정이 나아진다면 아무래도 기쁨이 크겠죠.

김 원금은 다시 회수하고요. 그것 참 좋네요. 그런데 키바는 누가 운영하는 겁니까?

조 키바는 독립 NGO입니다. 어떤 정부나 국제기관, 자본으로부터도 지원을 받지 않습니다. 그런데 시스템을 운영하고 현지 파트너들이 활동하려면 적지 않은 돈이 필요합니다. 그럼 이 돈은 어디서 나올까요? 개인들의 기부에 의지합니다. 전 세계에서 참여하는 사람이 수십만 명이 넘습니다. 신용카드로 인터넷 결제를 하는 시스템이 다 되어 있어요. 굉장히 간단합니다. 클릭 한 번만 하면 되니까 부담이 덜합니다.

김 그런데 지원을 하려면 올라온 글을 읽어야 하잖아요. 영어 못하는 사람은 어떻게 합니까? 번역은 안 되나요?

조 아쉬운 대로 구글 번역기를 돌리세요. 굉장히 쉬운 영어입니다. 중학교 영어 시간에 너무 심하게 졸지 않은 분이라면 충분히 이해할 수 있을 만큼 문장도 간단하고 단어도 쉬워요. 이런 식입니다. "나는 다섯 아이의 엄마입니다. 우유를 만들어서 생활하고 있어요." 여기까지 나오는 단어 중에서 모르는 단어 있습니까?

김 엄마는 mother, 우유는 milk. 어, 다 아는 단어네요.(웃음)

조 이어서 나오는 사연이 이런 식입니다. 나는 more milk를 make하기 위해 one more cow가 필요한데, your help가 필요합니다. 이런 식이라고요. 이거 어려워서 못 하시겠다면 답이 없네요.(웃음)

김 알았어요. 그만해요. 더 하다가 영어 실력 들통나겠습니다.(웃음)

조 한 말씀만 더 드리겠습니다. 사회적 경제 전반을 이야기할 때 항상 지역 공동체성이 중요하게 부각되며, 그것이 강점이자 한계이기도 하다는 것을 여러 번 언급했습니다. 그런데 키바는 전 세계를 대상으로 운영하고 있습니다. 그렇다면 전 세계적 협력도 가능하다는 겁니다. 협력의 경제학에서도 인간이 언제나 이타적으로 협력할 수 있다고 보지는 않습니다. 협력이 가능한 조건들을 따지는 거죠. 공감과 소통이 가능할 때 협력도 가능합니다. 지역 공동체는 면대면 관계가 일상적이니 이게 가능한 거죠. 그런데 인터넷으로도 어느 정도는 협력이 가능하다는 사실을 키바가 보여주고 있습니다.

김 소통이 중요하다니까요. 그래서 제가 영어를 물어본 겁니다.(웃음)

조 그렇게 영어가 걱정되면 레츠에 가입하셔서 영어를 배우시면 되겠네요.(웃음) 키바가 인터넷을 통해서 이타적 협력의 틀을 만들 수 있었던 데는 당사자들의 사진과 사연이 크게 작용했을 겁니다. 잘 찍은 연출 사진이 아니라 진짜 생활을 담은 사진들이 올라와요. 사연도 솔직합니다. 지금 필요한 액수 중 몇 퍼센트가 모였으니 내가 25달러를 더 해주면 얼마나 더 퍼센티지가 올라갈지도 알려줍니다. 그리고 소통이 되죠. 내가 낸 돈이 지금 어떻게 쓰이고 있는지, 이 사람 생활이 어떻게 나아지고 있는지 계속 알 수 있고 때로는 감사의 메일도 옵니다. 인터넷이라는 간접적인 방식이지만 사람들 사이의 공감대를 자아내고 소통을 이어준 것이 성공 요인이었다고 볼 수 있습니다.

김 IMF 이후에 형편이 많이 어려워지면서 우후죽순처럼 무슨 머니, 무슨 캐시 하는 고리대금업체들이 생겨났죠. 2008년 금융위기 이후도 마찬가지였고요. 이런 머니, 캐시 대신에 대안 금융을 통해서 십시일반으로 서로 도울 수 있다면 좀 더 나은 세상이 될 것 같네요. 뭔가 실마리를 찾은 듯한 느낌입니다.

조 연대하자는 말은 늘 하지만, 사실 연대를 다른 말로 하면 바로 십시일반입니다. 십시일반을 위한 공감과 소통의 통로와 시스템을 만들어내는 일이 중요하겠지요.

김 그리고 또 하나 있죠? 중학교 2학년 수준의 영어 실력.(웃음)

조 한국 사람들끼리는 영어 안 해도 됩니다.(웃음)

김 오늘은 여기까지 하지요. 수고하셨습니다.

조 고맙습니다.

9

모든 이에게 조건 없이 기본소득을

모든 국민은 국가로부터
배당받을 권리가 있다고?

기본소득 논의는
어떤 문제의식에서
시작되었을까?

최근 기본소득이
주목받는 이유는 무엇일까?

모든 이에게 지급할 돈을
어떻게 마련할까?

기본소득이 실제로
시행되는 곳이 있을까?

기본소득은 조건 없이 모든 국민에게 지급되는 돈이다. 주식회사의 주주가 기업의 주인으로서 배당을 받는 것처럼 국가의 주인인 국민으로서 갖는 보편적 권리를 보장하기 위해 지급해야 한다는 주장이다. 많은 이들이 생계를 위한 노동에 매달려야 하는 탓에 일상적인 정치 참여를 할 수 있을 만한 경제적 기초를 마련한다는 점에서도 기본소득은 의미가 있다.

실제로 기본소득을 실행하고 있는 사례도 여럿 존재한다. 미국 알래스카 주의 사례가 대표적이다. 알래스카는 미국에서 소득 수준이 가장 낮고 빈부격차가 큰 지역이었다. 그런데 대량 발견된 석유 자원에서 나오는 수익으로 기금을 조성해 기본소득을 지급하면서 미국에서 빈부격차가 가장 작은 지역, 신자유주의의 바람이 불어온 뒤에도 유일하게 빈부격차가 줄어든 지역이 되었다. 캐나다의 매니토바 주와 아프리카 나미비아의 작은 마을에서도 기본소득을 지급하는 실험이 있었다. 공통적으로 취업률이 늘고 삶의 질이 향상되는 결과를 낳았다.

그렇다면 모든 사람에게 지급할 재원을 어떻게 마련할까? 기본소득 재원 확보 방법은 연구자에 따라 다양하게 제시되고 있지만 가장 보편적으로는 불로소득에 높은 세율로 과세하자는 안이 받아들여지고 있다. 조세 저항을 최소화하기 위해 근로소득세나 부가가치세, 법인세는 그대로 두되 이자나 배당 소득에 과세하고 토지세를 인상하며 환경세를 선진국 수준으로 인상하자는 주장이다.

역사적으로 거슬러 올라가면 기본소득의 아이디어는 19세기 학자 헨리 조지로부터 시작되었다. 그는 인류의 공유재인 토지를 사유화한 데 대한 세금을 매기고 환수한 돈을 시민들에게 배당하자고 주장했다. 현대로 오면 자본주의 사회의 전제인 '노동에 비례한 소득'이 환상이라는 점을 지적하며 기본소득을 주장한 앙드레 고르 등이 대표적이다.

지속 불가능한 복지국가 모델의 대안

조 그동안 이야기해온 사회적 경제와는 조금 결이 다른 주제를 골라 봤습니다. 모든 사람에게 조건 없이 기본소득을 주자는 주장을 다루려 합니다. 물론 성인만 주자는 경우도 있고, 미성년자도 주자는 입장도 있는 등 다양합니다.

김 후자라면 가구원이 많을수록 좋겠네요.
조 물론이지요. 많이들 낳으십시오.(웃음)

김 가구원이 많으면 지출이 많은 것도 당연한데요.
조 규모의 경제가 있기 때문에 추가적인 지출은 줄어들게 됩니다.

김 출산율은 확실히 높아지겠는데요.(웃음) 그런데 복지에 대한 한국 사회의 인식이나 국민적 합의 정도로 볼 때는 엄청난 파격 같아요. 말도 안 되는 이야기라고 하지 않겠습니까? 무상급식으로도 난리가 나는 나라인데요.
조 그렇습니다. 한국의 기준이 얼마나 낙후되어 있는지 말씀드리기 위해서 미리 사례를 들자면 독일은 우파 정당들까지 기본소득을 도입하자고 해서 여러 해 논의 중입니다. 도입 자체는 거의 합의가 되었습니다. 방법론으로 논쟁하고 있는 거죠. 우파는 좀 더 근로 의욕을 고취할 수 있는 방향으로 하려고 하고, 좌파는 최대한 조건 없이 하자고 주장하고 있습니다. 원래 독일이 제도 하나를 도입하려면 20~30년 토론하는 것은 기본이거든요.

김 우파도 합의하고 있다고요?

조 더 놀라운 사실을 알려드릴까요? 앞장서서 기본소득 운동을 벌이고 있는 사람 중 한 명이 독일의 재벌 DM그룹의 베르너 회장입니다.

김 재벌 회장님께서요? 정말 딴 나라 이야기네요. 아무튼 차근차근 풀어가보지요. 기본소득이라는 게 뭡니까?

조 자격 심사나 노동의 요구 없이, 사회의 모든 구성원에게 개별적으로 지급하는 조건 없는 소득입니다.

김 사회 구성원이라면 자국민만 해당됩니까? 이주 노동자들이 있을 수 있으니까요.

조 경우마다 조금씩 다르지만 대개 3년이나 5년 이상 거주한 외국인에 대해서도 똑같이 지급하자는 게 기본 원칙입니다.

김 점점 더 딴 나라 이야기 같네요.

조 너무 황당하다고 생각하지 마시고요. 지금도 사용하고 있는 개념으로 최저생계비라는 게 있지 않습니까?

김 그럼 기본소득을 사람이 살아가기 위해 필요한 최저생계비 정도는 국가가 지원해주는 것이라고 이해하면 됩니까?

조 기본소득에 대한 최소주의적 접근이죠. 최저 생활 보장이라는 개

넘으로 접근하는 경우도 있고, 사회적 교제와 문화생활을 충분히 누릴 만큼 지급해야 한다고 주장하기도 합니다. 짐작하시겠지만 좌파로 갈수록 이렇게 주장합니다.

김 그런데 독일 같은 유럽은 상대적으로 복지가 잘 구현되어 있지 않습니까? 그런데도 기본소득 보장을 이야기하는 이유는 무엇입니까?

조 지금의 복지 모델이 지속 가능한가에 대한 근본적인 회의가 확산되고 있습니다. 복지국가 모델에 대한 공격은 1970년대부터 계속되어 왔습니다. 앞서 스웨덴이나 독일 사례에서 보았던 것처럼 장기 추세로 보면 복지국가는 계속 약화되어온 것도 사실이지요. 물론 그 과정에는 우파의 강력한 정치 투쟁이 작용했습니다만. 하지만 좌파의 입장에서도 과연 이 모델이 지속 가능한가 하는 냉정한 성찰이 필요하다는 겁니다.

두 가지로 나눠서 살펴보지요. 첫째, 20세기 후반 복지국가 모델을 흔히 케인스주의적 사회복지국가라고 부릅니다. 『사회를 구하는 경제학』에서도 다뤘지요. 그런데 이 모델은 기본적으로 완전고용을 전제하고 있습니다. 완전고용을 전제로 하되 실업이 발생하면 복지로 해결한다는 겁니다. 다시 말하면 노동과 소득, 노동과 사회복지를 연계하는 모델입니다. 다른 각도에서 보면 실업수당을 한정 없이 주겠다는 이야기가 아닙니다. 완전고용이 정상 상태니까 실업자가 노동시장에 복귀한다는 걸 전제로 하고 그 기간 동안만 실업수당을 주겠다는 겁니다. 노동시장 복귀를 위해서 실업자는 지속적으로 구직 활동을 해야만 하고 그 노력을 증명해야만 합니다. 실업급여 받아본 경험 있는 분들은 다 알 거예요. 우리나라 실업수당 이름 자체가 구직급여입니다. 기업체 인사 담당자 명함을 받아오거나 인터넷 구직 사이트에서 지원한 다음 증명서를 받아서 고용보험센터에 내야 합니다. 구직 활동을 입증해야 하는 거죠. 그나마도 최대 240일까지만 받을 수 있습니다. 사정은 낫지만 복지 선진국들도 기본적인 구조는 마찬가지입니다.

실업자가 통상의 구직 활동을 통해서 조만간 노동시장에 복귀할 수 있는 상황에서는 이 모델이 큰 문제 없이 작동합니다. 하지만 이제 상황이 달라진 게 분명해 보인다는 겁니다. 고용 없는 성장이 구조화되고 있습니다. 적어도 2000년대 이후 세계 경제는 기술 발전으로 인한 노동력 수요 감소를 새로운 수요 창출로 상쇄하지 못하고 있습니다. 경제는 틀림없이 성장하고 있지만 일자리는 점차 줄어들고, 장기 실업이 구조화되고 있는 상황입니다. 그나마 생기는 일자리는 대개 비정규직입니다. 불안정 노동을 하게 됩니다. 일을 해도 생계를 꾸리기 힘든 사람들이 지속적으로 늘어납니다. 그래서 근로 빈민, 일하는 빈곤 (working poor)이라는 말이 일반화됐습니다.

자, 이게 왜 케인스주의 복지국가의 유지에 문제가 될까요? 이 모델은 완전고용에 가깝게 절대다수의 사람들이 고용되어 있으면서 많은 세금을 내야 유지되는 모델이거든요. 그런데 고용률 자체가 떨어져서 장기 실업자가 만연하고 고용되어 있다 한들 비정규직, 불안정 노동이 일상화되면 사회보장기금을 낼 수 있을 만큼 소득이 충분한 사람의 절대적인 수가 줄어듭니다. 게다가 자본주의 경제가 다시 황금기를 맞아서 죽 성장하게 될 가능성은 거의 안 보이죠. 이 상태에서 과연 기존의 복지국가 모델이 지속될 수 있을까요?

김 고령화 문제도 있지요. 노인 인구가 엄청나게 늘어나는데 일해서 세금 내는 사람은 갈수록 적어지는 거죠.

조 맞습니다. 고령화 추세는 피할 수 없다는 것, 누구나 인정할 겁니다.

김 복지국가가 지속되기 어려운 첫째 이유는 알겠습니다. 둘째 이유는 뭔가요?

조 복지를 하게 되면 공적 부조든 사회보험이든 급여를 주지 않습니까? 급여 지급 시에 자격 심사라는 관문이 있습니다. 이것이 인권 차원에서 문제가 됩니다. 받을 자격이 있다고 증명하기 위해서는, 자신이 이 사회에서 얼마나 자격 없는 인간인지를 열심히 증명해야 하는 겁니다.

교직에 있는 분에게 들은 이야기입니다. 형편이 어려운 학생들에게는 여러 가지 지원이 있죠. 형편을 증명하려고 학부모들이 학교에 와서 서류를 제출합니다. 그런데 자격이 안 되는 경우가 있다는 겁니다. 이런저런 사유는 다 되는데 어떤 한 가지 사유로 탈락된다는 거죠. 부모가 와서 절절하게 하소연을 하는데 도와줄 방법이 없다는 겁니다. 학생이 몇 달째 등록금을 못 내고 있고, 사정을 보면 거짓말할 사람도 아니고, 정말 딱한데 아무 방법이 없다는 거예요. 지원을 받으려면 가장 불쌍한 처지에 빠져야 하며 또 그렇게 보여야 하는 겁니다. 이 과정을 통해서 인간으로서 자존감을 상실하게 됩니다. 다른 식으로 이야기하면 사회가 특정한 인구집단을 지원하기 위해서 일단 그들에게 낙인을 찍는 겁니다.

케인스주의 복지국가의 이상에서는 경기 변동 폭이 축소되고 결국 경제가 잘 굴러가게 될 테니까 이런 사람들은 소수에다 일시적이라서 큰 문제는 안 된다고 볼 겁니다. 하지만 자본주의의 고용 없는 성장이 구조화된다면 이 문제는 점점 커질 수밖에 없습니다. 지금 당장 우리나라만 보더라도 젊은이들이 정규직이 되는 길은 갈수록 좁아지고 있습니다. 입직구를 아예 비정규직으로 시작하는 게 보통인데, 한번 비정규직으로 시작하면 정규직이 되기는 훨씬 어렵습니다. 평생 불안정한 인생을 살아야 합니다. 이게 젊은이들의 잘못일까요?

김 그럴 리가 없지요. 그건 그렇다고 해도 여전히 의문은 남습니다. 대한민국의 문법으로 질문을 드려보겠습니다. 기본소득은 자격 심사 없이 모두에게 주는 것이라고 했습니다. 그럼 사람들이 이렇게 말하지 않을까요? 내가 열심히 일해서 번 돈을 왜 실업자나 장애인, 노인처럼 도움이 필요한 사람들이 아니라 빈둥빈둥 노는 인간들을 위해서 내야 하느냐? 게다가 우파는 이렇게 주장하겠죠. 기초생활수급자 지원도 있고, 노인들에게는 기초연금 주고, 아이들 무상보육 해주고, 이미 다 해주지 않느냐?

조 그럼 제가 반문해보지요. 무상급식 말이죠. 왜 우리가 부잣집 애들까지 공짜로 밥을 먹입니까?

국가의 주인으로서 모든 국민이 받는 배당

김 이건희 손자 이야기가 그래서 나온 거죠.
조 좀 전에 말씀드린 자격의 문제를 다시 짚어보고 싶은 겁니다. 이 사회의 무자격한 사람들만이 받을 자격이 있다는 게 그런 논리입니다.

선별적 복지의 논리지요. 그런데 기본소득론에서는 완전히 다르게 생각합니다. 요점만 말씀드리면 모든 사람에게 기본소득을 받을 권리가 있다고 봅니다.

김 왜요? 무슨 권리를 가지고 있습니까?

조 주식회사에는 주주가 있죠. 이들은 기업의 주인으로서 배당을 받습니다. 그럼 주식회사를 대한민국으로 바꿔보죠. 대한민국의 주인은 누구입니까?

김 주권자인 국민이겠죠. 무슨 말씀인지 알겠습니다. 기업의 주인이 배당받는 게 당연한 것처럼, 국가의 주인인 국민도 배당받을 권리가 있다는 말씀 아닙니까? 그런데 기업의 주주는 지분을 투자했습니다. 국민도 투자한 게 있습니까?

조 반문하죠. 국민이 되는 데 자격이 필요합니까?

김 엄마, 아빠가 국민이면 자동으로 대한민국 국민이죠. 시험을 치는 것도 아니고요. 아, 귀화하려면 시험 치는 건 맞아요. 그건 예외지만.

조 그렇죠. 귀화가 아닌 한 국민에게는 자격이 필요 없습니다. 그냥 태어난 것으로 국민이 됩니다. 주권자가 되는 것도 마찬가지죠. 국민이니까 주권자인 것이지, 국어 몇 점, 토익 몇 점 이상, 병역필, 이런 자격은 필요 없습니다. 주주는 투자라는 자격 요건이 필요한 지위지만 국민은 그런 의미에서의 자격 요건이 필요하지 않아요. 무슨 차이일까요? 모든 사람은 인간다운 삶을 누릴 권리가 있다, 이 주장에 동의하십니까?

김 동의하죠. 우리나라 헌법에도 그런 취지가 명시되어 있습니다.

조 인간다운 삶을 누릴 권리에서도 자격을 따질 수 없습니다. 인간이라면 누구나 인간다운 삶을 누릴 권리가 있습니다. 신분제 사회에서는 많은 권리를 지배계급이 독점했습니다. 평민에게는 기본적인 인신의 자유조차 제한되어 있었습니다. 시민혁명 이후에도 오랫동안 참정권은 일정 이상의 재산세를 내는 사람들만 가진 특권이었습니다. 지금 그런 식으로 선거권을 제한하겠다고 하면 당장 혁명이 일어날 겁니다. 선거권은 국민이라면 누구나 가지는 보편적 권리가 되었습니다. 기본소득도 마찬가지입니다. 정치공동체인 국가의 구성원이라면 누구나 인간다운 삶을 누릴 주인으로서의 권리가 있습니다. 즉 국가는 그것을 보장할 의무가 있어요. 그렇다면 일정한 소득의 지급은 논리적으로 필연입니다. 무척 자연스러운 귀결입니다. 자격의 문제가 아니라 권리의 문제라는 겁니다. 그래서 기본소득론은 사실 좌파적이지도 않아요. 그러니까 우파에서도 지지하는 세력이 있죠.

김 듣다 보니 그럴 듯하네요. 독일의 사회적 시장경제를 다룰 때 우파적 맥락에서 노동자도 재산을 가져야 사회가 안정된다고 보던 것과도 접맥될 수 있겠군요.

조 그렇습니다. 그래서 꼭 강조하고 싶은 바가 있습니다. 기본소득은 주권자 국민이 받을 권리가 있는 배당의 성격을 띠고 있고, 무엇보다도 자유민주주의라는 헌법적 가치를 구현하기 위해서도 꼭 필요하다는 겁니다.

김 이제 감이 잡힙니다.

조 헌법 1조에 대한민국은 민주공화국이고 모든 권력은 국민에게서 나온다고 되어 있습니다. 국가라는 정치공동체의 최상위 규범인 헌법이 국민을 주권자, 주인으로 못 박고 있어요. 그런데 현실은 어떻습니까? 국민이 주권자라는 걸 보장하는 것은 선거권과 피선거권 말고는 없어요.

김 그렇죠. 그리고 그 권리만으로는 부족하다는 말씀이죠?

조 네, 다들 배우셨겠지만 고대 그리스와 로마에서 민주정을 실시했습니다. 이 고대 민주주의의 한계는 여성과 노예를 제외하고 남성 시민들만 주권자로 인정했다는 데 있었죠.

김 왜 그랬을까요?

조 남성 시민에게만 사유재산이 있었거든요. 민주주의는 정치에 일상적으로 관심을 가지며 나아가 직접 참여하고 토론하는 시민 없이는 제대로 운영될 수 없습니다. 민주주의는 경제적 여유가 있는 주권자를 필수적으로 요청합니다. 민주주의는 원래 이런 겁니다. 주권자가 생계를 위한 노동에 매달리다 보면 어떤 사태가 벌어질까요? 4년 동안 국회의원이 뭐 하는지도 모르다가 선거철 되면 악수 한 번 하고 투표하게 됩니다. 그게 무슨 주권자입니까?

김 루소가 유명한 말을 했잖아요. 선거 날에만 주인이다.

조 선거는 4년마다 한 번씩 우리가 주권자임을 확인하게 해주는 이벤

트죠. 하지만 3년 364일 동안 사실상 피지배자로 산다는 사실을 은폐하는 이벤트이기도 합니다. 정치 개혁과는 별개로, 가장 근본적으로는 주권자들이 실제로 정치에 일상적으로 참여할 수 있을 만한 경제적 기초를 갖게 해야 합니다. 그래야 주권자들은 여유 시간을 활용해서 토론하고 교육받고 참여할 수 있습니다.

김 우리나라도 빈곤층으로 갈수록 오히려 기권율이 높다고 하죠. 사실은 가장 열심히 투표해야 하는 사람들인데요.

조 세계적으로도 그렇습니다. 한국이 심하긴 합니다만. 현대 민주주의가 가지고 있는 아주 치명적인 결점이지요. 나쁘게 보자면 현대 민주주의의 놀라운 유지 비결이기도 합니다. 주권자 상당수를 실제 정치 과정에서 배제하면서도 민주주의라고 주장할 수 있다는 점에서요.

김 기득권 세력일수록 오히려 국민의 정치적 무관심을 바라고 조장하기도 합니다.

조 그래서 제가 헌법을 들먹이는 겁니다. 헌법을 우습게 알지만, 사실 한국이라는 정치공동체의 최상위 규범입니다. 대한민국이 민주공화국이 맞다면 헌법 1조가 규정하고 있는 바를 실현하기 위해 갖은 수를 다 써야 합니다. 주권자 국민이 실제로 주권을 행사할 수 있도록 보장해야 하는 겁니다.

김 민주주의가 완성체는 아니군요. 어떻게 보면 후퇴하는 것 같기도 하고요.

조 맞습니다. 민주주의 역시 끊임없이 진화해야 합니다. 기본소득론은 이런 점에서 민주주의의 진화와도 깊숙이 관련된 주장입니다.

일한 만큼 받는다는 노동소득의 허상

김 좋은 말씀이기는 한데 당위론으로 들리는 것도 사실입니다. 왜 빈둥빈둥 노는 인간들 쓰라고 세금을 내야 하느냐는 비판에 대해서 다른 각도에서 반론할 수도 있을 텐데요.

조 당연히 그래야죠. 그런 반론이나 우려는 사실 진보 개혁 성향의 시민들도 적잖이 품고 있을 겁니다. 그럼 우리 사회에서 실제로 누가 빈둥빈둥 놀고 있는지 따져보죠. 경제활동인구는 빼야겠죠. 재벌이든 노동자든 이들은 일하고 있고, 일하지 않는 사람에게 소득을 지급한다면 불만이 제일 많을 겁니다.

김 재벌이야 그렇다 치고, 중산층이나 노동자들도 불만이 많을 수 있어요.

조 그렇죠. 경제활동인구를 빼고 노인이나 어린아이, 장애인, 학생도 빼고 나면 가장 많은 비중을 차지하는 범주는 아마 주부일 겁니다. 그런데 주부들이 빈둥빈둥 놀고 있습니까? 주부의 가사노동은 사회 재생산에 절대적으로 필요한 노동이지만, 단지 자본-임노동 관계에 들어가 있지 않다는 이유 하나로 보상받지 못할 뿐입니다.

김 제가 가사노동도 해봐서 아는데(웃음) 그거 정말 힘들어요. 해도 해도 끝이 없습니다.

조 그렇습니다. 마찬가지로 취업준비생도 빼야 합니다. 이들이 얼마나 간절히 취업을 바라고 있습니까? 실업자도 제외해야 합니다. 조건을 다 충족해 최장 240일 동안, 한 달에 최대 129만 원을 받는 구직수당으로 빈둥빈둥 놀 수는 없어요.

김 그럼 진짜 베짱이들은 어디 있습니까?

조 우선 노숙인을 꼽을 수 있죠. 노숙인들은 정말로 빈둥대면서 사는 것 같죠?

김 에이, 그건 희망이 없어서 아닙니까?

조 맞습니다. 이들에게 필요한 건 삶을 다시 시작할 수 있는 용기이자 새 출발을 위한 기반입니다. 기본소득은 이들에게 다시 일어설 용기를 줄 수 있습니다.

김 기본소득이 있으면 애초에 노숙인이 될 사람도 몇 없을 겁니다.

조 좋은 말씀입니다. 또 빈둥대는 부류가 있죠. 진짜 베짱이들입니다. 재벌 2세나 3세 중 경영 세습을 안 하거나 못 한 부류들, 또 알부자의 자녀 중에서도 놀면서 사는 부류가 있죠. 금융소득이나 임대소득만으로도 호화 생활을 누리며 사는 사람들입니다. 내밀 명함이 필요해서 무슨 재단이나 빌딩 관리업체의 이사장이니 회장이니 직함을 만들어 놓기도 하지만 실제로 일은 안 하죠. 세습 자산과 무노동으로 호화생활을 누린다는 점에서 가장 반자본주의적인 사람들입니다.

김 이 사람들이야말로 진짜 자본주의의 기생 계급이죠. 그런데 이런 사람들한테도 기본소득을 줘야 합니까?

조 주자는 말입니다. 그 사람들한테는 하루 용돈도 안 되겠지만, 줘야 뒷말이 적어지니까요.(웃음) 사실 그들도 우리 정치공동체의 구성원이고 권리는 똑같습니다. 참정권을 빼앗을 수 없는 것과 똑같아요.

김 주기는 싫지만 줄 수밖에 없군요. 또 있습니까?

조 이제 진짜 중요한 베짱이 범주가 나옵니다. 기초생활수급자처럼 복지수당으로 놀고먹는 사람들입니다. 이 사람들이야말로 비판과 우려의 진짜 타깃이죠.

김 그렇겠네요.

조 이 사람들이 왜 일을 안 할까요? 일을 하면 수당 지급이 끊어지기 때문입니다.

김 아, 맞아요. 공공근로라도 해서 몇 푼 벌게 되면 당장 지원이 끊깁니다. 보도도 여러 번 나오고 그랬죠.

조 그러니까 이들이 일을 안 하는 것은 바로 선별적 복지 때문인 겁니다. 소득이 없는 사람에게만 수당을 준다고 하니까 발생하는 문제인 거죠. 기본소득이 주어진다면 이런 문제가 전혀 없습니다. 사람들은 기본소득을 받고도 일을 할 겁니다. 일을 해서 돈을 벌어도 기본소득은 계속 받을 수 있으니까요.

김 확실히 그러네요. 그러니까 기본소득을 지급한다고 해서 사람들이 빈둥대며 놀 거라는 생각은 현실성이 떨어진다는 말이군요. 오히려 선별적 복지가 사람들에게 일을 못 하게 하고 있다는 말씀입니다. 꽤 설득력이 있어요.

조 「기본소득: 문화적 충동」이라는 아주 재미있는 다큐멘터리 영화가 있습니다. 제작진이 행인들에게 기본소득 아이디어를 설명해주고 의견을 묻습니다. 그러면 거의 대부분 참 좋은 아이디어라고 대답해요. 그러고 난 다음에 꼭 물어봅니다. 그런데 기본소득을 주면 사람들이 일을 안 하지 않겠느냐?

김 외국 사람들도 마찬가지네요.

조 당연히 그런 질문이 있으리라 예상하고 제작진이 미리 준비를 했겠지요. 다시 반문합니다. 그럼 당신 같으면 기본소득을 받으면 일을 안 하겠느냐? 그랬더니 80퍼센트 이상이 일을 할 것이라고 대답하는 겁니다. 무슨 의미일까요? 사람들이 자기 자신은 믿는데 타인은 못 믿겠다는 거죠.

어떻게 모든 사람에게 지급할 돈을 마련할까

김 좋습니다. 그런데 더욱 현실적인 문제가 있어요. 재원을 어디서 마련하느냐는 겁니다.

조 그렇게 막막한 것만은 아닙니다. 우선 기본소득을 지급하게 되면 기존의 사회복지 제도를 유지하기 위해서 들어가던 비용 중 상당액이 절감됩니다. 앞서도 말씀드렸지만 복지 수급에서 제일 중요한 게 자격 심사인데, 이 자격 심사를 계속하고 감시하는 비용이 엄청나게 많이 듭니다. 다 행정 비용이거든요.

김 자격 심사 없이 지급하니 그 비용이 굳는다?

조 당연하죠. 그냥 사람들 통장으로 입금하기만 하면 됩니다. 엄청나게 비용이 줄어듭니다. 물론 구체적인 제도 설계에서는 통합할 수 없는 부분들이 있어요. 예를 들면 장애인수당 같은 경우는 없앨 수 없죠. 하지만 대부분을 통합할 수 있습니다.

김 동의합니다. 그렇지만 그것으로 재원이 충분할까요?

조 기본소득론자들도 그렇게는 말하지 않습니다. 오히려 이렇게 절약하는 비용은 아예 빼고 계산합니다. 현실성과 설득력을 높이기 위해서죠. 재원 확보 방법이 다양하게 제시되고 있지만 불로소득에 높은 세율로 과세하자는 안이 가장 보편적입니다. 대표적으로는 토지세와 자본이득세, 이자소득세 등을 꼽을 수 있습니다. 토지세의 경우 현재는 재산세로 과세가 되고 있지만 세율이 최고 0.5퍼센트에 불과해요. 골프장 같은 경우만 예외로 취급해서 4퍼센트로 받고 있죠. 이걸 현실화하는 겁니다. 자본이득세는 특히 주식이나 채권 등 증권 거래 차익에 대한 양도소득세 개념으로 도입을 주장합니다. 지금은 증권 거래 차익에 대해서는 아예 세금을 매기지도 않습니다. '소득 있는 곳에 세금 있다'는 원칙이 적용되지 않는 예외 지대지요. 이자소득세의 경우를 봐도 금융소득종합과세는 세율이 매우 낮습니다. 게다가 가족 간에 분산하는 방식으로 과세를 피할 수도 있어요. 물론 그분들은 절세라고 부르지만요.

김 불로소득에 과세하는 것은 자본주의 기본 원리에 비춰봐도 합당하다는 생각이 들어요. 그런데 실제로 우리나라에서 기본소득을 시행하게 되면 얼마나 돈이 들고 세금은 새로 얼마나 걷어야 되는지를 연구한 자료는 없습니까?

조 왜 없겠습니까? 여러 연구가 있습니다. 막연하게 하자고 하는 게 아닙니다. 지금은 노동당으로 통합한 이전 사회당이 공약으로 내세우면서 제시한 안이 있고, 오랫동안 기본소득 연구를 해온 한신대학교의 강남훈 교수가 연구한 결과도 있습니다. 강남훈 교수의 연구를 보면 전 국민 기본소득 지급을 위해 필요한 총비용을 연간 215조 원으로 계산했습니다. 19세 이하에게는 연간 300만 원, 20~39세는 400만 원, 40~54세는 500만 원, 55세 이상은 600만 원을 지급한다는 안입니다. 여기에 무상교육과 무상의료에 35조 원이 더 드는 것으로 보고, 총 250조 원의 비용이 발생한다고 봅니다.

김 연간 300만 원에서 600만 원이면, 한 달에 25만 원에서 50만 원 정도니까 그렇게 많은 돈은 아니네요. 아주 많이 주는 줄 알았는데.(웃음)
조 당연합니다. 이 안은 현재 국민 대다수의 부담을 올리지 않는다는 전제 아래 나온 안이니까요.

김 그래요? 더 걷지 않고도 기본소득도 주고 무상교육, 무상의료도 할 수 있다고요?

조 그렇습니다. 그러니까 당장 한 달에 받는 기본소득 자체는 많지는 않죠. 대신 온 국민이 조건 없이 받을 수 있고, 무상으로 교육과 의료도 보장받을 수 있다는 점에서 획기적입니다.

김 그게 어떻게 가능합니까?

조 기본소득 재원 마련에서 일단 근로소득세나 부가가치세, 심지어 법인세조차도 인상하지 않는 것으로 전제했습니다. 조세 저항을 최소화하려는 고려가 있는 거죠. 대신 증권양도소득세와 토지세를 신설합니다. 이자나 배당 소득에 대해서는 30퍼센트의 세율로 과세하고, 토지세는 3퍼센트로 올립니다. 또 여기저기 흩어져 있는 환경 관련 세금을 환경세로 통합하고 선진국 수준으로 인상합니다. 연금은 기본소득으로 전환하고 전자상거래 의무화로 지하경제에서 세원을 포착합니다. 또 국방비 30퍼센트 절감 등으로 254조 원의 재원을 마련할 수 있다고 계산합니다.

김 오히려 4조 원이 남는군요. 그런데 실제로 가능하겠습니까?

조 결국 정치의 문제입니다. 그동안 세금을 거의 내지 않던 일부 계층들의 반발이 거셀 것은 틀림없죠. 하지만 국민경제 전체로 보면 추가로 비용이 드는 것은 아닙니다. 그동안 세금을 안 내던 사람들이 축적한 부를 국민 전체에게 골고루 나누는 재분배 정책이니까요. 게다가 신설되거나 인상되는 조세 항목들은 하나같이 명분이 있는 항목들입니다. 노동에 기초하지 않은 불로소득에 과세하고, 생태 환경을 파괴하면서도 그 비용을 물지 않는 데 따른 이익(이건 주류 경제학에서도 외부불경제라고 비판적으로 봅니다.)에 과세하고, 불법적인 지하경제에 과세하는 거니까요. 결국 정치력의 문제라고 보아야 할 겁니다.

김 생각해보니 병원비, 교육비 걱정 안 하고 한 달에 40~50만 원 정도 꼬박꼬박 들어오면 참 좋을 것 같긴 하네요. 병원비와 교육비로 들어가는 돈까지 계산하면 실제로는 훨씬 더 많이 받는 셈이군요.

조 그렇습니다. 이 안은 조세 저항의 폭이 상대적으로 작다는 점에서 현실성도 있지만 경제의 구조적 개혁에도 도움이 될 수 있습니다. 새로운 세원이 마련되는 영역이 주로 자산소득 부분이거든요. 부동산이든 금융자산이든 자산에 대한 과세가 철저해지면 거품은 사그라들 수밖에 없습니다. 자산 투기, 거품경제의 가능성을 대폭 낮출 수 있죠.

김 아, 그건 생각 못 했어요. 일거양득이군요.

조 자산 거품으로 세계 경제가 대충격에 빠진 것이 2008년인데 아직도 근본적인 해결은 전혀 안 됐습니다. 한국은 더 심각해요. 부동산 거품이야 두말할 나위가 없지만 금융자산 거품도 심각합니다. 파생금융상품시장은 특히 심각해요. 2013년에 파생금융상품시장 거래 규모가 5경 2000억 원이 넘습니다. 세계에서도 가장 큰 수준입니다.

김 방금 5경 원이라고 하셨나요? 5조 원이 아니라?

조 예, 그렇습니다. 그나마 좀 줄어든 거예요. 한때는 6경 원이 넘었습니다. 물론 이건 파생상품의 특성상 거래가 수없이 많이 일어나기 때문입니다. 한국은 특히 단기매매가 심해서 거래액 규모가 커지죠. 회전율이 엄청나게 높은 겁니다. 그런데 이런 단기매매야말로 거품의 주범입니다. 실물자산의 건전성이나 장기 전망하고는 아무 상관없이 무수한 공매도가 일어납니다. 자산을 실제로 보유하지도 않은 채 파생상품을 사고파는 거죠. 그야말로 투기의 전쟁입니다. 그러다가 2008년에 한 방에 훅 갔던 건데, 아직도 정신을 못 차렸죠.

김 아직도 그런 꼴이라면 정말 걱정이네요.

조 규제도 필요하지만 과세는 좀 더 근본적인 해법이 됩니다. 자산 거품에 대한 선호 자체를 낮추게 되니까요. 그런데 이런 구조 개혁 효과 말고도 자산에 과세하면 좀 더 근본적인 차원에서 사회경제의 구조적 변혁을 용이하게 만들 수도 있습니다. 스웨덴 사민주의를 다룰 때 생산의 사회화와 민주화라는 문제의식을 계속 강조했습니다. 사회민주주의는 그저 복지 잘해주겠다는 주장 정도가 아니라고요.

김 그렇죠. 그래서 노동자들이 기업을 인수하게 하는 법안도 만들었다고요.

조 실제로는 반발이 심해서 제대로 못 만들었죠. 설혹 그런 법이 제대로 만들어진다고 해도 자산 거품이 심하면 노동자나 국가가 인수를 할 수가 없어요. 너무 비싸니까요.

김 아, 그러네요. 주식과 부동산이 너무 비싸면 인수가 불가능하죠.

조 인수할 수도 없고 자산 계급의 저항도 그만큼 심할 수밖에 없습니다. 반면 자산 과세가 철저해져서 자산 가격에서 거품이 제거되면 생산의 사회화와 민주화도 상대적으로 용이해질 수 있습니다. 물론 기본소득을 통해 이런 구조적 변혁까지 생각하는 사람들은 상대적으로 왼쪽에 있는 분들이죠.

기본소득으로 건강해진 나라

김 앞서 사회적 경제의 여러 대안을 다루면서 답답하게 느껴지던 부분이 해소되는 느낌이 듭니다. 자, 그럼 이제 좀 더 현실적인 이야기로 옮겨보죠. 기본소득, 실제 사례가 있습니까?

조 예, 있습니다. 실험 사례도 있고 실제 사례도 있어요.

김 정말로요? 시행하는 곳이 있다고요?

조 국가 단위로는 아직 없고요. 좀 더 작은 규모로 있습니다. 우선 1974년에서 1979년 사이에 캐나다의 매니토바 주에서 일부 지역을 대상으로 실험적으로 기본소득을 지급한 사례가 있습니다. 실험이었기 때문에 전 가구에게 다 주지는 않고 표본을 뽑아서 줬습니다. 그런데 그 돈이 적지 않았습니다. 4인 가구에 1년에 3300달러, 요즘 가치로 연간 1만 6000~1만 7000달러 정도 되는 돈입니다.

김 꽤 많네요. 그럼 많이 놀아도 될 것 같은데요.(웃음)

조 일을 하든 실업자든 상관없이 다 줬습니다. 그런데 흥미롭게도 일하는 비율이 오히려 늘었다고 합니다.

김 이해가 됩니다. 기본소득이 보장되면 먹고살기 위해서 다니기 싫은 직장에 다니고 하기 싫은 일을 하는 게 아니라 정말 자기가 하고 싶은 일, 좋아하는 일을 찾아서 할 수 있게 되는 거잖아요? 오히려 노동 의욕이 더 고취될 수 있죠.

조 맞습니다. 취업률이 더 올라갔고요, 또 하나 재미있는 현상은 사람들이 삶이 더 즐거워지고 건강해진 겁니다. 병원에 간 비율이 8.5퍼센트 떨어졌다고 합니다. 의료비가 절감된 거죠.

김 아, 역시 병과 스트레스는 직접적인 관계가 있군요. 또 다른 사례도 있습니까?

조 아프리카의 나미비아라는 나라 들어보셨죠?

김 들어봤어요. 나미비아에서 기본소득을 줍니까?

조 역시 실험 사례입니다. 나미비아는 1990년에 남아프리카공화국에서 독립한 신생국이자 빈국이지요. 당시 실업률이 50퍼센트를 넘는 상황이었습니다. 큰 규모로는 하지 못하고 인구 1000여 명의 마을 오미타라를 대상으로 2007년부터 2008년까지 기본소득 실험 프로젝트를 진행했습니다. 2년간 한시적으로 1인당 매달 100나미비아달러를 조건 없이 주었습니다. 우리나라 돈으로 환산하면 1만 5000원 정도 된다는군요.

김 그쪽 물가 생각하면 적은 돈은 아니겠습니다.

조 농장에서 일을 해도 한 달에 받는 돈이 300~400나미비아달러이니 적지 않은 돈이죠. 아이들에게도 다 줬는데, 다산을 하는 나라라 예를 들어 아이가 다섯인 가족이면 매달 700나미비아달러를 받는 셈입니다. 가장의 월급보다도 많죠.

김 결과를 어떻게 평가합니까?

조 예상을 뛰어넘는 대성공이었죠. 기본소득 지급 전까지는 끼니도 제대로 못 먹는 식량빈곤선 이하 인구가 72퍼센트였는데 1년 후에는 16퍼센트로 줄었습니다. 계속 반복되는 서로에 대한 의심, 즉 돈 받으면 일을 안 할 거라는 의심도 여지없이 깨졌습니다. 실업률이 60퍼센트에서 1년 만에 45퍼센트로 떨어졌거든요. 일하는 사람이 늘어난 겁니다. 또 기본소득을 제외하고도 주민들의 평균 소득이 29퍼센트 상승했습니다.

김 일을 더 하게 됐으니 당연히 소득이 늘어난 거군요.

조 특히 자영업을 많이 시작했습니다. 조금이나마 여유가 생기니까 사람들이 조그맣게 사업을 시작했어요. 기본소득이 종잣돈이 되어 자영업을 시작하고 돈이 돌게 되니까 마을 경제가 활력을 얻게 되었죠.

김 여기도 건강이 좋아졌겠죠?

조 이게 또 흥미롭습니다. 캐나다 매니토바 주하고는 달리 보건소를 찾는 사람들이 다섯 배가 늘었어요.

김 아니, 그건 또 왜 그렇습니까?

조 이전까지는 사람들이 아프면 아예 포기하고 보건소를 찾지 않았다고 합니다. 보건소 진료 한 번에 4나미비아달러 정도인데 그 돈이 없었거든요. 기본소득을 받은 다음부터는 진료받을 돈이 생겨 보건소를 찾게 된 거죠.

김 아, 역시 더 건강해진 것은 마찬가지겠군요. 그래서 그 마을은 2년이 지난 후에 어떻게 됐습니까?

조 실험은 끝났지만 성공 소식이 많은 사람들에게 감동을 주었죠. 실험 주관 단체로 세계에서 후원금이 몰려들었습니다. 그래서 이후에도 계속해서 주민들에게 1인당 80나미비아달러씩 주고 있다고 합니다.

김 희망찬 이야기군요. 소규모 실험이라서 일반화는 어렵다는 반박도 있을 법해요.

조 실험이 아닌 실제 사례가 있습니다. 미국 알래스카 주가 영구배당 기금의 재원으로 1982년부터 기본소득을 지급하고 있어요. 아시다시피 알래스카 주는 원래 가난한 지역이었죠. 그런데 1967년에 석유 자원이 대량 발견됩니다. 막대한 부를 얻게 된 거죠. 사용 방안을 고심하다가 당시 주지사 해먼드에 의해 기금을 만들고 그 기금에서 나오는 수익으로 모든 주민에게 조건 없이 기본소득을 주자는 안이 입안됩니다. 처음에는 천연자원에서 나오는 수익의 25퍼센트, 이후에는 50퍼센트를 기금으로 조성합니다. 첫 해인 1982년에는 1인당 1000달러를 지급했습니다. 2008년에는 3269달러를 지급했고요.

김 그럼 1인당 한 달에 약 30만 원 수준이라고 보면 되겠군요. 4인 가구로 치면 한 달에 120만 원 정도가 되고요. 충분히 먹고살 만한 정도는 아니겠지만 나름대로 도움은 될 것 같네요.

조 알래스카가 원래 미국에서 소득 수준이 가장 낮고 빈부격차는 가장 심한 주 중 하나였습니다. 그런데 현재는 미국에서 빈부격차가 가장 작은 주입니다. 1990년대부터 2010년대까지 미국의 모든 주에서 불평등이 확대됐습니다. 지니계수가 커졌죠. 두말할 나위 없이 신자유주의의 영향입니다. 오직 알래스카 주만 지니계수가 작아졌습니다. 불평등이 오히려 줄어든 거죠. 기본소득만의 효과라고 말할 수는 없겠지만 그 효과가 상당히 작용했다고 보고 있습니다. 노동 참가율도 전혀 떨어지지 않았습니다. 또 기타 소득이 30퍼센트 정도 증가했습니다. 그 이유는 앞서 실험 사례들을 보면 짐작이 되죠. 또 하나 재미있는 점이 있습니다. 범죄가 상당히 줄어들었다고 합니다.

김 범죄의 동기 중에 경제적인 동기가 많으니까 당연하게 느껴집니다. 결국 사회를 유지하기 위한 비용도 그만큼 절감되는 셈이군요. 플러스 마이너스 따져보면 기본소득에 어마어마한 재원이 들어가서 나라 곳간을 거덜 낸다고는 말할 수 없겠는데요.

조 그렇죠. 현대 사회에서 갈수록 막대하게 늘어날 수밖에 없는 사회 복지 운용 비용과 의료 비용이 줄어듭니다. 게다가 범죄에 따른 비용도 줄어들죠.

기본소득의 사상적 흐름

김 좋습니다. 기본소득의 학문적, 사상적 흐름도 알려주시죠. 누가 어떤 맥락에서 제기한 겁니까?

조 역사적으로 따지고 올라가보면 기본소득의 아이디어는 꽤 오래되었음을 알 수 있습니다. 고전적으로는 토지공개념 정립으로 유명한 19세기 후반 미국의 경제학자이자 사회학자 헨리 조지(Henry George)의 아이디어가 유명합니다. 누누이 말씀드린 것처럼 토지는 누군가 노동으로 생산한 것이 아니라 자연 그 자체, 인류의 공유재입니다. 하지만 어떤 이들이 이 공유지에 울타리를 치고 사유화했죠. 울타리를 칠 힘이 있던 지주 계급은 노동하지 않은 채 지대로 살아가고 자손 대대로 세습합니다. 헨리 조지는 토지에 매기는 세금을 통해서 불로소득을 환수하고, 환수한 돈을 시민들에게 배당하자고 주장했습니다.

김 현대적으로는 어떤 흐름이 있습니까?

조 가장 유명한 사람은 프랑스의 사회학자, 철학자, 경제학자인 앙드레 고르(André Gorz)입니다. 원래 오스트리아 사람이라 고르츠라고도 부릅니다. 고르의 생각은 이렇습니다. 현대 자본주의 사회의 가장 기본적인 전제는 노동에 비례하는 소득입니다. 자유민주주의 사상의 아버지로 칭송받는 존 로크(John Locke)가 『통치론』 제2논문에서 확립한 원리입니다. 우리의 사유재산권, 즉 사유재산으로부터 나오는 소득이 정당한 것은 그것이 자기 노동에 기초했기 때문이라는 것입니다. 성장하던 부르주아 계급은 이런 사상적 기초 아래 노동하지 않고 세습으로 부를 누리는 귀족을 공격했습니다. 하지만 앙드레 고르는 이 전제가 이미 신화, 그것도 깨어진 신화라고 비판합니다. 만약 노동에 비례한 소득이라면 주부들이 가장 많이 받아야겠죠.

김 동일 노동 동일 임금 원칙이 전혀 적용되지 않는 비정규직 노동자들도 있어요.

조 그렇죠. 심지어 일을 더 하는데 임금이 훨씬 적습니다. 또 지구를 헤집으며 활동하는 헤지펀드 투기꾼들이 버는 소득이 노동에 비례한 소득입니까? 아파트 사서 번 돈, 펀드 해서 번 돈도 노동에 비례한 소득이 아닙니다. 아니, 현대 자본주의 사회에서 사람들은 이미 노동소득, 월급으로는 살 수 없다는 것을 본능적으로 압니다. 현대 사회에서는 노동에 비례한 소득이 예외가 되어가고 있다는 겁니다. 나아가 예전으로 돌아갈 가능성도 거의 없다는 거죠. 하지만 이 깨진 신화가 여전히 힘을 발휘하고 있는 것도 사실입니다.

김 그래서 사람들이 기본소득에 공감하지 못하죠. 안타깝지만 사실입니다.

조 이런 상황 속에서 사회를 참으로 가치 있고 보람되게 만들어주는 노동들은 대부분 보상받지 못하고 있거나 매우 적게 보상받고 있습니다. 앙드레 고르는 기본소득을 통해서 이것을 보상해줘야 한다고 주장합니다.

김 알겠습니다. 정치적 현실성과는 별개로 진단만큼은 전적으로 동의

합니다.

조 고르는 신좌파로 분류되지만 그 외에도 여러 학자들이 있습니다. 존 롤스(John Rawls)를 잇는 자유주의 정치철학의 거두 로널드 드워킨 (Ronald Dworkin)이나 브루스 애커먼(Bruce Ackerman) 같은 사람들도 같은 취지에서 다양한 제도를 제안했습니다. 또 자유주의 학자 필립 반 파 레이스(Philippe van Parijs)는 기본소득론을 이끄는 학자이기도 합니다. 파레이스는 기본소득을 이렇게 설명했죠. "심플 앤드 파워풀!" 기본소 득은 단순하고 강력한 거라고요.

김 우리나라로 한번 와볼까요? 스위스에서 기본소득 도입을 두고 국 민투표를 한다는 뉴스를 접하면서 처음 들어봤다는 사람들이 많아요. 이런 이야기가 우리나라에서도 제기되고 있습니까?

조 우리나라에서도 기본소득네트워크라는 단체를 중심으로 기본소 득 운동이 전개되고 있습니다. 정당 중에서는 옛 사회당이 기본소득 도입을 가장 강력하게 주장했죠. 이후 진보신당과 통합하고 노동당이 된 후에도 당론으로 기본소득 도입을 결정했고요. 진보 진영의 학계에 서도 검토하고 있습니다.

김 농담 반 진담 반이지만 무상보육이나 무상급식을 두고 그렇게 싸우 고, 노인연금으로 또 싸우고, 그렇게 사회적 격론을 벌이는 게 사실 무 척 소모적이잖아요. 기본소득으로 통합해서 논쟁하는 쪽이 훨씬 생산 적이지 않을까요?

조 기본소득으로 통합해서 논쟁해도 굉장히 쟁점이 많고 복잡해지기는 합니다. 구체적인 제도 설계는 섬세할수록 좋으니까 당연한 겁니다. 하지만 그와는 별개로 전체적인 그림은 명쾌해지겠지요.

김 심플 앤드 파워풀!

조 맞습니다.

김 오늘 이야기한 기본소득은 앞서 나온 사회적 기업이나 협동조합, 마이크로크레디트나 지역화폐 등과는 결이 다른 논의라는 생각이 듭니다. 체제 전체에 대한 인식과 얽혀 있는 이야기죠. 꿈이라고만 생각하지 말고 진지하게 고민해볼 필요가 있는 대안입니다. 여기서 마무리하겠습니다. 수고하셨습니다.

조 수고하셨습니다.

10

자본주의
너머의 대안,
참여계획경제

자본주의는 왜
한계에 다다랐을까?

아래로부터 세우는
경제 계획은
어떻게 가능할까?

참여계획경제론은
하이에크와 폴라니에게
무엇을 배웠을까?

계획경제의
관료화 문제는
어떻게 해결할까?

암묵적인 지식을
어떻게 사회적으로
동원할 수 있을까?

현재의 자본주의 시스템이 1950~60년대 황금기로 돌아가서 고성장과 고용 안정을 누리기는 불가능하다는 예측이 나오고 있다. 지금의 침체와 반복되는 위기는 일시적 현상이 아니라 새로운 정상이 되었다. 이러한 추세와 함께 안정적인 노동계급을 바탕으로 세금을 걷어 복지를 시행하는 케인스주의 복지 모델 또한 갈수록 힘들어지고 있다.

참여계획경제는 한계에 다다른 자본주의를 극복하기 위한 모델이다. 아직 실현된 적 없는 이 모델은 계획과 경쟁이라는 원리를 아래로부터의 민주적인 토론과 상호 조정을 통해 해결하려 한다. 필요에 따라서가 아니라 이윤에 따라 상품이 생산되고 보상이 돌아가는 자본주의 경제의 한계, 그리고 기술 낙후와 민주주의 원칙의 부재로 인해 실패했던 사회주의의 한계 둘 다를 넘어선 계획경제를 구상하는 것이다.

참여계획경제론에 아이디어를 제공한 학자 중 하나는 놀랍게도 오늘날 신자유주의의 사상적 아버지로 불리는 하이에크였다. 그는 시장이 자연스럽게 수요와 공급의 균형을 찾게끔 하는 완벽한 기구가 아니라고 보고, 교환이 이루어지고 경제가 작동하는 데 지식과 정보의 중요성을 환기했다. 그러나 하이에크가 단편적으로 분산되어 있는 암묵지를 발견하고 소통시키는 역할을 기업가가 한다고 본 반면, 폴라니는 하이에크의 이런 생각과 기존 사회주의자들의 중앙 집중적 계획 모델을 모두 반박하며 아래로부터, 내부로부터 계획을 세워야만 내면적 욕구와 기여를 비로소 파악할 수 있다고 주장했다.

오늘날 참여계획경제론에서는 개인이 전 생애에 걸쳐 여러 직군을 순환해 근무하게 하는 균형적 직군제를 통해 관료화를 방지하고, 중장기적 관점의 투자 결정은 모든 이해관계자가 참여해 협상하게 하는 과정을 거치는 등 민주주의의 원칙을 견지하기 위한 여러 장치를 제안한다. 경제와 정치는 떼려야 뗄 수 없다는 점을 인식하고 민주주의적 숙의를 거쳐 결정을 내리는 경제 시스템을 만들려고 모색하는 것이다.

아직 도래하지 않은 대담한 상상력

김 대단원을 장식할 대안 경제 모델은 뭡니까?

조 '참여계획경제'라는 모델을 다루려고 합니다.

김 '계획경제'라는 네 글자만 보면 사회주의나 개발독재가 떠오릅니다만, 여기에 '참여'라는 단어가 붙었습니다. 비슷하면서도 또 다른 듯한데, 참여계획경제가 뭡니까?

조 참여계획경제란 기존 사회주의와 현존 자본주의의 약점을 극복하기 위해서 계획과 경쟁이라는 원리를 아래로부터의 민주적인 토론과 상호 조정을 통해서 해결하려는 모델입니다. 기존의 사회주의 계획경제에 대해서 우리가 알고 있는 상식이 있지요. 명령 경제, 지령 경제였다는 겁니다. 국가계획위원회가 계획을 수립하고 위에서 아래로 생산과 분배를 할당합니다. 아시다시피 실패했죠. 그럼 현존 자본주의는 잘 굴러가고 있을까요? 그렇게 믿는 사람은 거의 없을 겁니다. 경제위기가 해결되기는커녕 지구촌 이곳저곳에서 다른 형태로 반복되고 있습니다. 위기가 새로운 정상(new normal)이 되어버린 상황입니다. 혁신적이고 거대한 전환이 없는 한, 앞으로도 꽤 오랫동안 이런 형태가 지속될 겁니다.

김 이전 사회주의와 현재 자본주의의 문제를 동시에 극복한다는 문제의식이군요. 목표는 상당히 거창합니다. 참여계획경제의 핵심 키워드는 뭐라고 할 수 있을까요?

조 '아래로부터의 계획'을 통한 경제의 조정, 그리고 그것을 실현하기 위한 '직접민주주의의 실현', 두 가지를 꼽고 싶습니다.

김 아래로부터의 계획이라, 실현 가능한 개념입니까?

조 미리 말씀을 드리자면, 참여계획경제는 현재의 사회 체제에서는 실현 불가능한 모델입니다. 경제적으로도 그렇지만 정치적으로도 그렇습니다. 그래서 부탁을 드리고 싶습니다. 그동안 다룬 모델들은 모두 실제 사례에 기반한 겁니다. 이번에는 다릅니다. 상상에 기반한 모델입니다. 김종배 선생님이 원래 실현 가능성을 따지는 스타일인 것은 제가 잘 아는데(웃음) 지금은 당장의 실현 가능성 여부는 잠시 접어두고 대담한 상상력을 한번 발휘해보자고요. 대안을 생각하는 시간이니까요.

참여계획경제를 실행하는 국가는 우리가 지금껏 알고 있는 국가와는 많이 다를 겁니다. 요컨대 그때의 국가는 아래로부터 생성된 자치적 권력 기구들의 연합체가 될 겁니다. 직접 생산하고 소비하는 사람들이 작업장과 마을과 지역마다 평의회를 만들고, 그 평의회들이 광역 단위로, 다시 전국 단위로 연합체를 형성하는 국가입니다. 이 국가에서 의사결정은 당연하게도 아래에서 위로 올라갑니다. 생산과 분배에서도 마찬가지겠죠.

소비재의 생산과 분배를 위한 의사결정에서 제일 앞 순위에 놓이게 되는 것은 개인의 필요와 욕망일 겁니다. 이런 품목이 필요하고 이런 품목을 생산하고 싶다는 개인들의 소망이 작업장과 마을, 도시, 전국 수준으로 점차 상승하면서 토론과 조정을 거치게 됩니다. 그 과정에서 수요와 공급의 대차대조표는 계속 갱신되면서 가장 합리적으로 조정

되겠죠. 그 조정의 구체적 원리에 대해서는 뒤에 살펴보겠습니다.

한편 사회 전체를 위한 생산재, 공공재의 공급에 관해서는 거시적인 관점이 필요합니다. 예를 들어 자동차나 철강 산업 같은 전략적 산업의 입지 선정, 고속도로나 철도망의 노선 결정, 신공항의 건설과 같은 사회간접자본의 구축과 관련된 문제들은 아래부터의 자치 원리에 기반한 결정이 매우 어려울 겁니다. 자칫하면 지역 이기주의가 창궐하고 분열이 심화될 수도 있죠. 그렇다고 해서 중앙정부가 결정하게 한다면 직접민주주의 원리에 어긋납니다. 이 국가는 심의민주주의를 포함한 다양한 제도적 보완을 통해서 균형을 추구하게 될 겁니다.

한계에 다다른 자본주의

김 좋습니다. 그럼 각론으로 들어가 보죠. 참여계획경제론은 자본주의와 사회주의의 문제점을 동시에 극복하겠다는 야심찬 목표를 내세웠습니다. 먼저 자본주의 극복이라는 목표를 따져 묻겠습니다. 왜 자본주의는 안 된다는 겁니까?

조 애덤 스미스가 '농장 일꾼의 역설'이라는 것을 제기한 바 있습니다. 우리가 살아가는 데 가장 중요한 것을 생산하는 사람들은 사실 농장 일꾼들입니다. 사람은 먹어야만 살 수 있으니까요. 스미스는 가장 중요한 것을 생산하는 농장 일꾼에게 가장 큰 보상이 돌아가는 것이 맞다고 생각합니다. 하지만 현실은 정반대죠. 가장 덜 필요한 것, 심지어 해로운 것을 생산하는 사람들에게 가장 큰 보상이 돌아가곤 합니다. 무기를 만드는 사람들, 투기하는 사람들에게 엄청난 보상이 돌아간다는 것이죠. 그래서 역설입니다.

김 월스트리트 투기꾼들만 봐도 그렇죠.

조 안타깝게도 이 역설은 자본주의 사회에서는 비정상적 현상이나 일탈이라기보다는 거의 정상, 필연에 가깝습니다. 자본주의 경제는 필요에 가치를 부여하는 경제 체제가 아니기 때문이죠.

김 사람들의 필요가 아니라 이윤에 가치를 부여하는 경제죠.

조 물론 시장 찬양자들은 사람들이 필요로 하니까 어떤 상품이 이윤을 많이 남기게 된다고 주장할 겁니다. 규제받지 않는 시장은 사람들이 무엇을 가장 필요로 하는지 가장 잘 알려준다는 겁니다. 생산자들은 결국 수요가 많은 상품을 공급하게 되어 있다는 거죠. 그래서 우리는 금융자본과 군수자본이 지배하는 세계를 맞게 되었습니다. 70억 인류가 파생금융상품이나 스텔스 전투기 따위를 강렬히 필요로 했다는 뜻이 되는 겁니다. 말이 됩니까?

김 말 안 돼요. 그런데 저도 동의하고 필요한 비판이기도 하지만, 조금은 도덕적 비판이라는 생각도 듭니다.

조 좀 더 시의성과 현실성을 갖춰서 이야기해보겠습니다. 몇 차례 나온 이야기입니다만 다른 각도에서 말해보겠습니다. 현재의 자본주의 시스템이 다시 한번 1950~60년대의 황금기로 돌아가서 고성장과 고용 안정을 누리기는 사실상 불가능하다고 봅니다.

김 이제 한계점에 왔다는 말이죠?

조 지금의 경제 침체, 나아가 반복되는 위기는 일시적인 현상이 아니라는 겁니다. 자본주의의 기생성은 이제 하나의 추세가 되었습니다. 이전에 비정상으로 여겨지던 현상이 이제는 정상이 되어버린 시스템입니다. 물론 자본주의를 장기사적으로 보면 상승과 하강으로 이루어진 몇 번의 사이클이 있었습니다. 수십 년 이상 상승 국면이 이어지다가 이윽고 수십 년 이상 지속되는 하강 국면이 도래합니다. 하지만 결국 재상승해왔죠. 1970년대 이후 지금까지도 그런 하강 국면으로 이해할 수 있습니다. 문제는 지금은 재상승의 답이 잘 보이지 않는다는 겁니다.

김 암울한 진단인데요. 왜 그렇습니까?

조 이매뉴얼 월러스타인(Immanuel Wallerstein)과 조반니 아리기(Giovanni Arrighi) 같은 학자들이 주도한 세계체계분석이라는 입장에서 주로 이처럼 진단합니다. 반대나 이견도 적지 않지만 갈수록 많은 공감을 얻고 있는 의견입니다. 거칠게 그 결론을 말씀드리자면, 현재의 하강 국면을 반전시킬 고수익, 고부가가치 부문이 나타나지 않고 있다는 겁니다. 자본주의가 하강 국면에 접어든다는 것은 결국 자본의 이윤율, 수익률이 떨어진다는 이야기지요. 1970년대 이후 자본주의가 바로 그런 상황입니다. 그래서 중심 국가의 자본은 고수익을 찾아서 실물 부문을 떠나 금융 부문으로 이동합니다. 이게 바로 금융화 현상입니다. 하강기에는 과거에도 그랬어요. 한때 자본주의 중심 국가였던 네덜란드와 영국도 쇠퇴기, 하강기에 접어들면서 모두 경제의 금융화가 진행되었습니다. 금융화된 현재 미국의 상황 또한 역사의 반복입니다. 이 하강 추세가 어떻게 상승으로 반전될 수 있을까요? 새로운 고수익, 고부가가치 부문을 창출하고 독점한 새로운 헤게모니 국가의 등장과 함께 상승으로 반전합니다. 예를 들어 영국이 주도한 19세기 자본주의 세계체계가 하강 국면에 접어들었을 때, 미국은 자국을 상징하는 자동차 산업의 성장을 통해서 헤게모니 국가가 되었고 20세기 자본주의를 성장으로 이끌었습니다. 20세기 세계 자본주의가 미국 자동차 회사 포드가 창안한 포드주의 축적 체제로 불리는 이유입니다. 지금 그럴 만한 산업이 보입니까?

김　한때 정보통신 산업이나 바이오테크놀로지 분야가 그런 기대를 많이 받았는데요. 아무래도 좀 약한가 보죠?

조　정보통신이든 바이오테크놀로지든, 또 최근 각광받고 있는 3D 프린팅이든 예전의 철강, 철도 산업이나 자동차 산업처럼 거대한 상승을 이끌 힘은 없습니다. 어느 쪽이나 더 자본 집약적이고 더 노동 절약적이거든요. 거대한 수요와 고용을 창출해낼 수 없습니다. 오히려 지금의 고용 없는 성장을 부추기는 측면이 더 크죠. 또 전후방 산업에 미치는 파생 효과도 철강이나 자동차 산업과는 비교할 수 없이 약합니다. 게다가 1980년대와 1990년대를 거치면서 중국과 거대한 사회주의 경제권이 이미 자본주의 세계시장에 통합되었다는 점도 고려해야 합니다. 더 이상 새롭게 개척할 광대한 시장이 없습니다. 물론 인도나 아프리카 대륙처럼 거대한 신천지가 남아 있다고 생각할 수도 있습니다. 하지만 이 지역들은 이미 자본주의 세계시장에 통합된 곳입니다. 성장의 여력은 있겠지만 중국과 사회주의권처럼 완전히 막혀 있다가 거대한 규모로 열리는 시장이 아니라는 거죠.

김 여러 번 언급한 인구 구조 변화, 그러니까 노령화 같은 문제를 별개로 해도 전망이 잘 안 보인다는 거네요.

조 그렇습니다. 물론 미래는 아무도 모르는 거니까 어느 날 갑자기 기적 같은 반전이 일어날지도 모릅니다만, 합리적 토론에서 할 수 있는 이야기는 아니죠. 아무튼 이런 상황이 어느 정도 불가피하다면 과연 케인스주의 복지국가를 지속할 수 있겠느냐는 겁니다.

김 좋고 나쁘고를 떠나서 복지국가를 유지하는 게 불가능하다는 말이네요.

조 예, 그렇죠. 기존의 복지국가 모델은 완전고용이라는 전제 위에 서 있으니까요. 완전고용의 기반 위에서 사람들이 충분한 소득을 벌어들이고 세금을 많이 내면 국가가 그 세금에 기반해 복지 지출을 하는 모델입니다. 달리 이야기하면 케인스주의 복지국가는 안정적인 노동계급이 확보되어야 가능합니다. 세금을 내는 주역이거든요. 대기업과 자본가에게 받아내는 세금만으로는 복지국가를 만들 수 없습니다. 계급 투쟁을 하자는 이야기밖에 안 됩니다. 그래서 증세를 감당할 수 있을 만한 튼튼한 노동자 대중이 존재해야 하는데 현재 시스템에서는 갈수록 힘들어집니다. 결국 재정 적자가 계속 늘어가고 복지국가에 대한 공격도 계속되고 있는 겁니다. 앞서 살펴본 것처럼 스웨덴이든 독일이든 복지 축소를 핵심으로 하는 복지 개혁이 현재의 추세입니다.

기술 발전과 민주적 통제로 만드는 새로운 계획경제

김 알겠습니다. 그럼 기존 사회주의의 문제는 무엇입니까?

조 아주 심하게 말하면 기존 사회주의는 계획경제도 아니었다는 거죠.

김 사이비였다?

조 사이비, 좋습니다. 사이비 계획경제. 달리 말하면 중앙이 지시하는 명령 경제, 지령 경제였지 계획경제는 아니었다는 겁니다. 물론 사회주의 국가들은 분명히 계획경제를 실행했습니다. 하지만 실제로는 계획경제의 실행을 위한 물적·기술적 토대와 정치적 토대 모두 결여되어 있었죠. 기초도 없는데 건물을 쌓아올린 셈이니 결국 실패할 수밖에 없었다는 겁니다. 사회주의권에서 계획경제를 제일 잘한 나라는 물론 소련이었습니다. 사회주의권에서는 최선진 국가였으니까요. 그런데 기술 수준이 가장 발전했던 1980년대 중반까지도 전체 생산과 소비의 균형을 맞추기 위한 투입산출표를 제대로 만들지 못했습니다. 중앙계획 당국이 공급과 수요를 매치하는 가장 초보적인 수준의 투입산출표를 겨우 2000여 개 품목밖에 작성하지 못했다고 합니다.

김 품목을 세어보면 셀 수도 없이 많을 것 같기는 한데, 2000개가 얼마나 적은 수인지는 사실 잘 모르겠어요.

조 자동차 한 대에 들어가는 부품의 종류만 얼추 2만여 가지 정도 된다고 합니다. 자동차는 부품이 매우 많이 들어가는 상품이긴 하지만 그래도 한 가지 상품에만 2만여 개가 필요한 거예요. 게다가 자동차 종류가 달라지면 또 다른 부품이 더 필요하죠. 그럼 전체 상품의 종류는 얼마나 많겠어요?

김 계산이 안 나오네요.

조 상품의 종류도 많지만 그 상품이 거래되는 수많은 경제적 관계를 다 고려하면 아마 수십, 수백, 수천만 가지 경우의 수가 나올 겁니다. 하지만 소련은 기술 수준이 가장 발달한 시점에도 2000여 가지 품목에 대해서만 수요와 공급을 겨우 계산할 수 있었습니다. 그것도 초보적인 수준에서요. 사실 소련에서 이런 기술적 한계에 대한 인식은 일찍이 시작되었습니다. 강압적이던 스탈린 시대가 끝나자 1950년대 중후반부터 1960년대 중반까지 계획경제의 운용 방법을 둘러싸고 소련 경제학계에서 큰 논쟁이 벌어집니다.

김 논쟁 구도가 어땠나요?

조 정통 학파는 계산과 공식을 통해 수요와 공급을 일치시키려는 시도에 비판적이었던 반면 적극적으로 수리적 접근을 시도한 학파가 있었습니다. 논쟁의 결과로 이런 시도들이 상당 부분 수용됩니다. 지금 이 논쟁의 개요를 소개하는 게 목적은 아니니 이 정도로만 언급하겠습니다. 논쟁 참여자들 모두 수요와 공급을 수리적 계산에 의해 조정하고 일치시키려고 해도 기술적 기초가 너무 빈약하다는 점에 공감했습니다. 그래서 최첨단 컴퓨터가 필요하다고 강력하게 주장하게 된 겁니다.

김 그렇군요. 그런데 그 시절 최첨단 컴퓨터라고 해도 요즘 들고 다니는 스마트폰보다 못할 텐데요.

조 그렇죠. 게다가 정보 처리는 컴퓨터로 어떻게 한다고 쳐도 정보를 수집하고 공유하는 통신 기술은 더욱 낙후해 있었죠. 교통망 또한 발달하지 못했습니다. 수요와 생산 능력, 재고 상황 등을 실시간으로 파악하고 즉시 이동할 수 있는 기술적 토대 자체가 극히 취약했습니다.

김 그렇게 어려운 일이 이제는 가능하다는 말씀인가요?

조 지금 새로운 계획경제를 이야기하는 사람들이 주목하는 부분 중 하나가 바로 정보통신기술의 획기적인 발전입니다. 수요와 공급을 파악하는 과정은 기본적으로 정보를 수집하고 처리하는 과정이죠. 따라서 정보를 실시간으로 포착하고 취합해서 대규모로 공유하고 처리할 수 있는 능력이 굉장히 중요합니다. 자본주의 시장경제에서도 중요하지만 특히 계획경제에서는 가장 기본적인 인프라입니다. 하지만 소련은 1980년대 중반까지 컴퓨터 기술의 낙후는 물론이고 전화 보급률조차 23퍼센트밖에 안 됐습니다.

김 이를테면 국가 단위든 지역 단위든 주민들의 총소비를 즉시 파악하고 처리할 수 있는 능력이 있어야 된다는 말씀이겠죠. 어떤 품목을 얼마나 소비했고, 어떤 품목은 지금 재고가 얼마나 남아 있는지 등을 실시간으로 집계해서 처리할 수 있어야 한다.

조 실시간으로, 그것도 아주 정확하게 정보를 처리할 수 있어야 계획경제의 기술적 토대가 마련된다는 말입니다. 감이 잘 안 오는 분들도 있을 텐데요, 지금도 우리 주변에서 널리 하고 있는 일입니다. 바로 2장에서 언급한 포스(POS) 시스템입니다. 마트나 편의점에서 판매원이 바코드를 찍는 바로 그 시점에 상품의 종류, 판매 시점, 판매점, 심지어 상품이 놓여 있던 매대 위치까지 정보가 입력되고 곧바로 중앙 서버로 모이게 됩니다. 우리가 모르는 것도 있어요. 우리는 물건을 사서 그냥 나오지요? 하지만 점원은 소비자 정보를 입력합니다. 그 상품을 산 사람의 성별과 연령대 등을 기록하죠. 예를 들어 남자들 면도용 거품은 홍대 근처에서 제일 많이 팔린다, 특히 30대 남자가 제일 많이 사 간다, 이런 데이터가 축적되는 겁니다.

김 그런데 듣다 보니까 박근혜 정부 출범 후에 지하경제 양성화를 주장한 것하고도 연결이 되네요. 우리나라에는 아직도 지하경제가 어마어마하게 남아 있지요. 변호사가 수임료를 영수증 발급 안 하고 현찰박치기 한다거나, 작은 가게에서 현찰로 결제하면 10퍼센트 할인해주는 경우가 다 그런 구멍이죠.

조 참여계획경제뿐 아니라 기본소득이나 복지국가를 주장하는 사람들도 모두 거래의 전산화를 중시합니다. 탈세를 막아야 하니까요. 하지만 지하경제를 없애고 거래를 투명하게 만드는 일이 참여계획경제에서는 더욱 중요합니다. 수요의 패턴, 특징, 변화 추이 등을 인구집단, 지역 등에 따라 아주 정밀하게 파악해서 생산과 연계해야 하기 때문이죠. 이런 데이터가 장기간 축적되면 수요 변동을 예측하는 일도 좀 더 용이해지겠죠. 지금도 개별 기업 차원에서 포스 시스템을 통해 이렇게 하고 있습니다. 데이터 파악에 기반해서 생산과 마케팅 계획을 세우고 실행합니다. 사실 기술적으로만 본다면 지금 있는 개별 기업들의 시스템을 그냥 통합하기만 해도 됩니다.

김 생각해보니 그러네요. 적어도 기술적으로는 그렇게 어려운 일은 아닐 것 같습니다.

조 그렇습니다. 그런데 참여계획경제는 좀 더 나아갑니다. 참여계획경제에서는 위로부터의 명령이 아니라 아래로부터의 민주적 토론을 통해서 계획이 수립됩니다. 이것이 가능하려면 계획의 출발점이 되는 개인들이 자신의 소비 성향과 패턴을 잘 알아야 합니다. 그래서 개인별 현금카드 같은 것으로 거래를 일원화할 필요성이 제기되기도 합니다.

김 내가 한 소비가 다 기록된다는 말인가요? 그거 프라이버시 침해 아닙니까?

조 오직 본인만 알 수 있도록 시스템을 구축하고, 각 단위의 집계 시스템에서는 개인은 식별할 수 없고 범주로만 처리하도록 시스템을 설계해야겠죠. 당연한 말이지만 그 과정에는 민주적 감시가 이뤄져야 할 테고요. 그래서 민주주의가 중요한 겁니다. 아무튼 이런 시스템이 구축되면 개인들은 자신의 소비 패턴을 알게 됩니다. 사실 많은 사람들이 계획성 있게 소비하면서 살지는 않잖아요. 그런데 자동으로 전산 가계부가 나오면 월, 분기, 연 단위로 내가 어느 품목에 얼마나 쓰는지 알게 됩니다. 개인이 계획 수립의 주체가 되기 위한 기본 자료가 제공되는 셈입니다.

김 지난번에 기본소득을 다뤘는데요. 기본소득을 그런 카드로 지급해도 좋을 것 같네요. 지급된 기본소득이 쓰이는 실태나 얼마나 지급해야 하는지도 쉽게 파악되고요. 아무튼 지금은 정보통신 혁명 덕택에 계획경제의 기술적 토대가 충분히 갖춰졌다는 주장인 거죠?

조 그렇습니다. 포스 시스템의 장점을 광고하는 내용을 들어보면 재미있어요. 기업이 생산 계획을 합리적으로 짤 수 있다는 겁니다. 불필요한 상품은 만들지 않고, 사람들이 더 찾는 상품을 더 많이 만들 수 있기 때문에 효율적이라는 거죠. 다만 사기업이니까 서로 정보가 공유되지 못합니다. 영업 비밀이니 말입니다. 만약 이런 정보가 공유된다면 사회적으로 엄청난 절약이 될 겁니다.

참여계획경제의 사상적 원류, 칼 폴라니

김 알겠습니다. 구체적인 모델 검토에 들어가기 전에 참여계획경제의 사상적 흐름을 알려주시죠. 아까 기존 자본주의의 문제점에 관해 말씀해주셨는데, 마르크스가 자본주의를 통렬히 비판한 내용과 맥락을 같이하는 것 같습니다. 역시 마르크스의 영향이 지대한 겁니까?

조 물론 근본적인 영감은 마르크스에게서 받았겠죠. 하지만 누차 말씀드린 것처럼 마르크스 자신은 사회주의에 관해서 자세하게 이야기한 적이 없습니다. 「고타 강령 비판」이라는 짧은 문헌에서 제안한 구상은 화폐와 가격의 폐지, 노동시간을 기준으로 한 자원의 배분과 소득의 분배 정도입니다. 더 이상 구체적인 내용은 없습니다. 참여계획경제의 구체적인 사상적 원류를 콕 짚어서 말하라면 우리가 『사회를 구하는 경제학』에서 다룬 칼 폴라니를 눈여겨볼 만합니다.

김 아, 그렇습니까? 칼 폴라니의 어떤 부분을 채용한 겁니까?

조 특정 부분이라기보다는 발상 자체가 수용된 것이라고 봐야겠죠. 폴라니는 민주적 계획경제에 관해서 많이 고민한 학자입니다. 폴라니는 1920~30년대에 당대 서구에서 가장 유명했던 경제지 중 하나인 《오스트리아 이코노미스트》에서 편집진으로 일했습니다. 당대 경제학계의 흐름과 논쟁을 아주 민감하게 따라갔죠. 이 시기에 '사회주의 계산논쟁'이라는 상당히 유명한 논쟁이 벌어집니다. 루트비히 폰 미제스 (Ludwig von Mises), 하이에크 등 오스트리아 학파의 자유주의 경제학자들과 오스카르 랑게(Oscar Lange), 프레더릭 테일러(Frederick Taylor) 등 마르크스주의 경제학자들이 벌인 논쟁입니다.

자유주의자 미제스가 먼저 공격을 시작했습니다. 자본주의 시장에서는 가격이라는 신호를 통해 생산자와 소비자가 공급과 수요를 조절하죠. 어떤 상품의 가격이 올라가면 더 생산하라는 신호가 되고, 내려가면 덜 생산하라는 신호가 됩니다. 가격 신호를 매개로 수요와 공급은 균형을 이루게 됩니다. 반면 시장도 가격도 존재하지 않는 사회주의 계획경제에서는 중앙계획당국이 가격 대신 기준으로 삼을 수 있는 신호가 없다는 것입니다. 즉 사회주의 계획경제에서는 생산과 수요를 계획하고 조절하기 위한 합리적인 경제 계산이 불가능하다는 주장이죠.

김 그 말 맞는 것 같은데요. 마르크스주의 경제학자들은 어떻게 반론을 폈습니까?

조 역설적이지만 주류 신고전파 경제학의 이론적 기초인 레옹 발라 (Léon Walras)의 시장 모형을 이용해서 반론을 폅니다. 발라는 일반균형 이론을 정립한 것으로 유명한데요, 내용이 복잡하니까 여기에서는 관련되는 핵심만 말씀드리겠습니다. 발라는 자본주의 시장이 어떻게 수요와 공급의 균형을 달성하는가를 설명하기 위해 경매 시장을 모형으로 사용합니다. 경매 시장 아시죠?

김 알죠. 경매사가 앞에 나와 있고 사겠다는 사람들이 손들고 가격 부르고 하는 곳 아닙니까?

조 맞습니다. 경매사의 중개 역할을 통해서 경매에 나온 상품의 가격이 결정됩니다. 경매사는 특정 가격에 사겠다는 사람이 계속 나오면 가격을 올리고 사겠다는 사람이 없으면 가격을 내립니다. 이런 식으로 가격을 올리고 내리면서 상품이 판매되는 균형 가격을 찾는 것이 경매사의 역할이죠. 이 가격에서 상품의 수요와 공급은 균형을 찾게 됩니다. 발라는 이런 경매 시장이야말로 시장의 가장 이상적인 모델이라고 보고, 현실에서는 주식시장이 가장 가까운 방식으로 작동한다고 보았습니다.

김 마르크스주의자들이 그 모형을 어떻게 이용한 겁니까?

조 논쟁에 참여한 마르크스주의자들은 발라의 모형을 그대로 가지고 와서 경매사의 역할을 국가, 즉 중앙계획당국이 대신할 수 있다고 주장했습니다. 마치 경매사처럼 계획당국이 개인의 선호를 파악해서 합리적인 경제계산을 할 수 있다는 거죠. 일반균형을 이루는 시장 모델을 계획경제에 그대로 적용할 수 있다는 주장이었습니다. 실제로는 이런 균형을 달성하기 위한 몇 가지 규칙과 메커니즘을 더 제시하지만 여기에서 논하기에는 복잡하니까 생략하죠. 아무튼 이 논쟁의 구도는 상당히 역설적입니다. 마르크스주의자들이 신고전파 경제학의 토대를 놓은 발라의 일반균형이론을 받아들였으니까요. 그래서 역설적이게도 신고전파 경제학자들은 이 논쟁에서 마르크스주의자들 편을 듭니다. 빌프레도 파레토(Vilfredo Pareto)나 조지프 슘페터(Joseph A. Schumpeter) 같은 당대의 대가들도 그렇게 생각했고, 일반적인 평가도 마르크스주의자들이 승리했다는 쪽이었습니다.

김 와, 그거 재미있네요. 그렇게 편을 먹을 수도 있군요.

조 당시 논쟁이 이념 투쟁이 아니었기 때문이죠. 순수하게 이론적인 견지에서 사회주의에서 경제계산이 가능한가를 둘러싸고 벌어진 논쟁이거든요. 그래서 신고전파는 마르크스주의자들 편을 든 겁니다. 자기들 모델을 쓰고 있으니까요. 논쟁에서도 마르크스주의자들이 이겼다고 손을 들어주죠. 한편 미제스의 뒤를 이어 하이에크가 이 논쟁에 뛰어들면서 새로운 쟁점을 야기합니다. 하이에크는 오늘날 신자유주의의 사상적 아버지로 불리지만, 시장을 보는 생각이 신고전파하고는 꽤 다릅니다. 하이에크가 보기에 시장은 발라의 모형처럼 그렇게 자동균형을 이루는 게 아닙니다. 시장은 그런 의미에서 완벽한 기구가 아니라는 겁니다.

김 하이에크는 시장 만세를 외친 사람 아닙니까?

조 하이에크는 시장이 항상 균형을 보증하는 자동 장치가 아니며 때로는 매우 파괴적인 결과를 초래하기도 한다는 점을 인정합니다. 그의 생각은 시장이 최고라기보다는 시장보다 나은 대안이 없다는 쪽에 가깝습니다. 하이에크에게서 시장은 불균형 속에 있는 역동적 과정입니다. 그래서 매우 역설적이지만 시장에 대한 하이에크의 생각은 폴라니를 거쳐서 오늘날 참여계획경제 모델에 영향을 미치게 됩니다.

김 이거 흥미진진한데요. 하이에크의 어떤 생각이 어떻게 영향을 미친 건가요?

조 하이에크는 경제의 작동에서 지식과 정보의 중요성을 환기했습니다. 경제학 이론의 측면에서 그의 가장 큰 업적 중 하나죠. 사회주의 계산논쟁 또한 그의 참여로 인해 계산 가능성이 아니라 지식의 활용이라는 문제로 논점이 옮겨가게 됩니다. 생산자가 상품을 만들기 위해 가장 필요한 것은 그 상품을 원하는 사람이 과연 있는지, 있다면 어디에 얼마나 있는지에 관한 정보입니다. 소비자가 어떤 상품을 원할 때도 마찬가지죠. 누가 그 상품을 만들고 어디서 얼마에 파는지 알아야 합니다. 이런 지식과 정보 없이는 교환을 할 수 없고 수요와 공급이 일치할 수도 없게 됩니다. 한마디로 경제가 제대로 굴러갈 수 없는 거죠.

발라에 기반한 신고전파 시장 모델은 이른바 완전 정보의 가정을 통해서 이 문제에 대한 해결을 생략해버립니다. 모든 정보가 모든 시장 참여자에게 알려져 있다는 가정이죠. 우리는 어떤 비용이나 노력도 들일 필요 없이 시장 속에서 즉시 모든 정보를 알 수 있다는 겁니다. 말도 안 되는 비현실적 가정입니다.

하이에크는 바로 이 문제를 제기한 겁니다. 그는 지식과 정보가 각 개인에게 단편적이고 불완전한 형태로 분산되어 있다고 보았습니다. 누가 무엇을 얼마나 필요로 하는지는 자기 자신만, 아니 그조차도 불완전하게 알고 있습니다. 그래서 하이에크는 암묵지라는 표현을 씁니다.

김 암묵적으로만 아는 지식이라는 뜻입니까?

조 예, 그렇습니다. 재미있는 인연입니다만, 과학철학 분야에서 명시적 지식과 대비하여 암묵적 지식의 중요성을 강조한 것으로 유명한 사람이 칼 폴라니의 동생인 마이클 폴라니(Michael Polanyi)입니다.

김 대단한 동생을 뒀군요.

조 그렇죠. 경제보다 과학철학이나 인식론에 관심 있는 사람들은 오히려 "마이클 폴라니의 형도 그렇게 유명한 사람이야?" 하고 놀라겠죠. 아무튼 하이에크가 보기에 시장은 가격과 경쟁을 매개로 이렇게 불균형하게 분산된 암묵적 지식을 발견하고 소통시켜주는, 오류와 수정을 포함하는 역동적인 과정으로 이해해야 한다는 겁니다. 이런 지식 발견과 오류 수정의 과정은 주체의 역동적인 활동을 포함하는 과정이기도 합니다. 그 역할을 수행하는 사람이 바로 기업가라고 봅니다. 기업가는 시장 여기저기에 분산된 채로 존재하는 개인의 선호를 찾아내고 평가해서 생산을 수행하는 능동적인 주체입니다. 이들은 단지 균형점만 계산하는, 주어진 균형 상태를 재생산하는 수동적 존재가 아니라 능동적으로 지식을 발견하고 미래를 향해 행동함으로써 경제를 발전시키는 존재라는 거죠.

김 아, 알겠습니다. 하이에크의 요점은 사회주의 국가 혹은 계획당국은 이렇게 개인에게 분산된 지식과 정보를 알 수가 없다는 말이죠?

조 바로 그 말입니다. 계획경제는 계획당국이 개인보다 개인의 필요를 더 잘 안다는 가정 아래에서만 성립 가능한데, 하이에크가 보기에 그 건 말이 안 된다는 겁니다. 시장이라는 지식 발견의 도구를 계획당국 이 대체할 수는 없으니까요. 그래서 계획경제는 애초에 우리의 필요를 제대로 충족시킬 수 없다는 것이 그의 요지입니다.

김 저, 들으면서 하이에크한테 설득당했어요.(웃음) 맞는 말 아닙니까?

조 맞는 말이면 설득당해야죠. 너무 걱정하지 마세요.(웃음) 다시 폴라 니 이야기로 돌아가죠. 폴라니는 이 논쟁 과정을 꼼꼼히 추적하면서 따라갑니다. 그리고 계획경제에 대한 기존 사회주의자들의 생각에 큰 결함이 있다는 판단을 합니다. 이런 통찰을 통해 폴라니는 '조망'이라 는 개념을 제시합니다.

김 조망이라니, 철새가 오는 도래지를 찾아가서 조망한다고 할 때의 그 조망인가요?

조 네, 그런 말입니다. 철새 떼를 볼 때는 그야말로 무리 전체를 바라 보게 되지, 철새 한 마리를 제대로 볼 수는 없죠. 기존 사회주의 국가 들이 경제를 바라보는 것도 그런 식이라는 겁니다. 폴라니는 이런 식 으로 보는 것을 외적 조망이라고 부릅니다. 마치 비행기를 타고 위에서 경치를 슬쩍 훑어보는 것처럼 경제를 보게 된다고 비유합니다. 그게 바 로 외적 조망입니다.

김 수박 겉핥기로 본다는 이야기네요.

조 맞습니다. 폴라니는 한마디로 관치 경제라고 표현합니다. 중앙 집중적으로 수립된 계획을 통해 포괄적으로 수요와 공급을 일치시키겠다는 발상은 비행기에서 수박 겉핥기로 경치를 내려다보는 것과 같다는 겁니다. 폴라니는 인간에게는 외적 조망으로는 파악할 수 없는 내면적인 욕구, 겉으로는 알기 어려운 심층적인 노력이나 기여가 있다고 봅니다. 이런 내면적 욕구나 기여는 외적 계획경제에서는 물론, 하이에크의 생각과는 달리 시장경제에서도 제대로 파악할 수 없죠.

김 맞아요. 시장경제도 그건 마찬가지죠. 하이에크의 말이 계획경제 비판으로는 꽤 설득력이 있지만, 그렇다고 해서 시장이 제대로 보상을 해주는 것도 아니잖아요?

조 맞습니다. 그래서 폴라니는 자신만의 개념으로 내적 조망을 제시합니다. 위로부터, 외부로부터 부과되는 계획이 아니라 아래로부터, 내부로부터 계획을 세워야 한다고 생각합니다. 예를 들어 자본주의 체제에서 노동조합은 기본적으로 노동자들의 시장임금을 협상하는 조직이죠. 하지만 시장 경쟁을 통해 형성되는 시장임금은 종종 개인의 기여 정도를 심각하게 왜곡합니다. 월스트리트의 펀드 매니저들이 수많은 사람의 손해를 대가로 떼돈을 버는 반면 우리 삶의 기초 자원인 식량을 생산하는 농부들에 대한 보상은 보잘것없죠. 소중한 일상 재화나 서비스를 생산하는 노동자들에 대한 보상도 충분하지 않습니다. 폴라니는 대안 경제 체제에서 노동조합은 노동자들이 수행한 노고를 상호 평가함으로써 참된 기여를 담아낼 수 있는 기관이 되어야 한다고 주장합니다. 생활협동조합은 소비자들이 필요로 하는 욕구를 생산자에게 전달하는 기관이 되어야겠죠. 동종 기업이 모인 산업 결사체도 산업 차원에서의 필요를 파악하고 정보를 공유하며 토론을 통해 생산량을 조절하는 역할을 해야 한다는 겁니다.

김 참여계획경제의 아이디어와 큰 틀에서 합치하는군요.

조 그렇습니다. 오늘날의 참여계획경제론은 하이에크와 폴라니의 통찰에서 배운 바가 큽니다. 하이에크가 이념상의 적일지라도, 배울 점은 배운 거죠. 특히 계획경제 체제에서 분산된 암묵지를 어떻게 발견하고 소통 장치를 어떻게 만들 것인가가 중요한 과제로 부상합니다. 나중에 살펴볼 참여계획경제의 중요 이론가 중 하나인 팻 더바인(Pat Devine)은 암묵지의 중요성을 인정하는 동시에 하이에크와 오스트리아 학파의 한계를 넘어서는 비전을 제시합니다. 하이에크와 오스트리아 학파는 시장 과정에 참여하는 기업가가 암묵지를 주도적으로 발견하고 동원한다고 봅니다. 이 말을 비판적으로 보면 암묵지의 동원이 결국 자본에 대한 접근성에 따라 차별받고 제한된다는 말이기도 합니다. 대중의 암묵지는 제한되거나 무시됩니다. 이 한계를 극복하는 방법이 바로 아래로부터의 참여를 통한 계획이라는 겁니다.

필요한 만큼만 공급하는 경제 시스템

김 그렇군요. 사상적 흐름을 이야기하다가 좀 깊이 들어간 느낌입니다. 본격적으로 구체적인 모델을 살펴봅시다. 첫 번째는 어떤 모델입니까?

조 우선 파레콘(parecon)부터 살펴보죠.

김 파레콘이 무슨 뜻입니까?

조 참여경제라는 뜻의 participatory economics의 각 단어 앞 글자들을 따와서 만든 말입니다. 마이클 앨버트(Michael Albert)와 로빈 하넬(Robin Hahnel)이 제시한 모델입니다. 파레콘 사회에서 생산수단, 즉 기업은 기본적으로 사회적 소유, 즉 공유재입니다. 구체적으로는 해당 기업의 노동자들이 구성하는 노동자 평의회의 소유가 됩니다.

김 그럼 사회주의네요?

조 자본주의가 아닌 것은 확실합니다. 이들이 펴낸 책『파레콘』의 원래 부제가 '자본주의 이후의 삶'입니다. 자본주의를 근본적으로 넘어서는 대안을 제시하려는 거죠. 파레콘 사회에서는 시장경제가 폐지되고 참여계획경제로 대체됩니다. 참여계획경제는 노동자 평의회, 소비자 평의회, 그리고 계획 촉진 위원회라는 삼각 구도로 운영됩니다.

우리는 생산자이면서 소비자니까 실제로는 두 평의회에 모두 속하겠죠. 노동자 평의회는 일단 기업 단위로 조직되지만, 기업 안에서는 다양한 조직별로 다시 소평의회가 만들어지며 기업이 모이는 산업별 평의회도 만들어집니다. 소비자 평의회 역시 마찬가지입니다. 소비자 평의회의 최소 기초 단위는 가족이고, 이어서 마을 단위, 구나 읍 정도의 지역 단위, 그다음에는 시 단위, 광역 단위, 전국 단위까지 중층적으로 평의회가 구성됩니다. 모든 평의회는 직접민주주의를 원칙으로 운영됩니다.

김 대충 그림이 그려집니다. 그런데 계획 촉진 위원회는 뭡니까? 옛 소련의 고스플란, 국가계획위원회 비슷한 건가요?

조 성격이 아주 다릅니다. 파레콘에서 계획 수립의 주체는 직접민주주의 권력 기관인 평의회죠. 아래로부터 계획이 수립되어 올라오는 겁니다. 계획 촉진 위원회는 각 노동자 평의회와 소비자 평의회의 계획 수립 과정을 돕고 촉진하는 매개 역할을 수행한다고 보시면 됩니다.

김 계획 촉진 위원회가 하는 일을 좀 구체적으로 설명해주세요.

조 핵심 역할은 지시가격의 제시, 그리고 수요와 공급의 일치를 위한 기술적 처리, 두 가지로 요약할 수 있습니다. 지시가격이란 무엇일까요? 앞서 사회주의 계산논쟁에서 나온 미제스의 비판처럼, 시장이 없는 사회주의 경제에서는 가격이라는 가치 측정, 교환을 위한 계산 수단이 없습니다. 지시가격은 이 부재를 대신하기 위한 수단입니다. 재화의 상대적 가치에 대한 가장 최근의 추정치라고 생각하시면 됩니다. 이전 거래의 수많은 데이터와 정보에 기초해서, 계획을 수립하는 출발 단계로 각각의 품목, 즉 재화, 자원, 노동 등의 가격을 제시하는 겁니다.

김 출발 단계로 제시된다는 말은 계획 촉진 위원회가 가격을 결정하는 힘은 없다는 말이죠?

조 당연합니다. 계획 촉진 위원회는 현실적인 계획 수립을 위한 수단에 그치도록 설계되어 있습니다. 계획 촉진 위원회가 지시가격으로 가득 찬 가격표를 제시하면, 소비자와 생산자는 이 가격에 기초해서 자신의 계획을 세우게 됩니다. 물론 실제로는 엄청난 표를 다 보는 게 아니라 컴퓨터로 간단히 검색하겠죠. 소비자는 자신의 필요에 따라 연간 소비 계획을 작성한 다음 가족 단위로 계획서를 제출하고, 그것이 지역, 광역, 전국 단위별 평의회로 종합됩니다. 마찬가지로 노동자 평의회 또한 촉진위의 가격표에 기초해서 연간 생산 계획을 수립하고 제출합니다. 이 계획서도 팀별, 기업별, 산업별 평의회로 상향하면서 종합되겠죠. 이렇게 종합된 생산과 소비 계획서는 각급의 촉진위로 모여서 조정 과정을 거치게 됩니다.

김 한 100억 원어치 소비 계획을 세우면 어떻게 됩니까?(웃음)

조 연간 보수가 정해져 있는데 그럴 수 있겠어요? 보수 한도 안에서 씀씀이를 정해야죠. 기업도 마찬가지입니다.

김 아, 좋다 말았네요.(웃음)

조 이제 각급 계획 촉진 위원회가 수집한 소비 계획서와 생산 계획서를 맞춰보겠죠. 그럼 불일치가 발생하게 되어 있습니다. 어떤 품목은 수요가 더 많고 어떤 품목은 생산이 더 많겠죠. 수요가 많은 품목은 초과하는 만큼 가격을 올리고, 작은 품목은 그만큼 가격을 내립니다. 그리고 다시 지시가격을 제시합니다. 생산자와 소비자는 수정된 지시가격표를 보고 다시 계획서를 제출합니다. 이 과정을 반복하면서 이론적으로는 오차가 0에 수렴하도록 만드는 겁니다.

김 아, 이제 감이 잡힙니다. 예전 사회주의 국가에서는 중앙에 있는 국가계획위원회가 알아서 가격을 정해서 기업체에 일방적으로 생산 목표를 할당하고 개인에게 배급했다면, 파레콘에서는 개인이나 기업이 스스로 결정한다는 거군요. 그 과정에서 계획 촉진 위원회는 분산된 암묵지를 유통시키는 역할을 하는 거고요.

조 아주 깔끔하게 잘 정리하셨습니다. 그리고 이렇게 되면 우리는 자본가의 탐욕에 의한 낭비와 불공정성을 극복할 수 있고, 국가주의적 사회주의의 비효율도 극복할 수 있습니다. 사람들이 가장 필요로 하는 재화가 필요한 만큼 공급되는 경제 시스템이라는 겁니다.

김 꽤 그럴싸합니다. 그래도 의문이 남아요. 계획 촉진 위원회가 순전히 수단으로서의 역할만 수행한다고 했지만, 그래도 사람 마음이라는 게 그렇지 않잖아요. 평의회 체제라고해도 결국 계획 촉진 위원회가 핵심적인 관료 기구가 되는 거죠. 여기에서 지시가격이 만들어지고, 여기로 정보가 모이며, 여기서 만들어진 안이 사람들한테 전달됩니다. 그렇다면 사람인 이상 장난칠 마음이 들지 않겠습니까?

조 일리 있는 말씀입니다. 파레콘 모델에 대한 비판에서도 중요한 부분이죠. 앨버트와 하넬은 이에 대해서 '균형적 직군제'라는 대안을 제시합니다.

김 균형적 직군제는 뭡니까?

조 한마디로 말씀드리면 분업의 폐지입니다. 조직된 경제 체계에서 분업은 필수적입니다. 그런데 분업이 지속되면 구상하고 지시하는 사람과 지시를 받아서 일하는 사람이 나뉩니다. 결국 사회는 위계적인 수직적 구조로 고착되고 맙니다. 이 딜레마를 해결하기 위해 도입된 균형적 직군제는 우선 여러 직업과 직무를 비슷한 권한, 사회적 위신, 만족도를 가진 직군으로 묶습니다. 이 직군들의 등급이 매겨집니다. 핵심은 한 개인이 전 생애의 노동 이력에 걸쳐 높은 등급과 낮은 등급을 골고루 순환함으로써 전체적으로는 여러 등급을 평균적으로 경험하게 한다는 겁니다. 그래야만 진정한 평등이 실현될 수 있다고 생각합니다. 그러니까 계획 촉진 위원회처럼 위신이 높은 직군에 근무했다면 그다음에는 낮은 직군에 종사해야 합니다. 기존 사회주의 국가의 관료직처럼 독점적으로 차지할 수 있는 자리가 아니라는 거죠.

김 그런데 그렇게 되면 전문성은 아예 부정되는 것 아닙니까?
조 파레콘 모델은 전문성 자체를 부정하지는 않습니다. 기계적 평균을 추구하지는 않는다는 겁니다. 특화된 전문 분야를 인정합니다. 예컨대 "어떤 이는 여전히 뇌수술에 특화되어 있을 것이고, 어떤 이는 전기공학에 특화되어 있을 것"이라고 말합니다. 중국이 문화혁명 때 분업을 폐지한다고 의사에게 청소를 시킨 것 같은 극단적인 상황을 말하는 것은 아니라는 거죠.

그렇다고 해서 특정인이 어떤 등급의 직군을 고정적으로 차지하면 수직적 위계화를 피하기 어렵게 되죠. 예를 들면 이런 겁니다. 지하철 공사 사장님은 책상에 앉아서 올라오는 보고서를 읽습니다. 반면 기관사와 역무원은 현장에서 직접 일을 합니다. 현장에서는 기관사가 두 명 필요하다고 말하지만 보고서만 읽는 사장은 한 명으로도 충분하다는 결정을 내립니다. 만약 사장이 직접 현장에서 일해보고 사고를 겪어본다면 이런 결정을 내릴 수 있을까요?

김 그런데 보통 자본주의 기업도 신입사원이 들어오면 계속 순환 배치를 하지 않습니까? 부서마다 업무 특성이 다르니까 두루 배우게 하고 더 잘 맞는 분야에 특화되게끔.

조 균형적 직군제는 부서 순환이 아니라 직급을 순환하는 개념이죠.

김 아, 그러니까 관리자로 일하다가 평노동자가 되기도 하는, 그런 개념이군요.

조 거꾸로 말하면 현장 근로자도 일정 시간은 관리직을 경험해보는 겁니다. 관리직으로 일하다 보면 다르게 보이는 게 있거든요.

김 알겠습니다. 지금의 사회 체제에서는 쉽게 상상하기 어려운 발상이기는 합니다. 아마 현재 사회가 불평등이 무척 큰 사회라서 그렇겠습니다만. 좀 다른 각도에서 하나 더 질문하겠습니다. 계획 촉진 위원회가 권력이 되지 않는다는 점은 이해하겠는데, 그 계획은 이미 존재하는 품목의 범위 안에서 세우는 계획이잖아요? 기술 발전에 따라서 개발될 수 있는 신상품, 이를테면 스마트폰 같은 전혀 새로운 상품이 나올 수 있습니까? 자본주의라면 간단하죠. 이윤 극대화의 욕망 때문에 기업가들이 새로운 상품을 만들어내는 것 아닙니까?

조 혁신에 대한 문제 제기군요. 중요한 지적입니다. 혁신의 동기는 물질적 보상인데, 계획경제 체제에 균형적 직군제까지 있는 상황이라면 누가 혁신에 열을 올리겠느냐는 의문일 겁니다. 충분히 가능한 의문입니다. 결론부터 말씀드리면 이들은 참여계획경제에서 혁신의 동기가 훨씬 크다고 생각합니다.

김 예? 그게 가능합니까?

조 『사회를 구하는 경제학』에서 다룬 혁신의 아이콘 조지프 슘페터를 다시 떠올려보시죠. 슘페터는 혁신의 원동력은 기업가의 이윤이 아니라고 강조했습니다. 그는 돈 보고 기업 하는 사람들을 매우 경멸했습니다. 높은 보상은 혁신의 결과일 뿐 원인이 아니라는 겁니다. 혁신가는 혁신 자체를 추구하는 사람, 자신의 능력이 뛰어나다는 사실을 세상에 보여주고 싶어 하는 사람이죠. 물질적 보상을 중시하는 태도는 혁신의 유인이 되기는커녕 기업가를 물질적 이해에만 집착하는 사람으로 만들기 때문에 혁신의 장애물이 된다고 봅니다.

김 그럼 참여계획경제에서 혁신의 유인은 뭡니까?

조 사회적 보상입니다. 그런 점에서 혁신의 동기로 사회적 인정이라는 차원에 주목하는 슘페터를 계승합니다. 그리고 그것이 자본주의보다 혁신에 더 큰 동기를 부여할 것이라고 봅니다. 슘페터의 이야기를 납득하지 못하시는 것처럼 보이니까 상식적으로 이야기해보죠. 자본주의 경제에서 혁신을 도입하는 결정적인 동기가 물질적 보상, 이윤이라고 칩시다. 생산 과정에서의 혁신을 예로 들겠습니다. 새로운 생산 설비나 생산 방식을 도입하는 경우를 생각해봅시다. 자본주의에서는 이런 혁신에 드는 비용이 노동력을 추가 투입할 때 드는 비용보다 낮을 때에만 혁신을 시도하게 됩니다. 인건비와 혁신에 드는 비용을 비교한다는 겁니다. 이윤이 목적이니까요. 그래서 아무리 혁신적인 설비라도 값싼 노동력을 쓰는 것보다 돈이 더 들면 도입하지 않습니다.

그런데 참여계획경제에서는 그런 비교를 할 필요가 없습니다. 노동력을 착취하는 경제가 아니니까요. 참여계획경제에서는 총노동시간만 줄여준다면 혁신을 도입할 동기가 된다는 겁니다. 그래서 혁신을 도입하는 데 훨씬 자유로운 시스템이라는 말이죠.

암묵적 지식이 사회적으로 동원되는 과정

김 예, 알겠습니다. 궁금한 점이 많지만 일단 두 번째 모델로 가보지요.
조 두 번째로 소개할 모델은 팻 더바인과 피크레트 아다만(Fikret Adaman)이 제기한 협상조절 모델입니다. 이 모델에서 기업, 즉 생산수단은 "관련된 자산의 사용에 의해 영향을 받는 이들에 의한 소유", 즉 사회적 소유입니다. 자본주의 이후를 논하고 있는 모델이라는 점은 같습니다. 그리고 파레콘 모델과 마찬가지로 분업의 폐지를 추구합니다. 관리노동, 창조노동, 돌봄노동, 숙련노동, 미숙련 반복노동으로 노동의 종류를 구별하고 모든 사람이 전 생애에 걸쳐서 다섯 가지 노동에 모두 종사하도록 합니다. 기능적 분업 자체를 폐지하려는 게 아니라 계급화를 방지하려는 문제의식이죠.

이처럼 파레콘 모델과 유사한 점도 많지만 여기서는 차이를 중심으로 말씀드리겠습니다. 가장 큰 차이라면, 협상조절 모델에서는 소비재의 생산과 유통은 시장 교환에 맡깁니다. 반면 자본재의 생산을 포함한 신규 투자와 투자 축소 같은 사안은 협상조절이라는 계획 메커니즘에 따라서 조정합니다. 즉 협상을 통해서 투자의 사전 조절이 이루어진다는 말이죠.

왜 이런 차이가 나타날까요? 파레콘 모델에서는 계획 촉진 위원회가 품목별로 지시가격을 매기고 소비자와 생산자의 수요와 공급 계획을 맞춰가며 지시가격을 변동시키고, 최종적으로 양자를 일치시킵니다. 그런데 이런 방식은 근본적으로 따져보면 신고전파 발라의 시장 모델을 원형으로 삼고 있다고 볼 소지가 있습니다. 앞서 소개한 사회주의 계산논쟁에서도 봤듯 계획 촉진 위원회가 하는 역할이 마치 경매시장의 경매사 같잖아요? 물론 기업이 자본가의 사유재산이 아니고 이윤 추구가 목적이 아닌 경제 체제지만 모델 자체는 신고전파의 시장 모델과 흡사하다는 겁니다. 이것이 무슨 문제일까요? 실제로는 분산되고 불완전한 지식이 소비 계획서와 생산 계획서로 명시화되기도 어렵고, 주체들의 활동에 의해 역동적으로 변화하기 마련인 복잡경제계에서 실행하기는 어려운 모델이라는 겁니다.

김 그렇군요. 협상조절 모델이 좀 더 현실적으로 보입니다. 소비재 분야에서는 시장을 인정한다는 거네요.

조 그렇습니다. 다만 이때 시장에서 이루어지는 교환은 자본주의에서와 같은 시장 강제와는 구별된다고 봅니다. 예를 들어 노동자가 생계의 걱정 때문에 낮은 시장임금을 강요당하는 상황은 배제되는 것이죠. 이 모델에서 가격은 파레콘 모델과 달리 기업이 결정합니다. 따라서 가격은 산업 간에는 물론이고, 동종 산업 내의 기업 간에도 생산성 차이에 따라 상이해지게 됩니다. 당연하게도 기업들의 실제 수익률도 차이가 나게 됩니다. 이 수익률 차이에 따라서 기업들은 가동률을 조정하게 되죠. 즉 단기적으로는 시장 교환의 원리에 의해 생산량, 나아가 수요와 공급의 조절이 이뤄지는 것이죠.

김 아, 무슨 말인지 알겠습니다. 그럼 계획은 장기적 관점에서 이뤄지는 겁니까?

조 맞습니다. 이런 차이를 그대로 놔둔다면 아무리 생산수단이 사회적으로 소유되어 있다 하더라도 문제가 발생할 수밖에 없습니다. 유고슬라비아의 시장사회주의가 잘 보여주었듯이 말입니다. 중장기적으로는 이런 차이를 교정할 필요가 발생합니다. 즉 신규 투자 혹은 투자 감축, 철회는 협상조절이라는 방식을 통해서 이루어진다는 겁니다.

김 그럼 이제 협상조절이라는 게 어떤 식으로 이뤄지는지 들어봐야겠네요.

조 파레콘 모델이 삼각 구도라면 협상조절 모델은 다각 모델입니다. 투자에 관한 결정을 할 때는 영향을 받는 모든 집단이 참여해서 협상하는 겁니다. 예를 들어 우리 동네의 장난감 공장이 생산성이 떨어져서 계속 적자가 쌓였어요. 이럴 때 자본주의에서도 몇 가지 경우의 수가 나옵니다. 완전한 시장경제의 원리대로라면 그냥 파산이죠. 그런데 피해가 클 것 같거나 뭔가 흑막이 있다면 정부와 은행이 개입해서 지원합니다. 때로는 다른 기업에 팔 수도 있죠. 그 기업은 노동자들을 해고하고 값나가는 자산을 팔아버린 다음 '먹튀'를 할 수도 있어요. 경우의 수는 다양하지만 어느 경우든 그 공장의 노동자들이나 지역 주민들은 결정권이 없습니다. 자본과 국가 권력이라는 힘에 의해 수많은 사람들의 운명이 결정됩니다.

반면 협상조절모델에서는 해결 방법을 두고 관련된 이해 당사자들이 모두 참여해서 협상을 하게 됩니다. 그리고 이 과정이야말로 하이에크가 말한 암묵지가 가장 잘 동원되는 과정이라고 봅니다. 즉 "참여적 협상조절은 암묵적 지식이 사회적으로 동원되는 과정"이라는 것이죠. 다양한 이해관계자들이 모이게 되면 무수한 아이디어가 대안으로 제시될 테고, 거기서 민주주의적 숙의를 통해 가장 합리적인 대안을 찾는다는 겁니다.

김 말은 참 좋은데 너무 이상적으로 들립니다. 당장 이해관계가 부딪칠 거예요. 동종의 경쟁 업체들은 퇴출시키자고 할 테고, 지역 주민들은 일자리가 사라지니까 유지하자고 할 테죠. 의견이 대립될 텐데 결론이 날까요?

조 일리 있는 지적입니다. 그래서 제프리 호지슨(Geoffrey M. Hodgson) 같은 학자는 이 시스템이 그저 끝없는 토론으로 이어질 거라고 비판하기도 합니다. 지금의 경제 시스템을 염두에 둔다면 그렇게 생각하는 게 당연합니다. 그런데 이 사회는 이미 다른 종류의 경제 시스템이라는 점도 생각해야 합니다. 사회 전체적으로는 이런 상황에 대비하기 위한 투자 기금이 마련되어 있죠. 그러니까 기업 간의 경쟁도 그렇게 극한으로 치닫지 않고 노동자나 주민도 기업이 없어진다고 해서 극한 상황에 처하게 되지는 않습니다. 즉 극단적인 의견 대립의 가능성은 낮습니다. 무엇이 가장 합리적인 대안이냐를 중심으로 두고 토론이 가능하다는 겁니다.

김 맞는 말씀 같기는 한데, 역시 지금 시스템에 너무 익숙해서 그런지 여전히 반신반의하게 됩니다. 첫 시간부터 계속 나온 말씀입니다만, 제

가 이 이기적인 세상에 익숙해서인지 스스로를 잘 못 믿나 봐요.(웃음)

조 아뇨, 어떻게 보면 당연한 겁니다. 파레콘이든 협상조절 모델이든 지금까지 우리가 다룬 쟁점 말고도 아직 해결해야 할 무수한 이론적 쟁점들이 있습니다. 파레콘의 경우 정치 모델이 부재해서 국가나 중앙 차원에서 결정해야 할 문제가 간과된다는 비판이 있습니다. 세상에는 개별 소비자나 생산자 차원에서는 제기되지 못하는 종류의 문제들이 있거든요. 예를 들어 에너지 체제를 생태적으로 변화시키는 문제는 소비자 평의회나 생산자 평의회에서 제기될 가능성이 거의 없어요. 별도의 정치적 판단이 필요한 문제니까요. 협상조절 모델도 여러 약점을 지적받습니다. 소비재는 시장 교환, 자본재는 협상조절이라고 구분하지만 그렇게 명쾌하게 구별하기 어렵다는 비판도 있습니다. 그 외에도 공통적으로는 대외 무역처럼 통제하기 어려운 변수를 어떻게 처리할 것인가 하는 쟁점도 제기되죠. 여기서 다 거론할 수는 없지만 아직 수많은 숙제가 있다는 점은 분명합니다.

다시, 핵심은 민주주의다

김 알겠습니다. 세상사가 다 첫걸음부터 시작하는 거죠. 또 다른 모델이 있습니까?

조 마지막으로 폴 콕숏(W. Paul Cockshott)과 앨린 코트렐(Allin Cottrell)이라는 연구자들이 주장하는 노동시간계획 모델이 있습니다. 아주 간단하게만 말씀드리겠습니다. 기존 사회주의와 가장 비슷한 발상입니다. 공장을 국유화하고 중앙계획을 실시하겠다는 입장입니다.

김 그럼 기존 사회주의와 뭐가 다른 겁니까?

조 이 모델은 한편으로는 매우 기술중심주의적으로 보이고, 다른 한편으로는 무척이나 정치중심주의적으로 보입니다. 우선 기술적 측면에서 보면 컴퓨팅 기술이 엄청나게 발전했다는 점에 주목합니다. 그래서 자본재나 중간소비재뿐 아니라 최종소비재까지 전부 계산해서 수요와 공급을 조절할 수 있다고 생각합니다. 얼마든지 가능하다는 주장이지요. 한편 정치적으로는 매우 급진적입니다. 진정한 직접민주주의를 하겠다는 생각인데요, 레닌 식의 평의회 민주주의조차도 넘어선 추첨제 민주주의를 주장합니다.

김 그러니까 대의제 원리에 따라서 선거로 뽑는 게 아니라는 거죠?

조 선거가 아니고 추첨입니다. 민주주의의 본질은 추첨이라고 봅니다.

김 아, 물론 그렇지요. 그건 저도 들어본 주장입니다.

조 그렇죠. 고대 그리스에서도 원래는 추첨제였다가 선거로 바뀌게 되었죠. 그런데 선거가 되는 순간 말만 민주주의지 결국 귀족정이 된다는 겁니다. 지식이 많거나 재산이 많거나 정보가 많은, 요컨대 결국 잘나고 힘센 자들이 권력을 차지하게 되며 그것은 생산수단이 사회화된 사회에서도 마찬가지일 거라는 겁니다. 지식이나 정보가 많은 사람들이 선거에서 이길 거라는 거죠.

김 고대 그리스처럼 사회가 분화되지 않아서 구성원 간의 균질성, 동질성이 클 때는 얼마든지 추첨제가 운영될 수 있지만, 사회가 분화되고 이질적 요소가 훨씬 더 많을 때도 과연 작동할 수 있을까요?

조 오히려 그렇기 때문에 더욱 가능할 수 있지요.

김 어떤 점에서요?

조 추첨은 통계적인 겁니다. 무작위로 대표를 뽑는다면 사회의 이질성을 대변하기에 훨씬 더 용이합니다. 지금 선거를 하면 어떤 사람들이 뽑힙니까? 뽑힌 분들 보세요. 이질성이 제대로 반영이 되나요?

김 그렇게 말씀하시면 할 말이 없지만, 대의제와 비교하지 말고 추첨제 그 자체로만 보자고요. 예를 들면 이런 거지요. 사회적 소수자의 경우 그 절대적 숫자도 소수인 경우가 많습니다. 그런데 추첨제로 대표를 선출하면 사회적 소수자가 뽑힐 가능성은 더 적어지지 않을까요? 그럼 더 민주적이라고 말하기는 어려울 것 같은데요.

조 우리 실상을 따져볼 필요가 있는 주제네요. 성소수자의 사례를 생각해보죠. 많은 학자들이 동성애자가 전체 인구의 대략 5퍼센트 정도된다고 봅니다. 이론적으로만 본다면 선출제든 추첨제든 다수결 아래에서 성소수자의 이해는 전혀 반영될 길이 없습니다. 49퍼센트를 차지해도 지게 되어 있는 게 다수결 제도의 특징이죠. 그런데 현실에서는 선출제 아래에서도 51퍼센트가 무조건 횡포를 부리지는 못합니다. 그렇다면 지금처럼 성소수자들이 조금씩이나마 권리를 신장시키지 못했겠죠.

어떻게 이런 일이 가능했을까요? 민주주의가 다수결이라는 결정 장치뿐 아니라 토론과 협상이라는 과정을 거치기 때문입니다. 그래서 이런 문제를 논할 때 중요하게 고려해야 할 것은 다수결이라는 결정 원리보다는 결정에 이르기까지의 정치적 과정입니다. 사실 파레콘 모델이나 협상조절 모델도 결정 원리에 대해 고민합니다. 파레콘 모델에서는 특정 정책이 구성원 개개인에 미칠 수 있는 영향을 상정하고 그 크기에 비례하여 결정권을 부여하는 비례적 결정권을 제시하기도 합니다. 그러하면서도 결정 원리에 관해서는 열어두자고 말합니다. 왜 그럴까요? 결정 원리 그 자체보다 과정이 중요하기 때문일 겁니다.

협상조절 모델에서는 숙의를 중요시한다고 말씀드린 것도 바로 이런 내용입니다. 쟁점을 숙의, 심의하는 절차를 중심으로 민주주의를 재구성하고자 하는 논의가 정치학에서 한창 진행 중입니다. 실제로 네덜란드에서는 국가 차원에서 실험도 해보았고요. 의회를 대신해서 추첨으로 뽑힌 일반인들이 전문가들과 함께 며칠간의 전문적 토론에 참여한 다음 국가적인 논쟁 사안을 결정하게 하는 것이죠. 결정 자체도 중요하지만 결정을 내리게 되는 과정의 정당성을 확보하는 것이 더욱 중요하다는 겁니다.

김 알겠습니다. 꽤 흥미롭지만 우리의 주제는 대안 경제학이지 대안 정치학은 아니니 이 정도로 다루겠습니다.

참여계획경제 모델을 마지막으로, 대안 경제를 모색하는 대장정을 이제 마무리해야겠습니다. 이론적인 개괄에서 시작해 역사적인 경험으로부터 발견하는 모델과 자본주의 체제 안에서의 대안적 시도들, 그리고 자본주의 너머를 바라보는 근본적인 대안까지 폭넓게 이야기하는 시간이었습니다. 끝으로 소감 한마디 부탁드립니다.

조 처음 시작할 때 김종배 선생님이 그렇게 말씀하셨죠. 방송할 때는 하고 싶은 말의 30퍼센트만 하게 된다고 생각하라고요. 지금 심정이 딱 그렇습니다. 훨씬 더 많은 이야기를 하고 싶었는데 다루지 못한 부분이 너무 많습니다.

김 돌아보면 다 후회인 게 인생이에요.(웃음)

조 그래도 이만큼이 지금 제가 할 수 있는 최선이었다는 생각으로 정리하겠습니다. 영국의 대처 전 총리가 유행시킨 '티나(TINA)'라는 말이 있습니다. There Is No Alternative, 대안 따위는 없다는 말입니다. 너희는 대안 같은 것 고민하지 말고 시키는 대로 살라는 말이죠. 신자유주의의 슬로건이 되었지요.

저는 '대안은 있다'고 말씀드리고 싶습니다. 지금 당장은 부족해 보여도 모든 길은 언제나 첫걸음부터 시작하는 거죠. 우리는 지금까지 그렇게 걸어온 것 아닐까요? 체 게바라의 말이 떠오릅니다. "우리 모두 리얼리스트가 되자. 하지만 가슴속에 불가능한 꿈 하나씩을 갖자." 꿈꾸지 않았다면 이만큼도 오지 못했을 겁니다.

참고문헌

1장

J. K. 깁슨-그레이엄, 제니 캐머런, 스티븐 힐리, 황성원 옮김, 『타자를 위한 경제는
　　있다』, 동녘, 2014.

마틴 노왁, 로저 하이필드, 허준석 옮김, 『초협력자』, 사이언스북스, 2012.

요차이 벤클러, 이현주 옮김, 『펭귄과 리바이어던』, 반비, 2013.

정태인, 『착한 것이 살아남는 경제의 숨겨진 법칙』, 상상너머, 2011.

최정규, 『이타적 인간의 출현』, 뿌리와이파리, 2009.

2장

고충석, 『유고슬라비아 노동자자치관리제도와 조직권력: 인간적 사회주의를 위
　　한 또 하나의 시도』, 법문사, 1991.

로빈 블랙번, 『몰락 이후』, 창비, 1994.

모리스 돕, 임휘철 옮김, 『소련경제사』, 형성사, 1989.

알렉 노브, 김남섭 옮김, 『소련경제사』, 창비, 1998.

3장

김적교, 김상호, 『독일의 사회적 시장경제: 이념, 제도 및 정책』, 한국경제연구원,
　　1999.

안두순, 안석교, 피터 메이어 엮음, 『사회적 시장경제: 독일의 경험과 한국에 주

는 교훈』, 세계문화사, 1999.

4장

기타오카 다카요시, 최려진 옮김, 『복지강국 스웨덴, 경쟁력의 비밀』, 위즈덤하우
스, 2012.

김영순, 『복지국가의 위기와 재편: 영국과 스웨덴의 경험』, 서울대학교출판문화
원, 2013(1996).

미야모토 타로, 임성근 옮김, 『복지국가 전략: 스웨덴 모델의 정치경제학』, 논형,
2003.

최연혁, 『우리가 만나야 할 미래』, 쌤앤파커스, 2012.

홍기빈, 『비그포르스, 복지 국가와 잠정적 유토피아』, 책세상, 2011.

5장 / 6장 / 7장

권은정, 『착한 기업 이야기』, 웅진지식하우스, 2010.

김성기 외, 『사회적 경제의 이해와 전망』, 아르케, 2014.

박명준, 『사회적 영웅의 탄생: 공정한 사회를 만드는 사회적 기업가 14인을 만나
다』, 이매진, 2011.

스테파노 자마니, 베라 자마니, 송성호 옮김, 『협동조합으로 기업하라: 무한경쟁
시대의 착한 대안』, 협동조합 기업, 북돋움, 2013.

윌리엄 F. 화이트, 캐서린 K. 화이트, 김성오 옮김, 『몬드라곤에서 배우자: 해고
없는 기업이 만든 세상』, 역사비평사, 2012.

이경숙, 『산타와 그 적들: 삶의 문제를 해결하는 사회적기업, 협동조합 이야기』,
굿모닝미디어, 2013.

장원봉, 『사회적 경제의 이론과 실제』, 나눔의집, 2006.

정태인, 이수연, 『정태인의 협동의 경제학: 사회적 경제, 협동조합 시대의 경제학
원론』, 레디앙, 2013.

8장

니시베 마코토, 이홍락 옮김, 『우리끼리 만들어서 쓰는 돈』, 돈키호테, 2006.

조옥, 『지역화폐와 여성주의: 한밭레츠의 경험에서 길을 찾다』, 푸른사상, 2013.

9장

강남훈 외, 『기본소득운동의 세계적 현황과 전망』, 박종철출판사, 2014.

브루스 액커만 외, 너른복지연구모임 옮김, 『분배의 재구성: 기본소득과 사회적
　　지분 급여』, 나눔의집, 2010.

10장

까뜨린느 사마리, 강성훈 옮김, 계획·시장·민주주의: 탈자본주의 사회의 경제개
　　혁』, 신평론, 1990.

마이클 앨버트, 김익희 옮김, 『파레콘』, 북로드, 2003.

칼 폴라니, 홍기빈 옮김, 『전 세계적 자본주의인가 지역적 계획경제인가 외』, 책
　　세상, 2002.

Devine, Pat, *Democracy and Economic Planning*, Polity, 2010.

인명 찾아보기

섬을 탈출하는 방법 각자도생의 경제에서 협력과 연대의 경제로

1판 1쇄 펴냄 2015년 12월 11일
1판 2쇄 펴냄 2020년 4월 6일

지은이   조형근·김종배
펴낸이   박상준
편집인   김희진
책임편집 최예원
펴낸곳   반비

출판등록 1997. 3. 24.(제16-1444호)
(우)06027 서울특별시 강남구 도산대로1길 62
대표전화 515-2000, 팩시밀리 515-2007
편집부 517-4263, 팩시밀리 514-2329

글 ©조형근·김종배, 2015. Printed in Seoul, Korea.

ISBN 978-89-8371-770-2 (03320)

반비는 민음사 출판 그룹의 인문·교양 브랜드입니다.
블로그 http://blog.naver.com/banbibooks
페이스북 http://www.facebook.com/Banbibooks
트위터 http://twitter.com/banbibooks